# 中华人民共和国
# 民法典
## 合同编

### 案例注释版

中国法制出版社
CHINA LEGAL PUBLISHING HOUSE

图书在版编目（CIP）数据

中华人民共和国民法典：案例注释版．合同编／中国法制出版社编．—2版．—北京：中国法制出版社，2024.1
（法律法规案例注释版系列；4）
ISBN 978-7-5216-4077-9

Ⅰ.①中… Ⅱ.①中… Ⅲ.①合同法-案例-中国 Ⅳ.①D923.05

中国国家版本馆CIP数据核字（2023）第242524号

责任编辑：白天园　　　　　　　　　　　　　　封面设计：杨泽江

**中华人民共和国民法典：案例注释版．合同编**
ZHONGHUA RENMIN GONGHEGUO MINFADIAN：ANLI ZHUSHI BAN．HETONG BIAN

经销／新华书店
印刷／三河市国英印务有限公司
开本／880毫米×1230毫米　32开　　　印张／12.75　字数／336千
版次／2024年1月第2版　　　　　　　　　2024年1月第1次印刷

中国法制出版社出版
书号 ISBN 978-7-5216-4077-9　　　　　　　　　　　定价：39.00元

北京市西城区西便门西里甲16号西便门办公区
邮政编码：100053　　　　　　　　　　　　传真：010-63141600
网址：http：//www.zgfzs.com　　　　　　编辑部电话：010-63141792
市场营销部电话：010-63141612　　　　　印务部电话：010-63141606

（如有印装质量问题，请与本社印务部联系。）

# 出版说明

我国各级人民法院作出的生效裁判是审判实践的结晶,是法律适用在社会生活中真实、具体而生动的表现,是连接抽象法律与现实纠纷的桥梁。因此,了解和适用法律最好的办法,就是阅读、参考已发生并裁判生效的真实案例。从广大读者学法、用法以及法官、律师等司法实务人员工作的实际需要出发,我们组织编写了这套"法律法规案例注释版"丛书。该丛书侧重"以案释法",期冀通过案例注释法条的方法,将法律条文与真实判例相结合,帮助读者准确理解与适用法律条文,并领会法律制度的内在精神。

丛书最大的特点是:

一、**专业性**。丛书所编选案例的原始资料基本来源于各级人民法院已经审结并发生法律效力的裁判文书,从阐释法律规定的需要出发,加工整理而成。对于重点法条,则从全国人大常委会法工委等立法部门对条文的专业解读中提炼条文注释。

二、**全面性**。全书以主体法为编写主线,并辅之以条文主旨、条文注释、实用问答、典型案例、相关规定等,囊括了该法条的理论阐释和疑难问题,帮助读者全面理解法律知识体系。

三、**示范性**。裁判案例是法院依法对特定主体之间在特定时间、地点发生的法律纠纷作出的裁判,其本身具有真实性、指导性和示范性的特点。丛书选择的案例紧扣法律条文规定，精选了最高人民法院、最高人民检察院公布的指导案例等典型案例，对于读者有很大的参考借鉴价值。

**四、实用性**。每本书通过实用问答模块，以问答的方式解答实务中的疑难问题，帮助读者更好地解决实际问题。丛书设置"相关案例索引"栏目，列举更多的相关案例，归纳出案件要点，以期通过相关的案例，进一步发现、领会和把握法律规则、原则，从而作为解决实际问题的参考，做到举一反三。

**五、便捷性**。丛书采用大字排版、双色印刷，清晰疏朗，提升了读者的阅读体验。我们还在部分分册的主体法律文件之后收录重要配套法律文件，以及相应的法律流程图表、文书等内容，方便读者查找和使用。

希望本丛书能够成为广大读者学习、理解和适用法律的得力帮手！

# 适用提示

2020年5月28日,第十三届全国人民代表大会第三次会议通过《中华人民共和国民法典》(以下简称《民法典》),这是中华人民共和国成立以来第一部以"法典"命名的法律,是新时代我国社会主义法治建设的重大成果。《民法典》自2021年1月1日起施行。《中华人民共和国婚姻法》《中华人民共和国继承法》《中华人民共和国民法通则》《中华人民共和国收养法》《中华人民共和国担保法》《中华人民共和国合同法》《中华人民共和国物权法》《中华人民共和国侵权责任法》《中华人民共和国民法总则》同时废止。

合同编在民法典中具有十分重要的地位。这种重要性体现在两个方面。一是在整个民法体系中的重要性。这主要体现为四个"最":条文数量最多,民法典共1260条,合同编就有526条,条文数接近整个民法典的"半壁江山";复杂程度最高,涉及极为复杂的理论和实践问题;裁判运用最多,在司法和仲裁实践中,合同案件远多于其他民事案件;规则的变动幅度最大,与原合同法相比,合同编增加了136条,删除了37条,修改了153条。二是在社会经济生活中的重要作用。它是民事主体实现意思自治的重要工具,是优化营商环境的重要方式,是促进社会主义市场经济健康有序发展的重要保障,更是推进国家治理体系和治理能力现代化的重要手段。① 在适用本编时，需要重点注意的是：

### 1. 合同的订立

在合同订立阶段，通过对要约承诺规则的详细规定，强调当事人有权自主决定是否签订合同、什么时候签订合同、与谁签订合同、怎么签订合同以及签订什么内容的合同。在合同履行阶段，强调当事人可以协议补充、变更有关内容；在有情势变更的情形时，当事人可以协商对原合同进行调整。在合同终止阶段，当事人可以协议解除合同；在发生合同争议时，当事人可以自愿决定争议解决方式，也可以对违约金等违约责任方式进行协商。这里需要特别强调一点，合同编的绝大多数规定都是任意性规定，不是强制性规定，当事人可以选择适用，也可以约定不适用，因此，合同编确立了"约定优先"原则。

### 2. 合同的履行

《民法典》根据时代发展和现实需要，加强对环境的保护。总则编将"绿色原则"作为民法的基本原则加以规定，即民事主体从事民事活动，应当有利于节约资源、保护生态环境。合同编为贯彻落实该原则，明确规定：一是当事人在履行合同过程中，应当避免浪费资源、污染环境和破坏生态。二是债权债务终止后，当事人应当遵循诚信等原则，根据交易习惯履行旧物回收义务。在买卖合同中，依照法律、行政法规的规定或者

---

① 参见《民法典合同编的重要发展和创新》，载中国人大网，http://www.npc.gov.cn/npc/c2/c30834/202009/t20200927_307879.html，2023年12月25日访问。

按照当事人的约定，标的物在有效使用年限届满后应予回收的，出卖人负有自行或者委托第三人对标的物予以回收的义务。

### 3. 电子合同

合同编规定，通过互联网等信息网络订立的电子合同的标的为交付商品并采用快速物流方式交付的，收货人的签收时间为交付时间。电子合同的标的为提供服务的，生成的电子凭证或者实物凭证中载明的时间为提供服务的时间；前述凭证没有载明时间或者载明时间与实际提供服务的时间不一致的，以实际提供服务的时间为准。电子合同的标的为采用在线传输方式交付的，合同标的进入对方当事人指定的特定系统并且能够检索识别的时间为交付时间。电子合同当事人对交付方式、交付时间另有约定的，按照其约定。

### 4. 合同的保全

合同编明确规定，人民法院认定代位权成立的，由债务人的相对人向债权人履行义务，债权人接受履行后，债权人与债务人、债务人与相对人之间相应的权利义务终止。同时，合同编还规定，债务人对相对人的债权或者与该债权有关的从权利被采取保全、执行措施，或者债务人破产的，依照相关法律的规定处理。

### 5. 物业服务合同

为更好地处理物业纠纷，更好地规范物业秩序，合同编积极总结既有的立法、司法经验，明确了物业服务合同中的业主和物业服务公司双方当事人的权利义务，特别是对物业服务合同中的业主单方解除权、前期物业合同、物业交接等突出问题作出了有针对性的规定。

### 6. 保理合同

保理合同是应收账款的债权人将应收账款转让给保理人，保理人提供资金支持以及应收账款管理、催收、付款担保等服务的合同。其作为企业融资的一种手段，在权利设置、对外效力等方面具有典型性。保理业务可以为实体企业提供综合性金融服务，特别是可以为中小型企业拓宽融资渠道。为促进保理业务健康有序发展，解决中小企业融资难、融资贵的问题，进而推动我国实体经济发展，合同编设专章规定了保理合同，对保理合同的概念、内容和形式、虚构应收账款的保理、保理人发出转让通知、有追索权保理、无追索权保理和多重保理等内容作了规定。

### 7. 客运合同

为维护正常的运输秩序，保护乘客在运输过程中的人身财产安全，合同编客运合同部分作出了有针对性的规定：(1) 明确旅客应当按照有效客票记载的时间、班次和座位号乘坐。(2) 明确实名制客运合同的旅客丢失客票的，可以要求承运人挂失补办，承运人不得再次收取票款和其他不合理费用。(3) 明确承运人应当严格履行安全运输义务，及时告知旅客安全运输应当注意的事项。旅客对承运人为安全运输所作的合理安排应当积极协助和配合。承运人迟延运输的，应当履行告知和提醒义务，并采取必要的安置措施。

# 目 录

## 《中华人民共和国民法典》合同编

### 第三编 合 同

### 第一分编 通 则

#### 第一章 一般规定

第四百六十三条 【合同编的调整范围】……………………… 3
第四百六十四条 【合同的定义及身份关系协议的法律适用】…… 3
● 典型案例
  文化公司诉李某、信息技术公司合同纠纷案……………… 4
第四百六十五条 【依法成立的合同受法律保护及合同相
              对性原则】……………………………………… 7
第四百六十六条 【合同的解释规则】…………………………… 7
第四百六十七条 【非典型合同及特定涉外合同的法律适用】…… 7
第四百六十八条 【非合同之债的法律适用】…………………… 8

# 第二章 合同的订立

第四百六十九条 【合同形式】 ················· 8
- 典型案例

    吴某国与某银行大连水师营支行金融委托理财合同案 ····· 8

第 四 百 七 十 条 【合同主要条款及示范文本】 ············ 9

第四百七十一条 【订立合同的方式】 ················ 10
- 典型案例

    张某诉汽车服务公司买卖合同纠纷案 ············· 10

第四百七十二条 【要约的定义及其构成】 ············· 12
- 典型案例

    孙某诉超市公司江宁店买卖合同纠纷案 ············ 13

第四百七十三条 【要约邀请】 ·················· 15
- 典型案例

    刘某诉通信公司徐州分公司电信服务合同纠纷案 ········ 15

第四百七十四条 【要约的生效时间】 ················ 17

第四百七十五条 【要约的撤回】 ·················· 17

第四百七十六条 【要约不得撤销情形】 ··············· 18

第四百七十七条 【要约撤销条件】 ················· 19

第四百七十八条 【要约失效】 ·················· 19

第四百七十九条 【承诺的定义】 ·················· 19

第 四 百 八 十 条 【承诺的方式】 ·················· 20

第四百八十一条 【承诺的期限】 ·················· 21

第四百八十二条 【承诺期限的起算】 ················ 21

第四百八十三条　【合同成立时间】…………………… 21

第四百八十四条　【承诺生效时间】…………………… 22

● 典型案例

建设工程公司与眭某民间借贷案 ………………… 22

第四百八十五条　【承诺的撤回】……………………… 23

第四百八十六条　【逾期承诺及效果】………………… 24

第四百八十七条　【承诺迟延】………………………… 25

第四百八十八条　【承诺对要约内容的实质性变更】… 25

第四百八十九条　【承诺对要约内容的非实质性变更】… 26

第 四 百 九 十 条　【采用书面形式订立合同的成立时间】… 27

第四百九十一条　【签订确认书的合同及电子合同成立时间】… 27

第四百九十二条　【合同成立的地点】………………… 28

第四百九十三条　【采用合同书形式订立合同的成立地点】… 28

第四百九十四条　【强制缔约义务】…………………… 28

第四百九十五条　【预约合同】………………………… 28

第四百九十六条　【格式条款】………………………… 29

第四百九十七条　【格式条款无效的情形】…………… 29

● 典型案例

李某等"套路贷"虚假诉讼案 …………………… 30

第四百九十八条　【格式条款的解释方法】…………… 34

● 典型案例

谢某与旅游公司旅游合同案 ……………………… 34

第四百九十九条　【悬赏广告】………………………… 35

第 五 百 条　【缔约过失责任】………………………… 36

3

- ●典型案例

　　置业公司与杨某商品房预售合同案 …… 36

第五百零一条　【合同缔结人的保密义务】 …… 37

## 第三章　合同的效力

第五百零二条　【合同生效时间及未办理批准手续的处理规则】 …… 38

- ●典型案例

　　于某与矿业公司执行监督案 …… 39

第五百零三条　【被代理人以默示方式追认无权代理】 …… 43

- ●典型案例

　　建筑安装公司与电气公司执行复议案 …… 43

第五百零四条　【超越权限订立合同的效力】 …… 46

- ●典型案例

　　彭某与吴某民间借贷案 …… 47

第五百零五条　【超越经营范围订立的合同效力】 …… 48

第五百零六条　【免责条款无效情形】 …… 49

- ●典型案例

　　粮油公司诉保险公司海南省分公司海上货物运输保险合同纠纷案 …… 49

第五百零七条　【争议解决条款的独立性】 …… 55

- ●典型案例

　　斯万斯克蜂蜜加工公司申请承认和执行外国仲裁裁决案 …… 55

第五百零八条　【合同效力适用指引】 …… 57

## 第四章 合同的履行

第五百零九条　【合同履行的原则】 …………………… 58
第五百一十条　【约定不明时合同内容的确定】 ………… 59
第五百一十一条　【质量、价款、履行地点等内容的确定】 … 59
第五百一十二条　【电子合同交付时间的认定】 ………… 60
第五百一十三条　【执行政府定价或指导价的合同价格确定】 … 61
第五百一十四条　【金钱之债给付货币的确定规则】 …… 61
第五百一十五条　【选择之债中债务人的选择权】 ……… 61
第五百一十六条　【选择权的行使】 ……………………… 62
第五百一十七条　【按份债权与按份债务】 ……………… 62
第五百一十八条　【连带债权与连带债务】 ……………… 62
第五百一十九条　【连带债务份额的确定及追偿】 ……… 62
第五百二十条　【连带债务人之一所生事项涉他效力】 … 63
第五百二十一条　【连带债权内外部关系】 ……………… 63
第五百二十二条　【向第三人履行】 ……………………… 64
第五百二十三条　【第三人履行】 ………………………… 64
第五百二十四条　【第三人代为履行】 …………………… 64
第五百二十五条　【同时履行抗辩权】 …………………… 65
第五百二十六条　【后履行抗辩权】 ……………………… 65

● 典型案例
　　建设公司与房地产开发公司执行监督案 ……………… 65
第五百二十七条　【不安抗辩权】 ………………………… 70

- 典型案例

    科技公司与汪某房屋租赁合同案 ………………………… 71

第五百二十八条 【不安抗辩权的行使】 ……………………… 73

第五百二十九条 【因债权人原因致债务履行困难的处理】 …… 73

第 五百三十 条 【债务人提前履行债务】 …………………… 73

第五百三十一条 【债务人部分履行债务】 …………………… 73

第五百三十二条 【当事人变化不影响合同效力】 …………… 74

第五百三十三条 【情势变更】 ………………………………… 74

第五百三十四条 【合同监督】 ………………………………… 74

## 第五章 合同的保全

第五百三十五条 【债权人代位权】 …………………………… 75

- 典型案例

    燃料公司诉物流公司买卖合同纠纷案 …………………… 75

第五百三十六条 【保全行为】 ………………………………… 78

第五百三十七条 【代位权行使后的法律效果】 ……………… 79

- 典型案例

    建筑公司与吕某杰债权人代位权案 ……………………… 79

第五百三十八条 【撤销债务人无偿行为】 …………………… 81

- 相关案例索引

    房地产开发公司与郑某、房地产发展公司及第三人高某第三人撤销之诉案 …………………………………… 82

第五百三十九条 【撤销债务人有偿行为】 …………………… 83

第五百四十条 【撤销权的行使范围】 ………………………… 83

● 典型案例

　　李某、杨某等与徐某债权人撤销权案 …………… 83

第五百四十一条　【撤销权的行使期间】 ………… 85

● 典型案例

　　担保中心诉汪某、鲁某第三人撤销之诉案 ……… 85

第五百四十二条　【债务人行为被撤销的法律效果】 …… 88

## 第六章　合同的变更和转让

第五百四十三条　【协议变更合同】 ……………… 88
第五百四十四条　【合同变更不明确推定为未变更】 … 89
第五百四十五条　【债权转让】 …………………… 89

● 典型案例

　　李某、李某裕申请执行实业公司、海洋公司执行复议案 … 89

第五百四十六条　【债权转让的通知义务】 ……… 93

● 典型案例

　　张某绿与保险公司浙江分公司保险人代位求偿权案 …… 93

第五百四十七条　【债权转让从权利一并转让】 …… 95

● 典型案例

　　机械公司与刘某债权转让合同案 ………………… 95

第五百四十八条　【债权转让中债务人抗辩】 …… 97
第五百四十九条　【债权转让中债务人的抵销权】 …… 97
第五百五十条　　【债权转让费用的承担】 ……… 98
第五百五十一条　【债务转移】 …………………… 98

● 相关案例索引

　　某银行三门峡车站支行与铝业公司、铝业集团借款担保合同纠纷案 …………………………………………… 98

第五百五十二条　【债务加入】 ………………………………… 99

第五百五十三条　【债务转移时新债务人抗辩】 ……………… 99

第五百五十四条　【从债务随主债务转移】 …………………… 100

第五百五十五条　【合同权利义务的一并转让】 ……………… 100

第五百五十六条　【一并转让的法律适用】 …………………… 101

## 第七章　合同的权利义务终止

第五百五十七条　【债权债务终止的法定情形】 ……………… 102

● 典型案例

　　纺织工业公司及其五家子公司实质合并破产重整案 ………… 102

第五百五十八条　【后合同义务】 ……………………………… 108

第五百五十九条　【从权利消灭】 ……………………………… 109

第 五 百 六 十 条　【数项债务的清偿抵充顺序】 ……………… 109

第五百六十一条　【费用、利息和主债务的清偿抵充顺序】 … 109

● 典型案例

　　汤某、刘某、马某、王某诉房地产开发公司商品房买卖合同纠纷案 ………………………………………………… 110

第五百六十二条　【合同的约定解除】 ………………………… 113

● 典型案例

　　陈某与向某贵房屋租赁合同纠纷抗诉案 ……………………… 113

第五百六十三条　【合同的法定解除】 ………………………… 117

● **相关案例索引**

张某、徐某诉置业公司房屋买卖合同纠纷案 …………… 118

第五百六十四条　【解除权行使期限】 ………………………… 118

第五百六十五条　【合同解除权的行使规则】 ………………… 119

第五百六十六条　【合同解除的法律后果】 …………………… 120

第五百六十七条　【结算、清理条款效力的独立性】 ………… 121

第五百六十八条　【法定抵销】 ………………………………… 121

第五百六十九条　【约定抵销】 ………………………………… 123

第 五 百 七 十 条　【提存的条件】 ……………………………… 123

第五百七十一条　【提存的成立】 ……………………………… 124

第五百七十二条　【提存的通知】 ……………………………… 125

第五百七十三条　【提存期间风险、孳息和提存费用负担】 … 125

第五百七十四条　【提存物的领取与取回】 …………………… 125

● **典型案例**

沈某与方某海合同纠纷案 ………………………………… 125

第五百七十五条　【债的免除】 ………………………………… 127

第五百七十六条　【债权债务混同的处理】 …………………… 128

## 第八章　违约责任

第五百七十七条　【违约责任的种类】 ………………………… 129

● **典型案例**

贸易公司诉蒋某、王某等买卖合同纠纷案 ……………… 129

第五百七十八条　【预期违约责任】 …………………………… 131

第五百七十九条　【金钱债务的继续履行】 …………………… 132

| 第五百八十条 | 【非金钱债务的继续履行】 | 132 |
| 第五百八十一条 | 【替代履行】 | 133 |
| 第五百八十二条 | 【瑕疵履行违约责任】 | 134 |
| 第五百八十三条 | 【违约损害赔偿责任】 | 134 |

● 典型案例

  保险公司江苏分公司诉安装公司保险人代位求偿权纠纷案 …… 134

| 第五百八十四条 | 【法定的违约赔偿损失】 | 140 |
| 第五百八十五条 | 【违约金的约定】 | 140 |

● 典型案例

  曹某与房地产公司商品房销售合同案 …… 141

| 第五百八十六条 | 【定金】 | 142 |

● 典型案例

  武汉乙投资公司等骗取调解书虚假诉讼监督案 …… 143

| 第五百八十七条 | 【定金罚则】 | 146 |

● 相关案例索引

  胡某卿与房地产开发公司房屋买卖合同案 …… 147

| 第五百八十八条 | 【违约金与定金竞合选择权】 | 147 |
| 第五百八十九条 | 【债权人受领迟延】 | 148 |
| 第五百九十条 | 【因不可抗力不能履行合同】 | 148 |
| 第五百九十一条 | 【非违约方防止损失扩大义务】 | 149 |
| 第五百九十二条 | 【双方违约和与有过错规则】 | 149 |
| 第五百九十三条 | 【因第三人原因造成违约情况下的责任承担】 | 149 |

10

● 典型案例

　　袁某与李某瑛房屋买卖合同案 ……………………… 150

第五百九十四条　【国际贸易合同诉讼时效和仲裁时效】 ……… 152

## 第二分编　典型合同

### 第九章　买卖合同

第五百九十五条　【买卖合同的概念】 ……………………… 153

第五百九十六条　【买卖合同条款】 ………………………… 153

第五百九十七条　【无权处分的违约责任】 ………………… 153

● 相关案例索引

　　万某、万某某诉狄某等房屋买卖合同纠纷案 …………… 153

第五百九十八条　【出卖人基本义务】 ……………………… 154

● 典型案例

　　吴某诉纸业公司买卖合同纠纷案 ………………………… 154

第五百九十九条　【出卖人义务：交付单证、交付资料】 ……… 155

● 典型案例

　　赵某春、陈某悦与赵某新、周某秋房屋买卖合同案 …… 156

第 六 百 条　【买卖合同知识产权保留条款】 ……………… 157

第六百零一条　【出卖人义务：交付期间】 ………………… 158

第六百零二条　【标的物交付期限不明时的处理】 ………… 158

第六百零三条　【买卖合同标的物的交付地点】 …………… 158

● 典型案例

　　索某与武某合同纠纷案 …………………………………… 158

| 第六百零四条 | 【标的物的风险承担】 | 160 |
| 第六百零五条 | 【迟延交付标的物的风险负担】 | 160 |

● 典型案例

张某与肥料公司买卖合同案 ········· 161

| 第六百零六条 | 【路货买卖中的标的物风险转移】 | 162 |
| 第六百零七条 | 【需要运输的标的物风险负担】 | 162 |
| 第六百零八条 | 【买受人不履行接受标的物义务的风险负担】 | 162 |
| 第六百零九条 | 【未交付单证、资料的风险负担】 | 162 |
| 第六百一十条 | 【根本违约】 | 163 |

● 典型案例

科技公司与智能公司买卖合同案 ········· 163

| 第六百一十一条 | 【买受人承担风险与出卖人违约责任关系】 | 164 |
| 第六百一十二条 | 【出卖人的权利瑕疵担保义务】 | 165 |

● 典型案例

郑某安与某物业发展公司商品房买卖合同纠纷再审检察建议案 ········· 165

| 第六百一十三条 | 【权利瑕疵担保责任之免除】 | 170 |
| 第六百一十四条 | 【买受人的中止支付价款权】 | 170 |
| 第六百一十五条 | 【买卖标的物的质量瑕疵担保】 | 170 |

● 典型案例

房车销售公司与工贸公司买卖合同案 ········· 170

| 第六百一十六条 | 【标的物法定质量担保义务】 | 172 |
| 第六百一十七条 | 【质量瑕疵担保责任】 | 173 |

| 第六百一十八条 | 【标的物瑕疵担保责任减免的特约效力】…… 173 |
| 第六百一十九条 | 【标的物的包装方式】………………………… 173 |
| 第六百二十条 | 【买受人的检验义务】………………………… 173 |
| 第六百二十一条 | 【买受人检验标的物的异议通知】…………… 174 |
| 第六百二十二条 | 【检验期限或质量保证期过短的处理】……… 174 |
| 第六百二十三条 | 【标的物数量和外观瑕疵检验】……………… 175 |
| 第六百二十四条 | 【向第三人履行情形的检验标准】…………… 175 |
| 第六百二十五条 | 【出卖人的回收义务】………………………… 175 |
| 第六百二十六条 | 【买受人支付价款及方式】…………………… 175 |
| 第六百二十七条 | 【买受人支付价款的地点】…………………… 176 |
| 第六百二十八条 | 【买受人支付价款的时间】…………………… 176 |
| 第六百二十九条 | 【出卖人多交标的物的处理】………………… 176 |

● 典型案例

　　房地产开发公司与邓某商品房销售合同案……………… 176

| 第六百三十条 | 【买卖合同标的物孳息的归属】……………… 178 |
| 第六百三十一条 | 【主物与从物在解除合同时的效力】………… 178 |
| 第六百三十二条 | 【数物买卖合同的解除】……………………… 179 |
| 第六百三十三条 | 【分批交付标的物的情况下解除合同的情形】………………………………………… 179 |
| 第六百三十四条 | 【分期付款买卖】……………………………… 179 |

● 典型案例

　　汤某诉周某股权转让纠纷案……………………………… 180

| 第六百三十五条 | 【凭样品买卖合同】…………………………… 183 |

| 第六百三十六条 | 【凭样品买卖合同样品存在隐蔽瑕疵的处理】 | 183 |
| --- | --- | --- |
| 第六百三十七条 | 【试用买卖的试用期限】 | 184 |
| 第六百三十八条 | 【试用买卖合同买受人对标的物购买选择权】 | 184 |
| 第六百三十九条 | 【试用买卖使用费】 | 184 |
| 第六百四十条 | 【试用买卖中的风险承担】 | 184 |
| 第六百四十一条 | 【标的物所有权保留条款】 | 185 |
| 第六百四十二条 | 【所有权保留中出卖人的取回权】 | 185 |
| 第六百四十三条 | 【买受人回赎权及出卖人再出卖权】 | 186 |
| 第六百四十四条 | 【招标投标买卖的法律适用】 | 187 |
| 第六百四十五条 | 【拍卖的法律适用】 | 187 |

● 典型案例

投资发展公司与拍卖行公司委托拍卖执行复议案 …… 187

● 相关案例索引

曾某与拍卖公司、某银行上饶市分行、徐某拍卖纠纷案 …… 192

| 第六百四十六条 | 【买卖合同准用于有偿合同】 | 192 |
| --- | --- | --- |
| 第六百四十七条 | 【易货交易的法律适用】 | 192 |

## 第十章 供用电、水、气、热力合同

| 第六百四十八条 | 【供用电合同概念及强制缔约义务】 | 193 |
| --- | --- | --- |
| 第六百四十九条 | 【供用电合同的内容】 | 193 |
| 第六百五十条 | 【供用电合同的履行地点】 | 193 |
| 第六百五十一条 | 【供电人的安全供电义务】 | 193 |

第六百五十二条　【供电人中断供电时的通知义务】……… 194
第六百五十三条　【供电人抢修义务】……………… 194
　●典型案例
　　赵某与电力公司合同纠纷案 ………………………… 194
第六百五十四条　【用电人支付电费的义务】……… 196
第六百五十五条　【用电人安全用电义务】………… 197
第六百五十六条　【供用水、气、热力合同参照适用供用电合同】……………………………………… 197
　●典型案例
　　孙某与集团公司供用电、水、热力合同案 ………… 197

## 第十一章　赠与合同

第六百五十七条　【赠与合同的概念】……………… 198
　●典型案例
　　伊某与徐某所有权确认案 …………………………… 198
第六百五十八条　【赠与的任意撤销及限制】……… 200
第六百五十九条　【赠与特殊财产需要办理有关法律手续】…… 200
第六百六十条　　【法定不得撤销赠与的赠与人不交付赠与财产的责任】…………………………… 200
第六百六十一条　【附义务的赠与合同】…………… 201
　●典型案例
　　田某与薛某不当得利纠纷案 ………………………… 201
第六百六十二条　【赠与财产的瑕疵担保责任】…… 202

第六百六十三条 【赠与人的法定撤销情形及撤销权行使期间】……………………………………………… 202
- 典型案例
  张某与宋某赠与合同案 …………………………………… 203
第六百六十四条 【赠与人的继承人或法定代理人的撤销权】…… 204
第六百六十五条 【撤销赠与的效力】………………………… 204
第六百六十六条 【赠与义务的免除】………………………… 204

## 第十二章 借款合同

第六百六十七条 【借款合同的定义】………………………… 204
- 典型案例
  某银行五一支行诉污水处理公司、市政工程公司金融借款合同纠纷案 ………………………………………… 205
第六百六十八条 【借款合同的形式和内容】………………… 210
第六百六十九条 【借款合同借款人的告知义务】…………… 210
第 六 百 七 十 条 【借款利息不得预先扣除】………………… 210
- 典型案例
  邹德某与张某军民间借贷纠纷案 …………………………… 211
第六百七十一条 【提供及收取借款迟延责任】……………… 212
第六百七十二条 【贷款人对借款使用情况检查、监督的权利】…………………………………………………… 212
第六百七十三条 【借款人违约使用借款的后果】…………… 212
第六百七十四条 【借款利息支付期限的确定】……………… 213
第六百七十五条 【还款期限的确定】………………………… 213

● **典型案例**

　　宋某娟与潘某民间借贷纠纷案 ················· 213

第六百七十六条　【借款合同违约责任承担】 ········· 214

第六百七十七条　【提前偿还借款】 ················· 214

第六百七十八条　【借款展期】 ····················· 214

第六百七十九条　【自然人之间借款合同的成立】 ····· 214

第六百八十条　　【借款利率和利息】 ··············· 215

## 第十三章　保证合同

### 第一节　一般规定

第六百八十一条　【保证合同的概念】 ··············· 215

● **典型案例**

　　某银行诉电器公司等金融借款合同纠纷案 ········· 215

第六百八十二条　【保证合同的附从性及被确认无效后的
　　　　　　　　　责任分配】 ····················· 218

第六百八十三条　【保证人的资格】 ················· 219

第六百八十四条　【保证合同的一般内容】 ··········· 219

第六百八十五条　【保证合同的订立】 ··············· 219

第六百八十六条　【保证方式】 ····················· 219

第六百八十七条　【一般保证及先诉抗辩权】 ········· 219

第六百八十八条　【连带责任保证】 ················· 220

第六百八十九条　【反担保】 ······················· 220

第六百九十条　　【最高额保证合同】 ··············· 220

## 第二节　保证责任

第六百九十一条　【保证责任的范围】 …………………… 221
- 典型案例

　担保公司与工程建设公司、置业公司执行复议案 …… 221

第六百九十二条　【保证期间】 …………………………… 223

第六百九十三条　【保证期间届满的法律效果】 ………… 223

第六百九十四条　【保证债务的诉讼时效】 ……………… 223

第六百九十五条　【主合同变更对保证责任影响】 ……… 224

第六百九十六条　【债权转让时保证人的保证责任】 …… 224

第六百九十七条　【债务承担对保证责任的影响】 ……… 224

第六百九十八条　【一般保证人免责】 …………………… 225

第六百九十九条　【共同保证】 …………………………… 225

第 七 百 条　【保证人的追偿权】 ………………………… 225

第七百零一条　【保证人的抗辩权】 ……………………… 225

第七百零二条　【抵销权或撤销权范围内的免责】 ……… 225

## 第十四章　租赁合同

第七百零三条　【租赁合同的概念】 ……………………… 226

第七百零四条　【租赁合同的内容】 ……………………… 226
- 典型案例

　饶某诉某物资供应站等房屋租赁合同纠纷案 ………… 226

第七百零五条　【租赁期限的最高限制】 ………………… 231

第七百零六条　【租赁合同登记对合同效力影响】 ……… 231

第七百零七条　【租赁合同形式】 ………………………… 231

| 第七百零八条 | 【出租人义务】 | 232 |
| 第七百零九条 | 【承租人义务】 | 232 |
| 第七百一十条 | 【承租人合理使用租赁物的免责】 | 232 |
| 第七百一十一条 | 【承租人未合理使用租赁物的责任】 | 232 |
| 第七百一十二条 | 【出租人的维修义务】 | 232 |
| 第七百一十三条 | 【租赁物的维修和维修费负担】 | 233 |

● 典型案例

　　刘某乾与某大学房屋租赁合同案 …… 233

| 第七百一十四条 | 【承租人的租赁物妥善保管义务】 | 234 |
| 第七百一十五条 | 【承租人对租赁物进行改善或增设他物】 | 234 |
| 第七百一十六条 | 【转租】 | 234 |
| 第七百一十七条 | 【转租期限】 | 234 |
| 第七百一十八条 | 【出租人同意转租的推定】 | 235 |
| 第七百一十九条 | 【次承租人的代为清偿权】 | 235 |
| 第七百二十条 | 【租赁物的收益归属】 | 235 |
| 第七百二十一条 | 【租金支付期限】 | 235 |
| 第七百二十二条 | 【承租人的租金支付义务】 | 236 |
| 第七百二十三条 | 【出租人的权利瑕疵担保责任】 | 236 |
| 第七百二十四条 | 【承租人解除合同的法定情形】 | 236 |
| 第七百二十五条 | 【买卖不破租赁】 | 236 |

● 典型案例

　　金某与餐饮管理公司房屋租赁合同案 …… 237

| 第七百二十六条 | 【房屋承租人的优先购买权】 | 238 |
| 第七百二十七条 | 【承租人对拍卖房屋的优先购买权】 | 238 |

第七百二十八条　【妨害承租人优先购买权的赔偿责任】……… 239
● **典型案例**
　　吴某与房地产公司房屋买卖合同案……………………… 239
第七百二十九条　【租赁物毁损、灭失的法律后果】………… 240
第七百三十条　　【租期不明的处理】………………………… 240
第七百三十一条　【租赁物质量不合格时承租人的解除权】… 240
第七百三十二条　【房屋承租人死亡时租赁关系的处理】…… 240
第七百三十三条　【租赁物的返还】…………………………… 241
第七百三十四条　【租赁期限届满的续租及优先承租权】…… 241

### 第十五章　融资租赁合同

第七百三十五条　【融资租赁合同的概念】…………………… 241
第七百三十六条　【融资租赁合同的内容】…………………… 241
第七百三十七条　【融资租赁通谋虚伪表示】………………… 242
第七百三十八条　【特定租赁物经营许可对合同效力影响】… 242
第七百三十九条　【融资租赁标的物的交付】………………… 242
● **典型案例**
　　谢某与崔某民间借贷纠纷案……………………………… 242
第七百四十条　　【承租人的拒绝受领权】…………………… 243
第七百四十一条　【承租人的索赔权】………………………… 244
第七百四十二条　【承租人行使索赔权的租金支付义务】…… 244
第七百四十三条　【承租人索赔不能的违约责任承担】……… 244
第七百四十四条　【出租人不得擅自变更买卖合同内容】…… 244
第七百四十五条　【租赁物的登记对抗效力】………………… 245

| 第七百四十六条 | 【租金的确定规则】 | 245 |
|---|---|---|
| 第七百四十七条 | 【租赁物瑕疵担保责任】 | 245 |
| 第七百四十八条 | 【出租人保证承租人占有和使用租赁物】 | 245 |
| 第七百四十九条 | 【租赁物致人损害的责任承担】 | 245 |
| 第七百五十条 | 【租赁物的保管、使用、维修】 | 246 |
| 第七百五十一条 | 【承租人占有租赁物毁损、灭失的租金承担】 | 246 |
| 第七百五十二条 | 【承租人支付租金的义务】 | 246 |
| 第七百五十三条 | 【承租人擅自处分租赁物时出租人的解除权】 | 246 |
| 第七百五十四条 | 【出租人或承租人均可解除融资租赁合同情形】 | 246 |
| 第七百五十五条 | 【承租人承担出租人损失赔偿责任情形】 | 247 |
| 第七百五十六条 | 【租赁物意外毁损灭失】 | 247 |
| 第七百五十七条 | 【租赁期满租赁物的归属】 | 247 |
| 第七百五十八条 | 【承租人请求部分返还租赁物价值】 | 248 |
| 第七百五十九条 | 【支付象征性价款时的租赁物归属】 | 248 |
| 第七百六十条 | 【融资租赁合同无效时租赁物的归属】 | 248 |

## 第十六章 保理合同

| 第七百六十一条 | 【保理合同的概念】 | 249 |
|---|---|---|
| 第七百六十二条 | 【保理合同的内容与形式】 | 249 |
| 第七百六十三条 | 【虚构应收账款】 | 249 |
| 第七百六十四条 | 【保理人发出转让通知的表明身份义务】 | 250 |

| 第七百六十五条 | 【无正当理由变更、终止基础交易合同对保理人的效力】 …… 250 |
| 第七百六十六条 | 【有追索权保理】 …………………………………… 250 |
| 第七百六十七条 | 【无追索权保理】 …………………………………… 250 |
| 第七百六十八条 | 【多重保理的清偿顺序】 …………………………… 251 |
| 第七百六十九条 | 【参照适用债权转让的规定】 ……………………… 251 |

## 第十七章 承揽合同

| 第七百七十条 | 【承揽合同的定义及类型】 ………………………… 251 |

● **典型案例**

    机床公司与王某加工承揽合同案 …………………………… 251

| 第七百七十一条 | 【承揽合同的主要条款】 …………………………… 252 |
| 第七百七十二条 | 【承揽人独立完成主要工作】 ……………………… 252 |
| 第七百七十三条 | 【承揽人对辅助性工作的责任】 …………………… 253 |
| 第七百七十四条 | 【承揽人提供材料时的主要义务】 ………………… 253 |

● **典型案例**

    张某凤等与陈某波等提供劳务者受害责任案 ……………… 253

| 第七百七十五条 | 【定作人提供材料时双方当事人的义务】 ………… 254 |
| 第七百七十六条 | 【定作人要求不合理时双方当事人的义务】 ……… 255 |
| 第七百七十七条 | 【中途变更工作要求的责任】 ……………………… 255 |
| 第七百七十八条 | 【定作人的协作义务】 ……………………………… 255 |

● **相关案例索引**

    科创公司与金睿琦公司承揽合同案 ………………………… 255

| 第七百七十九条 | 【定作人监督检验承揽工作】 ……………………… 255 |

第七百八十条　　　【工作成果交付】………………………… 256
  ● 典型案例
    电力设备公司与电业公司承揽合同案 ………………… 256
第七百八十一条　　【工作成果质量不合约定的责任】…… 257
  ● 典型案例
    李某与杨某威承揽合同案 ……………………………… 257
第七百八十二条　　【支付报酬期限】……………………… 258
第七百八十三条　　【承揽人的留置权及同时履行抗辩权】… 258
  ● 典型案例
    贸易公司与制衣厂、吴某加工合同案 ………………… 258
第七百八十四条　　【承揽人保管义务】…………………… 260
第七百八十五条　　【承揽人的保密义务】………………… 260
第七百八十六条　　【共同承揽】…………………………… 260
第七百八十七条　　【定作人的任意解除权】……………… 260

## 第十八章　建设工程合同

第七百八十八条　　【建设工程合同的定义】……………… 261
第七百八十九条　　【建设工程合同形式】………………… 261
  ● 典型案例
    建筑公司与郝某权合同纠纷案 ………………………… 261
第七百九十条　　　【工程招标投标】……………………… 262
第七百九十一条　　【总包与分包】………………………… 262
第七百九十二条　　【国家重大建设工程合同的订立】…… 263
第七百九十三条　　【建设工程施工合同无效的处理】…… 263

第七百九十四条　【勘察、设计合同主要内容】………… 263

第七百九十五条　【施工合同主要内容】………… 264

第七百九十六条　【建设工程监理】………… 264

第七百九十七条　【发包人检查权】………… 264

第七百九十八条　【隐蔽工程】………… 264

第七百九十九条　【竣工验收】………… 265

● 典型案例

戴某与装饰公司装饰装修合同案………… 265

第 八 百 条　【勘察、设计人质量责任】………… 266

第八百零一条　【施工人的质量责任】………… 266

第八百零二条　【质量保证责任】………… 266

第八百零三条　【发包人违约责任】………… 267

第八百零四条　【发包人原因致工程停建、缓建的责任】…… 267

第八百零五条　【发包人原因致勘察、设计返工、停工
或修改设计的责任】………… 267

第八百零六条　【建设工程合同的法定解除】………… 267

● 典型案例

耿某年与夏某中装饰装修合同案………… 268

第八百零七条　【工程价款的支付】………… 269

第八百零八条　【参照适用承揽合同的规定】………… 269

## 第十九章　运输合同

### 第一节　一般规定

第八百零九条　【运输合同的定义】………… 269

● 典型案例

　　高某才与范某友运输合同案 ······················· 269

第八百一十条　　【公共运输承运人的强制缔约义务】 ········ 270

第八百一十一条　【承运人安全运输义务】 ················ 270

第八百一十二条　【承运人合理运输义务】 ················ 270

第八百一十三条　【支付票款或运输费用】 ················ 271

第二节　客运合同

第八百一十四条　【客运合同的成立】 ··················· 271

● 典型案例

　　汽车旅游公司与刘某公路旅客运输合同案 ············· 271

第八百一十五条　【按有效客票记载内容乘坐义务】 ········· 273

第八百一十六条　【退票与变更】 ····················· 273

第八百一十七条　【按约定携带行李义务】 ················ 273

第八百一十八条　【危险物品或者违禁物品的携带禁止】 ······ 273

第八百一十九条　【承运人告知义务和旅客协助配合义务】 ···· 274

第 八百二十 条　【承运人迟延运输或者有其他不能正常
　　　　　　　　　运输情形】 ························ 274

第八百二十一条　【承运人变更服务标准的后果】 ··········· 274

第八百二十二条　【承运人尽力救助义务】 ················ 274

第八百二十三条　【旅客伤亡的赔偿责任】 ················ 275

第八百二十四条　【对行李的赔偿责任】 ················· 275

● 典型案例

　　汽车公司与陈某丽公路旅客运输合同案 ··············· 275

## 第三节 货运合同

第八百二十五条　【托运人如实申报情况义务】 …………… 277
● **典型案例**
　　某物流公司与范某添运输合同案 ………………………… 277
第八百二十六条　【托运人办理审批、检验等手续义务】 ……… 278
第八百二十七条　【托运人的包装义务】 …………………… 278
第八百二十八条　【托运人运送危险货物时的义务】 ……… 279
第八百二十九条　【托运人变更或解除的权利】 …………… 279
第 八 百 三 十 条　【提货】 …………………………………… 279
第八百三十一条　【收货人对货物的检验】 ………………… 279
第八百三十二条　【承运人对货损的赔偿责任】 …………… 280
第八百三十三条　【确定货损额的方法】 …………………… 280
第八百三十四条　【相继运输的责任承担】 ………………… 280
第八百三十五条　【货物因不可抗力灭失的运费处理】 …… 281
第八百三十六条　【承运人留置权】 ………………………… 281
第八百三十七条　【货物的提存】 …………………………… 281

## 第四节　多式联运合同

第八百三十八条　【多式联运经营人的权利义务】 ………… 281
第八百三十九条　【多式联运经营人的责任承担】 ………… 281
第 八 百 四 十 条　【多式联运单据】 ………………………… 282
第八百四十一条　【托运人的过错赔偿责任】 ……………… 282
第八百四十二条　【赔偿责任的法律适用】 ………………… 282

# 第二十章 技术合同

## 第一节 一般规定

| | | |
|---|---|---|
| 第八百四十三条 | 【技术合同的定义】 | 282 |
| 第八百四十四条 | 【订立技术合同的原则】 | 283 |
| 第八百四十五条 | 【技术合同的主要条款】 | 283 |
| 第八百四十六条 | 【技术合同价款、报酬或使用费的支付方式】 | 283 |
| 第八百四十七条 | 【职务技术成果的财产权归属】 | 284 |
| 第八百四十八条 | 【非职务技术成果的财产权归属】 | 284 |
| 第八百四十九条 | 【技术成果人身权】 | 284 |
| 第八百五十条 | 【技术合同的无效】 | 284 |

## 第二节 技术开发合同

| | | |
|---|---|---|
| 第八百五十一条 | 【技术开发合同的定义及种类】 | 285 |
| 第八百五十二条 | 【委托人的主要义务】 | 285 |
| 第八百五十三条 | 【研究开发人的主要义务】 | 286 |
| 第八百五十四条 | 【委托开发合同的当事人违约责任】 | 286 |
| 第八百五十五条 | 【合作开发各方的主要义务】 | 286 |
| 第八百五十六条 | 【合作开发各方的违约责任】 | 286 |
| 第八百五十七条 | 【技术开发合同的解除】 | 286 |
| 第八百五十八条 | 【技术开发合同的风险责任负担】 | 287 |

● 典型案例

科技公司与游某光合同纠纷案 …………………… 287

| | | |
|---|---|---|
| 第八百五十九条 | 【发明创造的归属和分享】 | 289 |
| 第八百六十条 | 【合作开发发明创造专利申请权的归属和分享】 | 289 |
| 第八百六十一条 | 【技术秘密成果的归属与分配】 | 289 |

### 第三节 技术转让合同和技术许可合同

| | | |
|---|---|---|
| 第八百六十二条 | 【技术转让合同和技术许可合同的定义】 | 290 |
| 第八百六十三条 | 【技术转让合同和技术许可合同的种类及合同要件】 | 290 |
| 第八百六十四条 | 【技术转让合同和技术许可合同的限制性条款】 | 291 |
| 第八百六十五条 | 【专利实施许可合同的有效期限】 | 291 |
| 第八百六十六条 | 【专利实施许可合同许可人的义务】 | 291 |
| 第八百六十七条 | 【专利实施许可合同被许可人的义务】 | 291 |
| 第八百六十八条 | 【技术秘密让与人和许可人的义务】 | 291 |
| 第八百六十九条 | 【技术秘密受让人和被许可人的义务】 | 292 |
| 第八百七十条 | 【技术转让合同让与人和技术许可合同许可人的保证义务】 | 292 |
| 第八百七十一条 | 【技术转让合同受让人和技术许可合同被许可人保密义务】 | 292 |
| 第八百七十二条 | 【技术许可人和让与人的违约责任】 | 293 |

● 典型案例

化工公司与粉体公司技术转让合同案 293

| | | |
|---|---|---|
| 第八百七十三条 | 【技术被许可人和受让人的违约责任】 | 295 |

第八百七十四条　【实施专利、使用技术秘密侵害他人合法权益责任承担】 …… 295

● 典型案例

　李某安与李某国服务合同案 …… 295

第八百七十五条　【后续改进技术成果的分享办法】 …… 297
第八百七十六条　【其他知识产权转让和许可的参照适用】 …… 297
第八百七十七条　【技术出口合同或专利、专利申请合同的法律适用】 …… 297

### 第四节　技术咨询合同和技术服务合同

第八百七十八条　【技术咨询合同、技术服务合同的定义】 …… 297
第八百七十九条　【技术咨询合同委托人的义务】 …… 298
第 八 百 八 十 条　【技术咨询合同受托人的义务】 …… 298
第八百八十一条　【技术咨询合同当事人的违约责任及决策风险责任】 …… 298
第八百八十二条　【技术服务合同委托人的义务】 …… 298
第八百八十三条　【技术服务合同受托人的义务】 …… 299
第八百八十四条　【技术服务合同的当事人违约责任】 …… 299
第八百八十五条　【技术成果的归属和分享】 …… 299
第八百八十六条　【受托人履行合同的费用负担】 …… 299
第八百八十七条　【技术中介合同和技术培训合同法律适用】 …… 299

## 第二十一章　保管合同

第八百八十八条　【保管合同的定义】 …… 300
第八百八十九条　【保管合同的报酬】 …… 300

第八百九十条　【保管合同的成立】……………………300
● 典型案例
　　鲁某敏与郑某珍保管合同案……………………………300
第八百九十一条　【保管人给付保管凭证的义务】…………302
第八百九十二条　【保管人对保管物的妥善保管义务】……302
第八百九十三条　【寄存人如实告知义务】…………………302
第八百九十四条　【保管人亲自保管义务】…………………303
第八百九十五条　【保管人不得使用或许可他人使用保管
　　　　　　　　　物义务】…………………………………303
第八百九十六条　【保管人返还保管物的义务及危险通知
　　　　　　　　　义务】……………………………………303
第八百九十七条　【保管物毁损灭失责任】…………………303
● 典型案例
　　吴某亚与邱某民间借贷案………………………………303
第八百九十八条　【寄存贵重物品的声明义务】……………304
第八百九十九条　【保管物的领取及领取时间】……………304
第 九 百 条　　　【保管人归还原物及孳息的义务】………305
第九百零一条　　【消费保管】………………………………305
第九百零二条　　【保管费的支付期限】……………………305
第九百零三条　　【保管人的留置权】………………………305

## 第二十二章　仓储合同

第九百零四条　　【仓储合同的定义】………………………306
第九百零五条　　【仓储合同的成立时间】…………………306

| 第九百零六条 | 【危险物品和易变质物品的储存】 | 306 |
| --- | --- | --- |
| 第九百零七条 | 【仓储物的验收】 | 306 |
| 第九百零八条 | 【保管人出具仓单、入库单义务】 | 307 |
| 第九百零九条 | 【仓单的内容】 | 307 |
| 第九百一十条 | 【仓单的转让和出质】 | 307 |
| 第九百一十一条 | 【检查仓储物或提取样品的权利】 | 307 |
| 第九百一十二条 | 【保管人的通知义务】 | 308 |
| 第九百一十三条 | 【保管人危险催告义务和紧急处置权】 | 308 |
| 第九百一十四条 | 【仓储物的提取】 | 308 |
| 第九百一十五条 | 【仓储物的提取规则】 | 308 |
| 第九百一十六条 | 【逾期提取仓储物】 | 308 |
| 第九百一十七条 | 【保管不善的责任承担】 | 309 |
| 第九百一十八条 | 【参照适用保管合同的规定】 | 309 |

## 第二十三章 委托合同

| 第九百一十九条 | 【委托合同的概念】 | 309 |
| --- | --- | --- |
| 第九百二十条 | 【委托权限】 | 309 |
| 第九百二十一条 | 【处理委托事务的费用】 | 309 |
| 第九百二十二条 | 【受托人服从指示的义务】 | 310 |

●典型案例

商贸公司与陈某合同纠纷案 …… 310

| 第九百二十三条 | 【受托人亲自处理委托事务】 | 312 |
| --- | --- | --- |
| 第九百二十四条 | 【受托人的报告义务】 | 312 |

| 第九百二十五条 | 【受托人以自己名义从事受托事务的法律效果】 | 312 |
|---|---|---|
| 第九百二十六条 | 【委托人的介入权与第三人的选择权】 | 312 |
| 第九百二十七条 | 【受托人转移所得利益的义务】 | 313 |
| 第九百二十八条 | 【委托人支付报酬的义务】 | 313 |
| 第九百二十九条 | 【因受托人过错致委托人损失的赔偿责任】 | 313 |

● 典型案例

孙某涛与关某不当得利案 ………………………………… 314

| 第九百三十条 | 【委托人的赔偿责任】 | 314 |
|---|---|---|
| 第九百三十一条 | 【委托人另行委托他人处理事务】 | 314 |
| 第九百三十二条 | 【共同委托】 | 314 |
| 第九百三十三条 | 【任意解除权】 | 314 |
| 第九百三十四条 | 【委托合同的终止】 | 315 |
| 第九百三十五条 | 【受托人继续处理委托事务】 | 315 |
| 第九百三十六条 | 【受托人死亡后其继承人等的义务】 | 315 |

## 第二十四章 物业服务合同

| 第九百三十七条 | 【物业服务合同的定义】 | 315 |
|---|---|---|

● 典型案例

福建甲光电公司、福建乙科技公司与福建丁物业公司物业服务合同纠纷和解案 …………………………… 316

| 第九百三十八条 | 【物业服务合同的内容与形式】 | 318 |
|---|---|---|

● 典型案例

贾某祥与物业公司物业服务合同案 ……………………… 318

| 第九百三十九条 | 【物业服务合同的约束力】 | 319 |
| 第九百四十条 | 【前期物业服务合同的终止情形】 | 320 |
| 第九百四十一条 | 【物业服务合同的转委托】 | 320 |
| 第九百四十二条 | 【物业服务人的义务】 | 320 |
| 第九百四十三条 | 【物业服务人的信息公开义务】 | 321 |
| 第九百四十四条 | 【业主支付物业费义务】 | 321 |
| 第九百四十五条 | 【业主的告知、协助义务】 | 321 |
| 第九百四十六条 | 【业主解聘物业服务人】 | 322 |
| 第九百四十七条 | 【物业服务人的续聘】 | 322 |
| 第九百四十八条 | 【不定期物业服务合同的成立与解除】 | 322 |
| 第九百四十九条 | 【物业服务合同终止后原物业服务人的义务】 | 323 |

● **典型案例**

置业公司与物业公司物业服务合同案 …… 323

| 第九百五十条 | 【物业服务合同终止后新合同成立前期间的相关事项】 | 325 |

## 第二十五章 行纪合同

| 第九百五十一条 | 【行纪合同的概念】 | 325 |
| 第九百五十二条 | 【行纪人的费用负担】 | 325 |

● **典型案例**

医疗科技公司与宋某行纪合同案 …… 325

| 第九百五十三条 | 【行纪人保管义务】 | 326 |
| 第九百五十四条 | 【行纪人处置委托物义务】 | 327 |

第九百五十五条　【行纪人按指定价格买卖的义务】 …… 327

第九百五十六条　【行纪人的介入权】 …………… 327

第九百五十七条　【委托人受领、取回义务及行纪人提存
委托物】 …………………………………… 328

第九百五十八条　【行纪人的直接履行义务】 ……… 328

第九百五十九条　【行纪人的报酬请求权及留置权】 … 328

第 九 百 六 十 条　【参照适用委托合同的规定】 …… 328

## 第二十六章　中介合同

第九百六十一条　【中介合同的概念】 ……………… 329

第九百六十二条　【中介人的如实报告义务】 ……… 329

第九百六十三条　【中介人的报酬请求权】 ………… 329

第九百六十四条　【中介人的中介费用】 …………… 329

第九百六十五条　【委托人"跳单"应支付中介报酬】 …… 330

● 典型案例

物业公司诉陶某居间合同纠纷案 ……………………… 330

第九百六十六条　【参照适用委托合同的规定】 …… 332

## 第二十七章　合伙合同

第九百六十七条　【合伙合同的定义】 ……………… 332

第九百六十八条　【合伙人的出资义务】 …………… 332

第九百六十九条　【合伙财产的定义】 ……………… 332

第 九 百 七 十 条　【合伙事务的执行】 ……………… 332

第九百七十一条　【合伙人执行合伙事务不得请求支付报酬】 …… 333

| 第九百七十二条 | 【合伙的利润分配和亏损分担】 | 333 |
| 第九百七十三条 | 【合伙人对合伙债务的连带责任及追偿权】 | 333 |
| 第九百七十四条 | 【合伙人转让财产份额的要求】 | 333 |
| 第九百七十五条 | 【合伙人债权人代位行使权利的限制】 | 334 |
| 第九百七十六条 | 【合伙期限的推定】 | 334 |
| 第九百七十七条 | 【合伙人死亡、民事行为能力丧失或终止时合伙合同的效力】 | 334 |
| 第九百七十八条 | 【合伙合同终止后剩余财产的分配规则】 | 334 |

## 第三分编 准 合 同

### 第二十八章 无因管理

| 第九百七十九条 | 【无因管理的定义及法律效果】 | 335 |
| 第九百八十条 | 【不适当的无因管理】 | 335 |
| 第九百八十一条 | 【管理人的善良管理义务】 | 335 |
| 第九百八十二条 | 【管理人的通知义务】 | 336 |
| 第九百八十三条 | 【管理人的报告及移交财产义务】 | 336 |
| 第九百八十四条 | 【本人对管理事务的追认】 | 336 |

### 第二十九章 不当得利

| 第九百八十五条 | 【不当得利的构成及除外情况】 | 336 |
| 第九百八十六条 | 【善意得利人的返还责任】 | 337 |
| 第九百八十七条 | 【恶意得利人的返还责任】 | 337 |
| 第九百八十八条 | 【第三人的返还义务】 | 337 |

# 附 录

最高人民法院关于适用《中华人民共和国民法典》
 合同编通则若干问题的解释 …………………………………… 338
 （2023年12月4日）

# 《中华人民共和国民法典》合同编

(2020年5月28日第十三届全国人民代表大会第三次会议通过　2020年5月28日中华人民共和国主席令第45号公布　自2021年1月1日起施行)

## 目　　录

……

**第三编　合　　同**

第一分编　通　　则

第一章　一般规定

第二章　合同的订立

第三章　合同的效力

第四章　合同的履行

第五章　合同的保全

第六章　合同的变更和转让

第七章　合同的权利义务终止

第八章　违约责任

第二分编　典型合同

第九章　买卖合同

第十章　供用电、水、气、热力合同

第十一章　赠与合同

第十二章 借款合同
第十三章 保证合同
  第一节 一般规定
  第二节 保证责任
第十四章 租赁合同
第十五章 融资租赁合同
第十六章 保理合同
第十七章 承揽合同
第十八章 建设工程合同
第十九章 运输合同
  第一节 一般规定
  第二节 客运合同
  第三节 货运合同
  第四节 多式联运合同
第二十章 技术合同
  第一节 一般规定
  第二节 技术开发合同
  第三节 技术转让合同和技术许可合同
  第四节 技术咨询合同和技术服务合同
第二十一章 保管合同
第二十二章 仓储合同
第二十三章 委托合同
第二十四章 物业服务合同
第二十五章 行纪合同
第二十六章 中介合同

第二十七章　合伙合同
第三分编　准合同
第二十八章　无因管理
第二十九章　不当得利

……

# 第三编　合　　同

## 第一分编　通　　则

### 第一章　一般规定

**第四百六十三条**　合同编的调整范围①

本编调整因合同产生的民事关系。

**第四百六十四条**　合同的定义及身份关系协议的法律适用

合同是民事主体之间设立、变更、终止民事法律关系的协议。

婚姻、收养、监护等有关身份关系的协议，适用有关该身份关系的法律规定；没有规定的，可以根据其性质参照适用本编规定。

---

① 条文主旨为编者所加，下同。

● 典型案例

**文化公司诉李某、信息技术公司合同纠纷案（最高人民法院指导案例 189 号)**

被告李某原为原告文化公司创办的直播平台游戏主播，被告信息技术公司为李某的经纪公司。2018 年 2 月 28 日，文化公司、信息技术公司及李某签订《主播独家合作协议》（以下简称《合作协议》），约定：李某在直播平台独家进行"××游戏"的第一视角游戏直播和游戏解说。该协议违约条款中约定，在协议有效期内，信息技术公司或李某未经文化公司同意，擅自终止本协议或在直播竞品平台上进行相同或类似合作，或将已在直播平台上发布的直播视频授权给任何第三方使用的，构成根本性违约，信息技术公司应向直播平台支付如下赔偿金：（1）本协议及本协议签订前李某因与直播平台开展直播合作文化公司累计支付的合作费用；（2）5000 万元人民币；（3）文化公司为李某投入的培训费和推广资源费。主播李某对此向文化公司承担连带责任。合同约定的合作期限为一年，从 2018 年 3 月 1 日至 2019 年 2 月 28 日。

2018 年 6 月 1 日，信息技术公司向文化公司发出主播催款单，催讨欠付李某的两个月合作费用。截至 2018 年 6 月 4 日，文化公司为李某直播累计支付 2017 年 2 月至 2018 年 3 月的合作费用 1111661 元。

2018 年 6 月 27 日，李某发布微博称其将带领所在直播团队至某 1 直播平台进行直播，并公布了直播时间及房间号。同年 6 月 29 日，李某在某 1 直播平台进行首播。信息技术公司也于官方微信公众号上发布李某在某 1 直播平台的直播间链接。根据"××游戏"微博新闻公开报道："李某是全国主机游戏直播节目的开创者，也是全国著名网游直播明星主播，此外还是一位某游戏频道的原创达人，在某视频拥有超过20万的粉丝和5000万的点击率……"

2018年8月24日,文化公司向人民法院提起诉讼,请求判令两被告继续履行独家合作协议、立即停止在其他平台的直播活动并支付相应违约金。在一审审理中,文化公司调整诉讼请求为判令两被告支付原告违约金300万元。信息技术公司不同意文化公司请求,并提出反诉请求:1.判令确认文化公司、信息技术公司、李某三方于2018年2月28日签订的《合作协议》于2018年6月28日解除;2.判令文化公司向信息技术公司支付2018年4月至6月之间的合作费用224923.32元;3.判令文化公司向信息技术公司支付律师费20000元。

上海市静安区人民法院于2019年9月16日作出(2018)沪0106民初31513号民事判决:一、信息技术公司于判决生效之日起十日内支付文化公司违约金2600000元;二、李某对信息技术公司上述付款义务承担连带清偿责任;三、文化公司于判决生效之日起十日内支付信息技术公司2018年4月至6月的合作费用186640.10元;四、驳回信息技术公司其他反诉请求。李某不服,提起上诉。上海市第二中级人民法院于2020年11月12日作出(2020)沪02民终562号民事判决:驳回上诉,维持原判。

法院生效裁判认为:

第一,根据本案查明的事实,文化公司与信息技术公司、李某签订《合作协议》,自愿建立合同法律关系,而非李某主张的劳动合同关系。《合作协议》系三方真实意思表示,不违反法律法规的强制性规定,应认定为有效,各方理应依约恪守。从《合作协议》的违约责任条款来看,该协议对合作三方的权利义务都进行了详细约定,主播未经文化公司同意在竞品平台直播构成违约,应当承担赔偿责任。

第二,文化公司虽然存在履行瑕疵但并不足以构成根本性违约,信息技术公司、李某并不能以此为由主张解除《合作协议》。且即便从解除的方式来看，合同解除的意思表示也应当按照法定或约定的方式明确无误地向合同相对方发出，李某在微博平台上向不特定对象发布的所谓"官宣"或直接至其他平台直播的行为，均不能认定为向文化公司发出明确的合同解除的意思表示。因此，李某、信息技术公司在二审中提出因文化公司违约而已经行使合同解除权的主张不能成立。

第三，当事人主张约定的违约金过高请求予以适当减少的，应当以实际损失为基础，兼顾合同的履行情况、当事人的过错程度以及预期利益等综合因素，根据公平原则和诚实信用原则予以衡量。对于公平、诚信原则的适用尺度，与因违约所受损失的准确界定，应当充分考虑网络直播这一新兴行业的特点。网络直播平台是以互联网为必要媒介、以主播为核心资源的企业，在平台运营中通常需要在主播上投入较多的前期成本，而主播违反合同在第三方平台进行直播的行为给直播平台造成损失的具体金额实际难以量化，如对网络直播平台苛求过重的举证责任，则有违公平原则。故本案违约金的调整应当考虑网络直播平台的特点以及签订合同时对文化公司成本及收益的预见性。本案中，考虑主播李某在游戏直播行业中享有很高的人气和知名度的实际情况，结合其收益情况、合同剩余履行期间、双方违约及各自过错大小、文化公司能够量化的损失、文化公司已对约定违约金作出的减让、文化公司平台的现状等情形，根据公平与诚实信用原则以及直播平台与主播个人的利益平衡，酌情将违约金调整为260万元。

● 相关规定

《民法典》第2条、第13条、第57条、第97条、第119条、第1046条、第1050条、第1065条、第1076条、第1084~1090条、第1105条、

第 1123 条、第 1153 条

### 第四百六十五条　依法成立的合同受法律保护及合同相对性原则

依法成立的合同,受法律保护。

依法成立的合同,仅对当事人具有法律约束力,但是法律另有规定的除外。

### 第四百六十六条　合同的解释规则

当事人对合同条款的理解有争议的,应当依据本法第一百四十二条第一款的规定,确定争议条款的含义。

合同文本采用两种以上文字订立并约定具有同等效力的,对各文本使用的词句推定具有相同含义。各文本使用的词句不一致的,应当根据合同的相关条款、性质、目的以及诚信原则等予以解释。

● **相关规定**

《最高人民法院关于适用〈中华人民共和国民法典〉合同编通则若干问题的解释》第 1 条

### 第四百六十七条　非典型合同及特定涉外合同的法律适用

本法或者其他法律没有明文规定的合同,适用本编通则的规定,并可以参照适用本编或者其他法律最相类似合同的规定。

在中华人民共和国境内履行的中外合资经营企业合同、中外合作经营企业合同、中外合作勘探开发自然资源合同,适用中华人民共和国法律。

### 第四百六十八条　非合同之债的法律适用

非因合同产生的债权债务关系，适用有关该债权债务关系的法律规定；没有规定的，适用本编通则的有关规定，但是根据其性质不能适用的除外。

● **相关规定**

《民法典》第6条、第7条

## 第二章　合同的订立

### 第四百六十九条　合同形式

当事人订立合同，可以采用书面形式、口头形式或者其他形式。

书面形式是合同书、信件、电报、电传、传真等可以有形地表现所载内容的形式。

以电子数据交换、电子邮件等方式能够有形地表现所载内容，并可以随时调取查用的数据电文，视为书面形式。

● **典型案例**

**吴某国与某银行大连水师营支行金融委托理财合同案**［辽宁省大连市中级人民法院（2020）辽02民终2903号］[1]

上诉人吴某国上诉称，被上诉人未按上诉人的理财要求强行购买其代理销售的风险产品，被上诉人并没有如实告知上诉人案涉理财产品不是被上诉人自身产品而是代理他方产品及对方信息，使得上诉人一直认

---

[1] 本书标注案号的案例参见中国裁判文书网，2023年12月29日访问，下文对此不再提示。

为是购买被上诉人自身销售的理财产品。被上诉人辩称，不同意上诉人的上诉请求。某银行大连水师营支行是某银行大连旅顺口支行下属营业网点，没有独立公章，所以某银行大连水师营支行的意见以及需要盖公章的地方完全由某银行大连旅顺口支行统一出具，两被上诉人代理意见一致。本案案涉资产的委托人是上诉人，资产管理人为泰信基金管理有限公司，工商银行旅顺口支行只是代理销售方。案涉资产管理的法律关系、权利义务应由泰信基金管理有限公司承担，被上诉人作为销售代理人不应承担合同义务。案涉产品是上诉人自己操作购买的，上诉人拥有丰富的购买和投资经验，被上诉人已尽到风险提示义务，应当免责。

法院生效裁判认为，上诉人主张其为保守型客户但被上诉人未按上诉人的书面风险评估约定强行让上诉人购买被上诉人代理销售的风险理财产品并非法扣划上诉人银行款项，被上诉人未如实告知上诉人案涉理财产品不是被上诉人自身产品而是代理他方产品及对方信息等，上诉人没有提供证据加以证明。吴某国的上诉请求不能成立，一审判决认定事实清楚，适用法律正确。

● **相关规定**

《民法典》第13条、第14条、第17条、第18条、第21条、第22条、第135条、第685条；《电子签名法》第4条；《仲裁法》第16条

## 第四百七十条　合同主要条款及示范文本

合同的内容由当事人约定，一般包括下列条款：
（一）当事人的姓名或者名称和住所；
（二）标的；
（三）数量；

（四）质量；

（五）价款或者报酬；

（六）履行期限、地点和方式；

（七）违约责任；

（八）解决争议的方法。

当事人可以参照各类合同的示范文本订立合同。

● **相关规定**

《民法典》第25条、第63条

### 第四百七十一条　订立合同的方式

当事人订立合同，可以采取要约、承诺方式或者其他方式。

● **典型案例**

**张某诉汽车服务公司买卖合同纠纷案（最高人民法院指导案例17号）**

2007年2月28日，原告张某从被告汽车服务公司购买某牌轿车一辆，价格138000元，双方签有《汽车销售合同》。该合同第七条约定："……卖方保证买方所购车辆为新车，在交付之前已作了必要的检验和清洁，车辆路程表的公里数为18公里且符合卖方提供给买方的随车交付文件中所列的各项规格和指标……"在合同签订当日，张某向汽车服务公司交付了购车款138000元，同时支付了车辆购置税12400元、一条龙服务费500元、保险费6060元。同日，汽车服务公司将某牌轿车一辆交付张某，张某为该车办理了机动车登记手续。2007年5月13日，张某在将车辆送汽车服务公司保养时，发现该车曾于2007年1月17日进行过维修。

在案件审理中，汽车服务公司表示张某所购车辆确曾在运输途中造成划伤，于2007年1月17日进行过维修，维修项目包括右前叶子板喷漆、右前门喷漆、右后叶子板喷漆、右前门钣金、右后叶子板钣金、右前叶子板钣金，维修中更换底大边卡扣、油箱门及前叶子板灯总成。送修人系该公司业务员。汽车服务公司称，对于车辆曾进行维修之事已在销售时明确告知张某，并据此予以较大幅度优惠，该车销售定价应为151900元，经协商后该车实际销售价格为138000元，还赠送了部分装饰。为证明上述事实，汽车服务公司提供了车辆维修记录及有张某签字的日期为2007年2月28日的车辆交接验收单一份，在车辆交接验收单备注一栏中注有"加1/4油，此车右侧有钣喷修复，按约定价格销售"。汽车服务公司表示该验收单系该公司保存，张某手中并无此单。对于汽车服务公司提供的上述两份证据，张某表示对于车辆维修记录没有异议，车辆交接验收单中的签字确系其所签，但汽车服务公司在销售时并未告知车辆曾有维修，其在签字时备注一栏中没有"此车右侧有钣喷修复，按约定价格销售"字样。

北京市朝阳区人民法院于2007年10月作出（2007）朝民初字第18230号民事判决：一、撤销张某与汽车服务公司于2007年2月28日签订的《汽车销售合同》；二、张某于判决生效后七日内将其所购的某牌轿车退还汽车服务公司；三、汽车服务公司于判决生效后七日内退还张某购车款十二万四千二百元；四、汽车服务公司于判决生效后七日内赔偿张某购置税一万二千四百元、服务费五百元、保险费六千零六十元；五、汽车服务公司于判决生效后七日内加倍赔偿张某购车款十三万八千元；六、驳回张某其他诉讼请求。宣判后，汽车服务公司提出上诉。北京市第二中级人民法院于2008年3月13日作出

（2008）二中民终字第00453号民事判决：驳回上诉，维持原判。

法院生效裁判认为：原告张某购买汽车系因生活需要自用，被告汽车服务公司没有证据证明张某购买该车用于经营或其他非生活消费，故张某购买汽车的行为属于生活消费需要，应当适用《中华人民共和国消费者权益保护法》。

根据双方签订的《汽车销售合同》约定，汽车服务公司交付张某的车辆应为无维修记录的新车，现所售车辆在交付前实际上经过维修，这是双方共同认可的事实，故本案争议的焦点为汽车服务公司是否事先履行了告知义务。

车辆销售价格的降低或优惠以及赠送车饰是销售商常用的销售策略，也是双方当事人协商的结果，不能由此推断出汽车服务公司在告知张某汽车存在瑕疵的基础上对其进行了降价和优惠。汽车服务公司提交的有张某签名的车辆交接验收单，因系汽车服务公司单方保存，且备注一栏内容由该公司不同人员书写，加之张某对此不予认可，该验收单不足以证明张某对车辆以前维修过有所了解。故对汽车服务公司抗辩称其向张某履行了瑕疵告知义务，不予采信，应认定汽车服务公司在售车时隐瞒了车辆存在的瑕疵，有欺诈行为，应退车还款并增加赔偿张某的损失。

### 第四百七十二条　要约的定义及其构成

要约是希望与他人订立合同的意思表示，该意思表示应当符合下列条件：

（一）内容具体确定；

（二）表明经受要约人承诺，要约人即受该意思表示约束。

## 典型案例

**孙某诉超市公司江宁店买卖合同纠纷案**（最高人民法院指导案例23号）

2012年5月1日，原告孙某在被告超市公司江宁店购买"某牌"香肠15包，其中价值558.6元的14包香肠已过保质期。孙某到收银台结账后，即径直到服务台索赔，后因协商未果诉至法院，要求超市公司江宁店支付其14包香肠售价十倍的赔偿金5586元。

江苏省南京市江宁区人民法院于2012年9月10日作出（2012）江宁开民初字第646号民事判决：被告超市公司江宁店于判决发生法律效力之日起10日内赔偿原告孙某5586元。宣判后，双方当事人均未上诉，判决已发生法律效力。

法院生效裁判认为：关于原告孙某是否属于消费者的问题。《中华人民共和国消费者权益保护法》第二条规定："消费者为生活消费需要购买、使用商品或者接受服务，其权益受本法保护；本法未作规定，受其他有关法律、法规保护。"消费者是相对于销售者和生产者的概念。只要在市场交易中购买、使用商品或者接受服务是为了个人、家庭生活需要，而不是为了生产经营活动或者职业活动需要的，就应当认定为"为生活消费需要"的消费者，属于消费者权益保护法调整的范围。本案中，原、被告双方对孙某从超市公司江宁店购买香肠这一事实不持异议，据此可以认定孙某实施了购买商品的行为，且孙某并未将所购香肠用于再次销售经营，超市公司江宁店也未提供证据证明其购买商品是为了生产经营。孙某因购买到超过保质期的食品而索赔，属于行使法定权利。因此，超市公司江宁店认为孙某"买假索赔"不是消费者的抗辩理由不能成立。

关于被告超市公司江宁店是否属于销售明知是不符合食品安全标

准食品的问题。《中华人民共和国食品安全法》（以下简称《食品安全法》）第三条规定："食品生产经营者应当依照法律、法规和食品安全标准从事生产经营活动，对社会和公众负责，保证食品安全，接受社会监督，承担社会责任。"该法第二十八条第（八）项规定，超过保质期的食品属于禁止生产经营的食品。食品销售者负有保证食品安全的法定义务，应当对不符合安全标准的食品自行及时清理。超市公司江宁店作为食品销售者，应当按照保障食品安全的要求储存食品，及时检查待售食品，清理超过保质期的食品，但超市公司江宁店仍然摆放并销售货架上超过保质期的"某牌"香肠，未履行法定义务，可以认定为销售明知是不符合食品安全标准的食品。

关于被告超市公司江宁店的责任承担问题。《食品安全法》第九十六条第一款规定："违反本法规定，造成人身、财产或者其他损害的，依法承担赔偿责任。"第二款规定："生产不符合食品安全标准的食品或者销售明知是不符合食品安全标准的食品，消费者除要求赔偿损失外，还可以向生产者或者销售者要求支付价款十倍的赔偿金。"当销售者销售明知是不符合安全标准的食品时，消费者可以同时主张赔偿损失和支付价款十倍的赔偿金，也可以只主张支付价款十倍的赔偿金。本案中，原告孙某仅要求超市公司江宁店支付售价十倍的赔偿金，属于当事人自行处分权利的行为，应予支持。关于被告超市公司江宁店提出原告明知食品过期而购买，希望利用其错误谋求利益，不应予以十倍赔偿的主张，因前述法律规定消费者有权获得支付价款十倍的赔偿金，该赔偿获得的利益属于法律应当保护的利益，且法律并未对消费者的主观购物动机作出限制性规定，故对其该项主张不予支持。

> **第四百七十三条** 要约邀请
>
> 要约邀请是希望他人向自己发出要约的表示。拍卖公告、招标公告、招股说明书、债券募集办法、基金招募说明书、商业广告和宣传、寄送的价目表等为要约邀请。
>
> 商业广告和宣传的内容符合要约条件的,构成要约。

● **典型案例**

**刘某诉通信公司徐州分公司电信服务合同纠纷案(最高人民法院指导案例64号)**

2009年11月24日,原告刘某在被告通信公司徐州分公司营业厅申请办理"某套餐标准卡",手机号码为1590520××××,付费方式为预付费。原告当场预付话费50元,并参与通信公司徐州分公司充50元送50元的活动。在业务受理单所附《通信公司通信客户入网服务协议》中,双方对各自的权利和义务进行了约定,其中第四项特殊情况的承担中的第1条为:在下列情况下,乙方有权暂停或限制甲方的移动通信服务,由此给甲方造成的损失,乙方不承担责任:(1)甲方银行账户被查封、冻结或余额不足等非乙方原因造成的结算时扣划不成功的;(2)甲方预付费使用完毕而未及时补交款项(包括预付费账户余额不足以扣划下一笔预付费用)的。

2010年7月5日,原告在通信公司官方网站网上营业厅通过银联卡网上充值50元。同年11月7日,原告在使用时发现该手机号码已被停机,原告到被告的营业厅查询,得知被告于同年10月23日因话费有效期到期而暂停移动通信服务,此时账户余额为11.70元。原告认为被告单方终止服务构成合同违约,遂诉至法院。

徐州市泉山区人民法院于2011年6月16日作出(2011)泉商初

字第240号民事判决：被告通信公司徐州分公司于本判决生效之日起十日内取消对原告刘某的手机号码为1590520××××的话费有效期的限制，恢复该号码的移动通信服务。一审宣判后，被告提出上诉，二审期间申请撤回上诉，一审判决已发生法律效力。

法院生效裁判认为：电信用户的知情权是电信用户在接受电信服务时的一项基本权利，用户在办理电信业务时，电信业务的经营者必须向其明确说明该电信业务的内容，包括业务功能、费用收取办法及交费时间、障碍申告等。如果用户在不知悉该电信业务的真实情况下进行消费，就会剥夺用户对电信业务的选择权，不能达到真正追求的电信消费目的。

依据《中华人民共和国合同法》[①] 第三十九条的规定，采用格式条款订立合同的，提供格式条款的一方应当遵循公平原则确定当事人之间的权利和义务，并采取合理的方式提请对方注意免除或者限制其责任的条款，按照对方的要求，对该条款予以说明。电信业务的经营者作为提供电信服务合同格式条款的一方，应当遵循公平原则确定与电信用户的权利义务内容，权利义务的内容必须符合维护电信用户和电信业务经营者的合法权益、促进电信业的健康发展的立法目的，有效告知对方注意免除或者限制其责任的条款向其释明。业务受理单、入网服务协议是电信服务合同的主要内容，确定了原、被告双方的权利义务内容，入网服务协议第四项约定有权暂停或限制移动通信服务的情形，第五项约定有权解除协议、收回号码、终止提供服务的情形，均没有因有效期到期而中止、解除、终止合同的约定。而话费有效期限制直接影响到原告手机号码的正常使用，一旦有效期到期，将导致停机、号码被收回的后果，因此被告对此负有明确如实告知的义务，且在订立电信服务合同之前就应如实告知原告。如果在订立合同

---

[①] 本书案例引用的法律文件条文均为案件裁判当时有效，下文对此不再提示。

之前未告知，即使在缴费阶段告知，亦剥夺了当事人的选择权，有违公平和诚实信用原则。被告主张"通过单联发票、宣传册和短信的方式向原告告知了有效期"，但未能提供有效的证据予以证明。综上，本案被告既未在电信服务合同中约定有效期内容，亦未提供有效证据证实已将有效期限制明确告知原告，被告暂停服务、收回号码的行为构成违约，应当承担继续履行等违约责任，故对原告主张"取消被告对原告的话费有效期的限制，继续履行合同"的诉讼请求依法予以支持。

● **相关规定**

《拍卖法》第45~48条；《招标投标法》第10条、第16条；《最高人民法院关于审理商品房买卖合同纠纷案件适用法律若干问题的解释》第3条

**第四百七十四条** 要约的生效时间

要约生效的时间适用本法第一百三十七条的规定。

**第四百七十五条** 要约的撤回

要约可以撤回。要约的撤回适用本法第一百四十一条的规定。

● **相关规定**

《拍卖法》第29条、第36条；《招标投标法》第29条

17

**第四百七十六条　要约不得撤销情形**

要约可以撤销，但是有下列情形之一的除外：

（一）要约人以确定承诺期限或者其他形式明示要约不可撤销；

（二）受要约人有理由认为要约是不可撤销的，并已经为履行合同做了合理准备工作。

● *条文注释*

要约撤销，是指要约人在要约生效之后，受要约人作出承诺之前，宣布取消该项要约，使该要约的效力归于消灭的行为。

本条在规定要约可以撤销的同时，规定了以下限制性的条件：（1）要约人以确定承诺期限或者其他形式明示要约不可撤销。①要约中确定了承诺期限，就意味着要约人向受要约人允诺在承诺期限内要约是可以信赖的。在承诺期限内，发生不利于要约人的变化，应当视为商业风险，也意味着受要约人在承诺期限内取得了承诺资格和对承诺期限的信赖，只要在承诺期限内作出承诺，就可以成立合同。即便受要约人没有发出承诺，受要约人也可能已经在为履约做准备，待准备工作就绪后再向要约人承诺，订立合同。因此，在承诺期限内，不得撤销要约。②以其他形式明示要约不可撤销。例如，标明"保证现货供应""随到随买"等字样的要约，根据交易习惯就是不得撤销的要约。（2）受要约人有理由认为要约是不可撤销的，并且已经为履行合同做了合理准备工作。

● *实用问答*

问：要约的撤回与要约的撤销有什么区别？

答：要约的撤回是在要约未生效前使其不发生效力，而要约的撤销是指在要约作出并生效之后,行为人又作出取消其要约的意思表示。由于要约在到达后已经生效,相对人已知悉了要约的内容,甚至可能已经对该要约产生了合理的信赖,因此,行为人能否在要约生效时取消其意思表示,需要考虑保障相对人合理信赖的问题。这与要约撤回中仅考虑保护意思表示行为人对其意思表示的自由处分权利存在较大区别。考虑到要约生效后,已经对行为人产生了法律约束力,能否撤销,要平衡行为人和相对人的利益,不宜泛泛规定行为人可以撤销意思表示,基于此,本法规定,要约可以撤销,但撤销要约的通知应当在受要约人发出承诺通知之前到达受要约人。

### 第四百七十七条　要约撤销条件

撤销要约的意思表示以对话方式作出的,该意思表示的内容应当在受要约人作出承诺之前为受要约人所知道;撤销要约的意思表示以非对话方式作出的,应当在受要约人作出承诺之前到达受要约人。

### 第四百七十八条　要约失效

有下列情形之一的,要约失效:

(一)要约被拒绝;

(二)要约被依法撤销;

(三)承诺期限届满,受要约人未作出承诺;

(四)受要约人对要约的内容作出实质性变更。

### 第四百七十九条　承诺的定义

承诺是受要约人同意要约的意思表示。

### 第四百八十条　承诺的方式

承诺应当以通知的方式作出；但是，根据交易习惯或者要约表明可以通过行为作出承诺的除外。

● 条文注释

承诺的方式是指受要约人将承诺的意思送达要约人的具体方式。

承诺的法定形式是通知方式，称为积极的承诺方式，是受要约人以明示的方式明确无误地表达承诺意思表示内容的形式。

选择通知以外的行为方式进行承诺的是：（1）根据交易习惯或者要约表明可以通过行为作出承诺的，也是符合要求的承诺方式。交易习惯是指某种合同的承诺适合以行为作为承诺方式，例如悬赏广告，或者当事人之间进行交易的某种习惯。（2）要约人在要约中表明可以通过行为作出承诺。只要这种表明没有违背法律和公序良俗，就对受要约人产生约束力，受要约人应当依照要约人规定的方式进行承诺。如要约人在要约中明确表明"同意上述条件，即可在某期限内发货"的，就表明要约人同意受要约人以发货行为作为承诺的意思表示。

缄默或者不行为不能作为承诺的方式，以缄默或者不行为回应要约的，承诺不成立，而不是承诺无效。因为要约人没有权利为受要约人设定义务。

● 相关规定

《最高人民法院关于适用〈中华人民共和国民法典〉合同编通则若干问题的解释》第2条

### 第四百八十一条　承诺的期限

承诺应当在要约确定的期限内到达要约人。

要约没有确定承诺期限的，承诺应当依照下列规定到达：

（一）要约以对话方式作出的，应当即时作出承诺；

（二）要约以非对话方式作出的，承诺应当在合理期限内到达。

### 第四百八十二条　承诺期限的起算

要约以信件或者电报作出的，承诺期限自信件载明的日期或者电报交发之日开始计算。信件未载明日期的，自投寄该信件的邮戳日期开始计算。要约以电话、传真、电子邮件等快速通讯方式作出的，承诺期限自要约到达受要约人时开始计算。

● **条文注释**

以电话、传真、电子邮件等快速通讯方式作出的要约，承诺期限从要约到达受要约人的时间开始计算，电话以接听为准，传真、电子邮件则适用本法总则编第137条第2款规定的该数据电文进入受要约人的特定系统时生效的规则。

### 第四百八十三条　合同成立时间

承诺生效时合同成立，但是法律另有规定或者当事人另有约定的除外。

● **条文注释**

合同成立的时间是双方当事人的磋商过程结束、达成共同意思表示的时间界限。

合同成立的时间标志是承诺生效。承诺生效，意味着受要约人完全接受要约的意思表示，订约过程结束，要约、承诺的内容对要约人和受要约人产生法律约束力。当承诺生效时，合同即告成立。如果当事人对合同是否成立存在争议，则以能够确定当事人名称或者姓名、标的和数量的达成合意的时间为认定合同成立的标准，其他内容依照有关合同内容和合同内容解释的规定予以确定。

## 第四百八十四条　承诺生效时间

以通知方式作出的承诺，生效的时间适用本法第一百三十七条的规定。

承诺不需要通知的，根据交易习惯或者要约的要求作出承诺的行为时生效。

● **典型案例**

**建设工程公司与眭某民间借贷案**［新疆维吾尔自治区伊犁哈萨克自治州塔城地区中级人民法院（2020）新42民终358号］

建设工程公司上诉请求改判上诉人仅从2019年1月17日起向被上诉人支付逾期付款利息。眭某辩称，被上诉人可随时向上诉人主张偿还该笔借款，被上诉人在该《工作交接情况说明》形成后，向上诉人主张该笔借款，利息的起算时间应当从工作交接确定之日起计算。本案的争议焦点为：上诉人建设工程公司应否承担案涉借款的利息，数额如何认定？

法院生效裁判认为，根据《最高人民法院关于审理民间借贷案件适用法律若干问题的规定》第二十四条规定，借贷双方没有约定利息，出借人主张支付利息的，人民法院不予支持。本案中，双方于2014年2月21日签订的《工作交接情况说明》中未约定利息，也未约定还款时间，故本案不应当支付借款利息。《最高人民法院关于审理民间借贷案件适用法律若干问题的规定》第二十八条规定，借贷双方对逾期利率有约定的，从其约定，但以不超过年利率24%为限。未约定逾期利率或者约定不明的，人民法院可以区分不同情况处理：既未约定借期内的利率，也未约定逾期利率，出借人主张借款人自逾期还款之日起按照年利率6%支付资金占用期间利息的，人民法院应予支持。本案中，双方虽未约定还款时间，但被上诉人睢某在起诉之日应当认定为借款到期之日。故本案应当从被上诉人睢某2019年1月17日起诉之日起按照年利率6%计算资金占用期间利息，如被上诉人睢某对该期间利息进行主张，则本院应当予以支持。但被上诉人睢某在一审时仅对2013年12月至2018年9月期间的利息进行了主张，故法院如对自2019年1月17日起按照年利率6%支付资金占用期间利息进行判决，则超出了被上诉人在一审时的诉讼请求，故法院认定本案不应当支付利息。

## 第四百八十五条　承诺的撤回

承诺可以撤回。承诺的撤回适用本法第一百四十一条的规定。

● **条文注释**

承诺的撤回，是指在发出承诺之后，承诺生效之前，宣告收回发出的承诺，取消其效力的行为。法律规定承诺人的承诺撤回权，是由于承诺的撤回发生在承诺生效之前，要约人还未曾知晓受要约人承诺的事实，合同没有成立，一般不会造成要约人的损害，因而允许承诺人根据市场的变化、需求等各种经济情势，改变发出的承诺，以保护承诺人的利益。

## 第四百八十六条　逾期承诺及效果

受要约人超过承诺期限发出承诺，或者在承诺期限内发出承诺，按照通常情形不能及时到达要约人的，为新要约；但是，要约人及时通知受要约人该承诺有效的除外。

● 条文注释

逾期承诺，是指受要约人超过承诺期限发出承诺，或者在承诺期限内发出承诺，按照通常情形不能及时到达要约人的。因受要约人原因的承诺迟到，是受要约人虽然在承诺期限内发出承诺，但是按照通常情形，该承诺不能及时到达要约人，从而使承诺到达要约人时超过承诺期限。本条将其纳入逾期承诺中，一并规定法律效果。

逾期承诺的效力：

1. 逾期承诺不发生承诺的法律效力。由于在承诺期限届满之后，受要约人不再有承诺的资格，因而逾期承诺的性质不是承诺，对要约人没有承诺的约束力，不能因此而成立合同。

2. 逾期承诺是一项新要约。逾期承诺因时间因素而不具有承诺的性质，但它还是对要约人的要约内容作出了响应，故应视为新要约。该新要约须以原来的要约和逾期承诺的内容为内容。对方可以在合理的时间内给予承诺，即按照一般的承诺期限作出承诺的，合同成立。

3. 在要约人及时通知受要约人该承诺有效的情况下，逾期承诺具有承诺的法律效力。逾期承诺到达要约人，要约人认为该逾期承诺可以接受的，应当按照当事人的意志，承认承诺的效力，合同成立。

### 第四百八十七条 承诺迟延

受要约人在承诺期限内发出承诺，按照通常情形能够及时到达要约人，但是因其他原因致使承诺到达要约人时超过承诺期限的，除要约人及时通知受要约人因承诺超过期限不接受该承诺外，该承诺有效。

● *条文注释*

承诺迟延，是承诺人在承诺期限内发出承诺，按照通常情形能够及时到达要约人，但是因其他原因致使承诺到达要约人时超出了承诺期限。承诺迟延和逾期承诺不同，逾期承诺的受要约人发出承诺的时间就已经超出了承诺期限。

非因受要约人原因的承诺迟延的法律效力是，原则上该承诺发生承诺的法律效力，但要约人及时通知受要约人因承诺超过期限不接受承诺的，不发生承诺的效力。

### 第四百八十八条 承诺对要约内容的实质性变更

承诺的内容应当与要约的内容一致。受要约人对要约的内容作出实质性变更的，为新要约。有关合同标的、数量、质量、价款或者报酬、履行期限、履行地点和方式、违约责任和解决争议方法等的变更，是对要约内容的实质性变更。

● *条文注释*

承诺与要约内容一致性原则，是承诺的一般规则。承诺是以接受要约的全部条件为内容的，是对要约的无条件认可，因而承诺的内容须与要约的内容一致。这就是英美法系的"镜像原则"，即要求承诺如同镜子一般照出要约的内容。

随着社会经济的发展，在保证交易安全的前提下，合同规则对传统有所修正，区分承诺变更的实质性和非实质性，规定不同的效果。本条后段规定的是受要约人对要约的内容作出实质性变更及效果的规定。

受要约人对要约的内容作出实质性变更的效果，是成立新要约。凡是对要约的内容进行了实质性变更的，都意味着受要约人不同意要约人的要约，因此一律作为新要约处理，在学理上称为反要约。

● **实用问答**

**问：如何判断受要约人是否对要约内容作出实质性变更？**

**答：** 根据以下项目进行：（1）合同标的的变更，改变了要约人的根本目的，发生了根本的变化；（2）数量、质量的变更，对要约人的权利义务有重大影响；（3）价款或者报酬的变更，对要约人将来的权利义务有重大影响；（4）履行期限的变更，改变了当事人的期限利益；（5）履行地点的变更，关系到运费的负担、标的物所有权的转移和意外灭失风险的转移；（6）履行方式的变更，对双方的权利有不同影响；（7）违约责任的变更，有可能不利于要约人；（8）解决争议方法的变更，有可能不利于要约人。这些变更都属于对要约内容的实质性变更。

### 第四百八十九条　承诺对要约内容的非实质性变更

承诺对要约的内容作出非实质性变更的，除要约人及时表示反对或者要约表明承诺不得对要约的内容作出任何变更外，该承诺有效，合同的内容以承诺的内容为准。

### 第四百九十条　采用书面形式订立合同的成立时间

当事人采用合同书形式订立合同的，自当事人均签名、盖章或者按指印时合同成立。在签名、盖章或者按指印之前，当事人一方已经履行主要义务，对方接受时，该合同成立。

法律、行政法规规定或者当事人约定合同应当采用书面形式订立，当事人未采用书面形式但是一方已经履行主要义务，对方接受时，该合同成立。

### 第四百九十一条　签订确认书的合同及电子合同成立时间

当事人采用信件、数据电文等形式订立合同要求签订确认书的，签订确认书时合同成立。

当事人一方通过互联网等信息网络发布的商品或者服务信息符合要约条件的，对方选择该商品或者服务并提交订单成功时合同成立，但是当事人另有约定的除外。

● **条文注释**

采用信件、数据电文等形式订立合同的，当事人如要求签订确认书，应当在要约或者承诺过程中（即合同成立前）提出，合同以最后签订的确认书为成立时间。当事人一方在承诺生效后（即合同成立后）提出签订确认书的要求，如果对方不表示同意，则不影响已经成立的合同的效力。

● **相关规定**

《拍卖法》第52条；《最高人民法院关于审理商品房买卖合同纠纷案件适用法律若干问题的解释（2020修正）》第5条

**第四百九十二条　合同成立的地点**

承诺生效的地点为合同成立的地点。

采用数据电文形式订立合同的，收件人的主营业地为合同成立的地点；没有主营业地的，其住所地为合同成立的地点。当事人另有约定的，按照其约定。

**第四百九十三条　采用合同书形式订立合同的成立地点**

当事人采用合同书形式订立合同的，最后签名、盖章或者按指印的地点为合同成立的地点，但是当事人另有约定的除外。

● *相关规定*

《民法典》第135条

**第四百九十四条　强制缔约义务**

国家根据抢险救灾、疫情防控或者其他需要下达国家订货任务、指令性任务的，有关民事主体之间应当依照有关法律、行政法规规定的权利和义务订立合同。

依照法律、行政法规的规定负有发出要约义务的当事人，应当及时发出合理的要约。

依照法律、行政法规的规定负有作出承诺义务的当事人，不得拒绝对方合理的订立合同要求。

**第四百九十五条　预约合同**

当事人约定在将来一定期限内订立合同的认购书、订购书、预订书等，构成预约合同。

当事人一方不履行预约合同约定的订立合同义务的，对方可以请求其承担预约合同的违约责任。

● *相关规定*

《最高人民法院关于适用〈中华人民共和国民法典〉合同编通则若干问题的解释》第6条、第7条

### 第四百九十六条  格式条款

格式条款是当事人为了重复使用而预先拟定，并在订立合同时未与对方协商的条款。

采用格式条款订立合同的，提供格式条款的一方应当遵循公平原则确定当事人之间的权利和义务，并采取合理的方式提示对方注意免除或者减轻其责任等与对方有重大利害关系的条款，按照对方的要求，对该条款予以说明。提供格式条款的一方未履行提示或者说明义务，致使对方没有注意或者理解与其有重大利害关系的条款的，对方可以主张该条款不成为合同的内容。

● *相关规定*

《最高人民法院关于适用〈中华人民共和国民法典〉合同编通则若干问题的解释》第9条、第10条

### 第四百九十七条  格式条款无效的情形

有下列情形之一的，该格式条款无效：

（一）具有本法第一编第六章第三节和本法第五百零六条规定的无效情形；

（二）提供格式条款一方不合理地免除或者减轻其责任、加重对方责任、限制对方主要权利；

（三）提供格式条款一方排除对方主要权利。

### ● 典型案例

**李某等"套路贷"虚假诉讼案（最高人民检察院指导性案例第87号）**

被告人李某，男，1979年10月出生，无业。

自2015年10月以来，李某以其开设的金融小额贷款公司为载体，纠集冯某、王某、陆某、丁某等多名社会闲散人员，实施高利放贷活动，逐步形成以李某为首要分子的恶势力犯罪集团。该集团长期以欺骗、利诱等手段，让借款人虚写远高于本金的借条、签订虚假房屋租赁合同等，并要求借款人提供抵押物、担保人，制造虚假给付事实。随后，采用电话骚扰、言语恐吓、堵锁换锁等"软暴力"手段，向借款人、担保人及其家人索要高额利息，或者以收取利息为名让其虚写借条。在借款人无法给付时，又以虚假的借条、租赁合同等向法院提起民事诉讼，欺骗法院作出民事判决或者主持签订调解协议。李某等人并通过申请法院强制执行，逼迫借款人、担保人及其家人偿还债务，造成5人被司法拘留，26人被限制高消费，21人被纳入失信被执行人名单，11名被害人名下房产6处、车辆7辆被查封。

（一）提起公诉追究刑事责任

2018年3月，被害人吴某向公安机关报警，称其在李某等人开设的金融小额贷款公司借款被骗。公安机关对李某等人以涉嫌诈骗罪立案侦查。经侦查终结，2018年8月20日，公安机关以李某等人涉嫌诈骗罪移送江苏省常州市金坛区人民检察院审查起诉。金坛区人民检察院经审查发现,李某等人长期从事职业放贷活动,具有"套路贷"典型特征,有涉嫌黑恶犯罪嫌疑。办案检察官随即向人民法院调取李某等人提起的民事诉讼情况,发现2015年至2018年间,李某等人提起民事诉讼上百起,多为民间借贷纠纷,且借条均为格式合同,多数案件被人民法院缺席判决。经初步判断,金坛区人民检察院认为该犯罪集团存在通过虚假诉讼的方式实施"套路贷"犯罪活动的情形。检察机关遂将案件退回公安机关补充侦查。经公安机关补充侦查,查清"套路贷"犯罪事实后,2018年12月13日,公安机关以李某等人涉嫌诈骗罪、敲诈勒索罪、虚假诉讼罪、寻衅滋事罪再次移送审查起诉。

2019年1月25日,金坛区人民检察院对本案刑事部分提起公诉,金坛区人民法院于2019年1月至10月四次开庭审理。经审理查明李某等人犯罪事实后,金坛区人民法院依法认定其为恶势力犯罪集团。2019年11月1日,金坛区人民法院以诈骗罪、敲诈勒索罪、虚假诉讼罪、寻衅滋事罪判处李某有期徒刑十二年,并处罚金人民币二十八万元;其余被告人分别被判处有期徒刑八年至三年六个月不等,并处罚金。

(二) 开展虚假诉讼案件民事监督

针对审查起诉中发现的李某等人"套路贷"中可能存在虚假诉讼问题,常州市金坛区人民检察院在做好审查起诉追究刑事责任的同时,依职权启动民事诉讼监督程序,并重点开展了以下调查核实工作:一是对李某等人提起民事诉讼的案件进行摸底排查,查明李某等人共向当地法院提起民间借贷、房屋租赁、买卖合同纠纷等民事诉讼113件,申请民事执行案件80件,涉案金额共计400余万元。二是向相关民事诉讼当事人进行调查核实,查明相关民间借贷案件借贷事实不清,金额虚高,当事人因李某等人实施"软暴力"催债,被迫还款。三是对民事判决中的主要证据进行核实，查明作出相关民事判决、裁定、调解确无合法证据。四是对案件是否存在重大金融风险隐患进行核实，查明包括本案在内的小额贷款公司、商贸公司均存在无资质经营、团伙性放贷等问题，金融监管缺位，存在重大风险隐患。

经调查核实，检察机关认为李某等人主要采取签写虚高借条、肆意制造违约、隐瞒抵押事实等手段，假借诉讼侵占他人合法财产。人民法院在相关民事判决中，认定案件基本事实所依据的证据虚假，相关民事判决应予纠正；对于李某等人与其他当事人的民事调解书，因李某等人的犯罪行为属于利用法院审判活动，非法侵占他人合法财产，严重妨害司法秩序，损害国家利益与社会公共利益，也应当予以纠正。2019年6月至7月，金坛区人民检察院对该批50件涉虚假诉讼案件向人民法院提出再审检察建议42件，对具有典型意义的8件案件提请常州市人民检察院抗诉。2019年7月，常州市人民检察院向常州市中级人民法院提出抗诉，同年8月，常州市中级法院裁定将8件案件指令金坛区人民法院再审。9月，金坛区人民法院对42件案件裁定再审。10月，金坛区人民法院对该批50件案件一并作出民事裁定，撤销原审判决。在案件办结后，经调查，2020年1月，金坛区纪委监委对系列民事案件中存在失职问题的涉案审判人员作出了相应的党纪政纪处分。

（三）结合办案参与社会治理

针对办案中发现的社会治理问题，检察机关立足法律监督职能，开展了以下工作。一是推动全市开展集中打击虚假诉讼的专项活动，共办理虚假诉讼案件103件，移送犯罪线索12件15人；与人民法院协商建立民事案件正副卷一并调阅制度及民事案件再审信息共享机制，与纪委监委、公安、司法等相关部门建立线索移送、案件协作机制，有效形成社会治理合力。二是针对发现的小微金融行业无证照开展金融服务等管理漏洞，向行政主管部门发出检察建议7份；联合公安、金融监管、市场监管等部门，在全市范围内开展金融整治专项活动，对重点区域进行清理整顿，对非法金融活动集中的写字楼开展"扫楼"行动，清理取缔133家非法理财公司，查办6起非法经营犯罪案件。三是向常州市人大常委会专题报告民事虚假诉讼检察监督工作情况，推动出台《常州市人大常委会关于全市民事虚假诉讼法律监督工作情况的审议意见》，要求全市相关职能部门加强协作配合，推动政法机关信息大平台建设、实施虚假诉讼联防联惩等9条举措。四是针对办案中发现的律师违规代理和公民违法代理的行为，分别向常州市律师协会和相关法院发出检察建议并获采纳。常州市律师协会由此开展专项教育整顿，规范全市律师执业行为，推进加强社会诚信体系建设。

（一）刑民检察协同，加强涉黑涉恶犯罪中"套路贷"行为的审查。检察机关在办理涉黑涉恶案件存在"套路贷"行为时，应当注重强化刑事检察和民事检察职能协同。既充分发挥刑事检察职能，严格审查追诉犯罪，又发挥民事检察职能，以发现的异常案件线索为基础，开展关联案件的研判分析，并予以精准监督。刑事检察和民事检察联动，形成监督合力，加大打击黑恶犯罪力度，提升法律监督质效。

（二）办理"套路贷"案件要注重审查是否存在虚假诉讼行为。对涉黑涉恶案件中存在"套路贷"行为的，检察机关应当注重审查是否存在通过虚假诉讼手段实现"套路贷"非法利益的情形。对此，可围绕案件中是否存在疑似职业放贷人、借贷合同是否为统一格式、原告提供的证据形式是否不合常理、被告是否缺席判决等方面进行审查。发现虚假诉讼严重损害当事人利益、妨害司法秩序的，应当依职权启动监督，及时纠正错误判决、裁定和调解协议书。

（三）综合运用多种手段促进金融行业治理。针对办案中发现的非法金融活动、行业监管漏洞、诚信机制建设等问题，检察机关应当分析监管缺位的深层次原因，注重运用检察建议等方式，促进行业监管部门建章立制、堵塞管理漏洞。同时，还应当积极会同纪委监委、法院、公安、金融监管、市场监管等单位建立金融风险联防联惩体系，形成监管合力和打击共识。对所发现的倾向性、苗头性问题，可以通过联席会议的方式，加强研判，建立健全信息共享、线索移送、案件协查等工作机制，促进从源头上铲除非法金融活动的滋生土壤。

## 第四百九十八条　格式条款的解释方法

对格式条款的理解发生争议的，应当按照通常理解予以解释。对格式条款有两种以上解释的，应当作出不利于提供格式条款一方的解释。格式条款和非格式条款不一致的，应当采用非格式条款。

● **典型案例**

**谢某与旅游公司旅游合同案**［北京市第三中级人民法院（2018）京03民终3813号］

2016年8月2日，谢某与旅游公司签订《团队出境旅游合同》，约定：旅游者为谢某、刘某某，出境社为旅游公司。旅游时间为2016年10月7日到10月24日，共18天，饭店住宿15夜。每人29400元，旅游费用共计58800元。旅游者在行程开始前30日以内提出解除合同或者按照本合同第十二条第二款约定由出境社在行程开始前解除合同的，按下列标准扣除必要的费用：行程开始前15日至29日，按旅游费用总额的5%；行程开始前7日至14日，按旅游费用总额的20%；行程开始前4日至6日，按旅游费用总额的50%；行程开始前1日至3日，按旅游费用总额的60%；行程开始当日，按旅游费用总额的70%。2016年9月28日，谢某左侧髋骨骨折，其于10月4日告知旅游公司无法履行合同。后刘某某与旅游公司（乙方）签订《退团协议书》。

法院生效裁判认为，依法成立的合同，对当事人具有法律约束力。本案中，谢某、刘某某称其与旅游公司签订的《团队出境旅游合同》是格式合同，该合同采取了双重标准，应当作出不利于提供格式条款一方的解释，并对实际发生的费用存在异议，认为旅游公司应退还谢某旅游费用49980元。

● **相关规定**

《保险法》第31条

## 第四百九十九条　悬赏广告

悬赏人以公开方式声明对完成特定行为的人支付报酬的，完成该行为的人可以请求其支付。

● **条文注释**

依据本条规定，悬赏广告的构成要满足以下三个条件：一是要以公开的方式作出声明。公开的具体方式，可以是通过广播电视、报纸杂志或者互联网等媒介发布，也可以是在公众场所发传单、在公开的宣传栏张贴广告等。二是悬赏人在声明中提出明确的要求，即要完成特定行为。该要求，要有具体、明确的表达，不能含混不清。三是悬赏人具有支付报酬的意思表示，即对完成特定行为的人给付一定报酬。悬赏人应当对报酬的形式、给付方式等作出明确的表达。如果报酬是给付金钱，应当明确金钱的币种、数额等。对于满足以上条件的悬赏广告，完成该特定行为的人可以请求悬赏人支付报酬，悬赏人不得拒绝。

### 第五百条　缔约过失责任

当事人在订立合同过程中有下列情形之一，造成对方损失的，应当承担赔偿责任：

（一）假借订立合同，恶意进行磋商；

（二）故意隐瞒与订立合同有关的重要事实或者提供虚假情况；

（三）有其他违背诚信原则的行为。

● **典型案例**

**置业公司与杨某商品房预售合同案**［安徽省高级人民法院（2020）皖民申4122号］

根据原审查明的事实，白马二期项目系置业公司开发建设，置业公司在预售白马二期商品房时打出了"你买铺我来还贷款""你买铺白马还贷款"的广告，其中宣传展板上的广告内容更为具体，包括"网络科技公司简介"和"你买铺白马还贷款"两部分。"你买铺白马还贷款"部分的内容为："置业公司现已与网络科技公司达成战略合作，将由网络科技公司平台为置业公司二期购房客户提供'购房款部分返还'服务，从而实现'你买铺我来还贷款'！名额有限，先到先得！"且置业公司在原审诉讼期间自认："其为销售商品房委托电子商务公司代理销售进行广告宣传，广告是广告公司与电子商务公司联合制作，销售人员是电子商务公司的工作人员。"故原审法院认定电子商务公司制作的宣传广告，其行为后果应由置业公司承担，并无不当。案涉广告系置业公司对其销售房屋所作的允诺,对房屋买卖合同的订立及房屋价格产生重大影响,直接影响到杨某、丁某是否与其订立《商品房买卖合同(预售)》,原判决认定该广告应当视为要约,且应视为合同内容,并据此认定置业公司与杨某、丁某之间形成的返款合同关系因违反法律强制性规定无效,亦无不当。杨某、丁某基于对置业公司广告宣传的信赖,从而作出购买案涉商品房的意思表示,置业公司应赔偿因合同无效所产生的缔约过失责任,原判决综合本案具体情况,酌定以商品房买卖合同载明的贷款数额的30%判令置业公司承担相应的责任,符合本案实际。综上,置业公司的再审申请不符合《中华人民共和国民事诉讼法》第二百条第二、六项规定的情形。

再审法院依照《中华人民共和国民事诉讼法》第二百零四条第一款、《最高人民法院关于适用〈中华人民共和国民事诉讼法〉的解释》第三百九十五条第二款规定,裁定如下:驳回置业公司的再审申请。

### 第五百零一条 合同缔结人的保密义务

当事人在订立合同过程中知悉的商业秘密或者其他应当保密的信息,无论合同是否成立,不得泄露或者不正当地使用;泄露、不正当地使用该商业秘密或者信息,造成对方损失的,应当承担赔偿责任。

● **条文注释**

商业秘密,是指不为公众所知悉、能为权利人带来经济利益、具有实用性并经权利人采取保密措施的技术信息和经营信息。经营者不得采用下列手段侵犯商业秘密:(1)以盗窃、利诱、胁迫或者其他不正当手段获取权利人的商业秘密;(2)披露、使用或者允许他人使用以前项手段获取的权利人的商业秘密；（3）违反约定或者违反权利人有关保守商业秘密的要求，披露、使用或者允许他人使用其所掌握的商业秘密。第三人明知或者应知侵犯商业秘密的违法行为，获取、使用或者披露他人的商业秘密，视为侵犯商业秘密。

知悉对方当事人的商业秘密或者其他应当保密的信息的当事人，如果违反保密义务，向他人泄露该秘密，或者自己不正当地使用该商业秘密或者信息，凡是给对方造成损失的，都应当承担损害赔偿责任。

● *相关规定*

《反不正当竞争法》第9条、第17条

# 第三章　合同的效力

**第五百零二条**　合同生效时间及未办理批准手续的处理规则

依法成立的合同，自成立时生效，但是法律另有规定或者当事人另有约定的除外。

依照法律、行政法规的规定，合同应当办理批准等手续的，依照其规定。未办理批准等手续影响合同生效的，不影响合同中履行报批等义务条款以及相关条款的效力。应当办理申请批准等手续的当事人未履行义务的，对方可以请求其承担违反该义务的责任。

依照法律、行政法规的规定，合同的变更、转让、解除等情形应当办理批准等手续的，适用前款规定。

● **典型案例**

**于某与矿业公司执行监督案（最高人民法院指导案例123号）**

2008年8月，矿业公司作为甲方与乙方于某签订《矿权转让合同》，约定矿业公司将某队李某石矿的采矿权有偿转让给于某。于某依约支付了采矿权转让费150万元，并在接收采矿区后对矿区进行了初步设计并进行了采矿工作。而矿业公司未按照《矿权转让合同》的约定，为于某办理矿权转让手续。2012年10月，双方当事人发生纠纷，诉至内蒙古自治区锡林郭勒盟中级人民法院（以下简称锡盟中院）。锡盟中院认为，矿业公司与于某签订的《矿权转让合同》，系双方当事人真实意思表示，该合同已经依法成立，但根据相关法律规定，该合同系行政机关履行行政审批手续后生效的合同，对于矿权受让人的资格审查，属行政机关的审批权力，非法院职权范围，故矿业公司主张于某不符合法律规定的采矿权人的申请条件，请求法院确认《矿权转让合同》无效并给付违约金的诉讼请求，该院不予支持。对于某反诉请求判令矿业公司继续履行办理采矿权转让的各种批准手续的请求，因双方在《矿权转让合同》中明确约定，矿权转让手续由矿业公司负责办理，故该院予以支持。对于于某主张由矿业公司承担给付违约金的请求，因《矿权转让合同》虽然依法成立，但处于待审批尚未生效的状态，而违约责任以合同有效成立为前提，故该院不予支持。锡盟中院作出民事判决，主要内容为：矿业公司于判决生效后十五日内，按照《矿权转让合同》的约定为于某办理矿权转让手续。

矿业公司不服，提起上诉。内蒙古自治区高级人民法院（以下简称内蒙高院）认为，《矿权转让合同》系矿业公司与于某的真实意思表示，该合同自双方签字盖章时成立。根据《中华人民共和国合同法》第四十四条规定，依法成立的合同，自成立时生效。法律、行政法规规定应当办理批准、登记等手续生效的，依照其规定。《探矿权采矿权转让管理办法》第十条规定，申请转让探矿权、采矿权的，审批管理机关应当自收到转让申请之日起40日内，作出准予转让或者不准转让的决定，并通知转让人和受让人。批准转让的，转让合同自批准之日起生效；不准转让的，审批管理机关应当说明理由。《最高人民法院关于适用〈中华人民共和国合同法〉若干问题的解释（一）》第九条第一款规定，依照合同法第四十四条第二款的规定，法律、行政法规规定合同应当办理批准手续，或者办理批准、登记手续才生效，在一审法庭辩论终结前当事人仍未办理登记手续的，或者仍未办理批准、登记等手续的，人民法院应当认定该合同未生效。双方签订的《矿权转让合同》尚未办理批准、登记手续，故《矿权转让合同》依法成立，但未生效，该合同的效力属效力待定。于某是否符合采矿权受让人条件，《矿权转让合同》能否经相关部门批准，并非法院审理范围。原审法院认定《矿权转让合同》成立，矿业公司应按照合同继续履行办理矿权转让手续并无不当。如《矿权转让合同》审批管理机关不予批准，双方当事人可依据合同法的相关规定另行主张权利。内蒙高院作出民事判决，维持原判。

锡盟中院根据于某的申请，立案执行，向被执行人矿业公司发出执行通知，要求其自动履行生效法律文书确定的义务。因矿业公司未自动履行，故向锡林郭勒盟国土资源局发出协助执行通知书，请其根据生效判决的内容，协助本案申请执行人于某按照《矿权转让合同》的约定办理矿权过户转让手续。锡林郭勒盟国土资源局答复称，矿业公司与于某签订《矿权转让合同》后，未向其提交转让申请，且该合同是一个企业法人与自然人之间签订的矿权转让合同。依据法律、行政法规及地方性法规的规定，对锡盟中院要求其协助执行的内容，按实际情况属协助不能，无法完成该协助通知书中的内容。

于某于2014年5月19日成立自然人独资的销售公司，并向锡盟中院申请将申请执行人变更为该公司。

锡盟中院于2016年12月14日作出（2014）锡中法执字第11号执行裁定，驳回于某申请将申请执行人变更为销售公司的请求。于某不服，向内蒙高院申请复议。内蒙高院于2017年3月15日作出（2017）内执复4号执行裁定，驳回于某的复议申请。于某不服内蒙高院复议裁定，向最高人民法院申诉。最高人民法院于2017年12月26日作出（2017）最高法执监136号执行裁定书，驳回于某的申诉请求。

最高人民法院认为，本案执行依据的判项为矿业公司按照《矿权转让合同》的约定为于某办理矿权转让手续。根据现行法律法规的规定，申请转让探矿权、采矿权的，须经审批管理机关审批，其批准转让的，转让合同自批准之日起生效。本案中，一、二审法院均认为对于矿权受让人的资格审查，属审批管理机关的审批权力，于某是否符合采矿权受让人条件、《矿权转让合同》能否经相关部门批准，并非法院审理范围，因该合同尚未经审批管理机关批准，所以认定该合同依法成立，但尚未生效。二审判决也认定，如审批管理机关对该合同不予批准，双方当事人对于合同的法律后果、权利义务，可另循救济途径主张权利。鉴于转让合同因未经批准而未生效的，不影响合同中关于履行报批义务的条款的效力，结合判决理由部分，本案生效判决所称的矿业公司按照《矿权转让合同》的约定为于某办理矿权转让手续，并非对矿业权权属的认定，而首先应是指履行促成合同生效的合同报批义务，合同经过审批管理机关批准后，才涉及办理矿权转让过户登记。因此，锡盟中院向锡林郭勒盟国土资源局发出协助办理矿权转让手续的通知，只是相当于完成了矿业公司向审批管理机关申请办理矿权转让手续的行为，启动了行政机关审批的程序，且在当前阶段，只能理解为要求锡林郭勒盟国土资源局依法履行转让合同审批的职能。

矿业权因涉及行政机关的审批和许可问题，不同于一般的民事权利，未经审批的矿权转让合同的权利承受问题，与普通的民事裁判中的权利承受及债权转让问题有较大差别，通过执行程序中的申请执行主体变更的方式，并不能最终解决。本案于某主张以其所成立的销售公司名义办理矿业权转让手续问题，本质上仍属于矿业权受让人主体资格是否符合法定条件的行政审批范围，应由审批管理机关根据矿权管理的相关规定作出判断。于某认为，其在履行生效判决确定的权利义务过程中，成立销售公司，是在按照行政机关的行政管理性规定完善办理矿权转让的相关手续，并非将《矿权转让合同》的权利向第三方转让，亦未损害国家利益和任何当事人的利益，其申请将采矿权转让手续办至销售公司名下，完全符合《中华人民共和国矿产资源法》《矿业权出让转让管理暂行规定》《矿产资源开采登记管理办法》，及内蒙古自治区国土资源厅《关于规范探矿权采矿权管理有关问题的补充通知》等行政机关在自然人签署矿权转让合同情况下办理矿权转让手续的行政管理规定，此观点应向相关审批管理机关主张。锡盟中院和内蒙高院裁定驳回于某变更主体的申请，符合本案生效判决就矿业权转让合同审批问题所表达的意见，亦不违反执行程序的相关法律和司法解释的规定。

● **相关规定**

《民法典》第215条；《最高人民法院关于审理技术合同纠纷案件适用法律若干问题的解释（2020修正）》第8条；《最高人民法院关

于审理商品房买卖合同纠纷案件适用法律若干问题的解释（2020修正）》第6条；《最高人民法院关于适用〈中华人民共和国民法典〉合同编通则若干问题的解释》第12条、第14条

## 第五百零三条　被代理人以默示方式追认无权代理

无权代理人以被代理人的名义订立合同，被代理人已经开始履行合同义务或者接受相对人履行的，视为对合同的追认。

● **典型案例**

**建筑安装公司与电气公司执行复议案**（最高人民法院指导案例119号）

建筑安装公司与电气公司建设工程施工合同纠纷一案，青海省高级人民法院（以下简称青海高院）于2016年4月18日作出（2015）青民一初字第36号民事判决，主要内容为：一、电气公司于本判决生效后十日内给付建筑安装公司工程款1405.02533万元及相应利息；二、电气公司于本判决生效后十日内给付建筑安装公司律师代理费24万元。此外，还对案件受理费、鉴定费、保全费的承担作出了判定。后电气公司不服，向最高人民法院提起上诉。

二审期间，电气公司与建筑安装公司于2016年9月27日签订了《和解协议书》，约定："1. 电气公司在青海高院一审判决书范围内承担总金额463.3万元，其中：1）合同内本金413万元；2）受理费11.4万元；3）鉴定费14.9万元；4）律师费24万元……3. 建筑安装公司同意在本协议签订后七个工作日内申请青海高院解除对电气公司全部银行账户的查封，解冻后三日内由电气公司支付上述约定的463.3万元，至此电气公司与建筑安装公司所有账务结清，双方不再有任何经济纠纷。"和解协议签订后，电气公司依约向最高人民法院

申请撤回上诉，建筑安装公司也依约向青海高院申请解除了对电气公司的财产保全措施。电气公司于2016年10月28日向建筑安装公司青海分公司支付了412.880667万元，建筑安装公司青海分公司开具了一张413万元的收据。2016年10月24日，建筑安装公司青海分公司出具了一份《情况说明》，要求电气公司将诉讼费、鉴定费、律师费共计50.3万元支付至程某名下。后为开具发票，电气公司与程某、王某、何某签了一份标的额为50万元的工程施工合同，电气公司于2016年11月23日向王某支付40万元、2017年7月18日向王某支付了10万元，青海省共和县国家税务局代开了一张50万元的发票。

后建筑安装公司于2017年12月25日向青海高院申请强制执行。青海高院于2018年1月4日作出（2017）青执108号执行裁定：查封、扣押、冻结被执行人电气公司所有的人民币1000万元或相应价值的财产。实际冻结了电气公司3个银行账户内的存款共计126.605118万元，并向电气公司送达了（2017）青执108号执行通知书及（2017）青执108号执行裁定。

电气公司不服青海高院上述执行裁定，向该院提出书面异议。异议称：双方于2016年9月27日协商签订《和解协议书》，现电气公司已完全履行了上述协议约定的全部义务。现建筑安装公司以协议的签字人王某没有代理权而否定《和解协议书》的效力，提出强制执行申请的理由明显不能成立，并违反诚实信用原则，青海高院作出的执行裁定应当撤销。为此，青海高院作出（2017）青执异18号执行裁定，撤销该院（2017）青执108号执行裁定。申请执行人建筑安装公司不服，向最高人民法院提出了复议申请。主要理由是：案涉《和解协议书》的签字人为"王某"，其无权代理建筑安装公司签订该协议，该协议应为无效；电气公司亦未按《和解协议书》约定履行付款义务；电气公司提出的《和解协议书》亦不是在执行阶段达成的，若其认为《和解协议书》有效，一审判决不应再履行，应申请再审或另案起诉处理。

青海高院于2018年5月24日作出（2017）青执异18号执行裁定，撤销该院（2017）青执108号执行裁定。建筑安装公司不服，向最高人民法院申请复议。最高人民法院于2019年3月7日作出（2018）最高法执复88号执行裁定，驳回建筑安装公司的复议请求，维持青海高院（2017）青执异18号执行裁定。

最高人民法院认为：

一、关于案涉《和解协议书》的性质

案涉《和解协议书》系当事人在执行程序开始前自行达成的和解协议，属于执行外和解。与执行和解协议相比，执行外和解协议不能自动对人民法院的强制执行产生影响，当事人仍然有权向人民法院申请强制执行。电气公司以当事人自行达成的《和解协议书》已履行完毕为由提出执行异议的，人民法院可以参照《最高人民法院关于执行和解若干问题的规定》第十九条的规定对和解协议的效力及履行情况进行审查，进而确定是否终结执行。

二、关于案涉《和解协议书》的效力

虽然建筑安装公司主张代表其在案涉《和解协议书》上签字的王某未经其授权，其亦未在《和解协议书》上加盖公章，《和解协议书》对其不发生效力，但是《和解协议书》签订后，建筑安装公司根据约定向青海高院申请解除了对电气公司财产的保全查封，并就《和解协议书》项下款项的支付及开具收据发票等事宜与电气公司进行多次协商，接收《和解协议书》项下款项、开具收据、发票，故建筑安装公司以实际履行行为表明其对王某的代理权及《和解协议书》

的效力是完全认可的,《和解协议书》有效。

三、关于案涉《和解协议书》是否已履行完毕

电气公司依据《和解协议书》的约定以及建筑安装公司的要求,分别向建筑安装公司和王某等支付了412.880667万元、50万元款项,虽然与《和解协议书》约定的463.3万元尚差4000余元,但是建筑安装公司予以接受并为电气公司分别开具了413万元的收据及50万元的发票,根据《最高人民法院关于贯彻执行〈中华人民共和国民法通则〉若干问题的意见(试行)》第六十六条的规定,结合建筑安装公司在接受付款后较长时间未对付款金额提出异议的事实,可以认定双方以行为对《和解协议书》约定的付款金额进行了变更,构成合同的默示变更,故案涉《和解协议书》约定的付款义务已经履行完毕。关于付款期限问题,根据《最高人民法院关于执行和解若干问题的规定》第十五条的规定,若建筑安装公司认为电气公司延期付款对其造成损害,可另行提起诉讼解决,而不能仅以此为由申请执行一审判决。

● **相关规定**

《民法典》第164条、第171条、第173条、第175条

**第五百零四条** 超越权限订立合同的效力

法人的法定代表人或者非法人组织的负责人超越权限订立的合同,除相对人知道或者应当知道其超越权限外,该代表行为有效,订立的合同对法人或者非法人组织发生效力。

## 典型案例

**彭某与吴某民间借贷案** ［江西省九江市中级人民法院（2020）赣04民终829号］

彭某的上诉称，被上诉人吴某应于一审判决生效后十日内归还上诉人彭某借款本金4202000.00元及利息（补充：截止到2014年11月16日的利息是2249620.27元，截止到2020年4月24日的利息是5534240元），被上诉人某大酒店第7层至第11层共计3566.4平方米的经营场所及设备抵押物向上诉人优先偿还本案借款本金及利息。

吴某与某大酒店辩称，吴某已经全部偿还了原告的本金和利息，被告公司也不应当共同承担连带责任和还款义务，原借款担保抵押协议已经被原告通知解除，且自始至终无效。

一审法院认为，原告与被告间民间借贷关系成立，原告已向被告实际提供借款金额3982000元，被告仅归还2858832.58元，尚有1123167.42元未偿还，被告某大酒店应对该笔借款承担连带责任。对原告的诉讼请求，一审法院予以部分支持。

法院生效裁判认为，首先，对于借款本金，一审法院认定是398.2万元，彭某上诉称是420.2万元，对于相差22万元其已取现金交付吴某，彭某提交的取款凭证仅能证实其有过取款行为，不能证实所取的款项交付吴某。其次，对于本案还款数额，吴某提交的转账记录，上面明确的尾数为×××××14转入账号在一审时彭某已认可是其所有，彭某未提出相反的证据证明该笔转账未收到，应视为该笔转账已到账还款，彭某主张余额计算问题，不足以推翻吴某的还款主张。彭某认为2013年10月27日的3万元的银行流水中收款账号是吴某的账号，显示的却是彭某的姓名，彭某并未提交证据推翻收款人是其本人姓名的银行流水，对于吴某该笔还款法院予以确认。一审认定的

77585元还款中彭某仅认可33585元。对于2014年10月27日的3万元，彭某在二审中称没有其签字不予认可，但根据原审法院2019年12月19日的庭审笔录记载，原告彭某原审中已经认可了2014年10月27日的3万元。对于2015年3月31日的收条，彭某认可收到了，但认为其中的14000元是诉讼费应予以扣除，同样根据上述庭审笔录记载，彭某在一审中已认可并且未对划归诉讼费提出异议，因此对于吴某的77585元还款法院予以确认。双方对利息约定不明，视为无利息，吴某已归还的款项，应直接抵扣本金。根据《借款担保抵押协议》第五条约定："乙方（吴某）愿将湖口县某大酒店第7层至第11层共计3566.4平方米的经营场所及设备进行抵押担保给甲方（彭某），来确保乙方（吴某）有能力支付该借款本金和利息"，该条明确约定了以经营场所及设备进行抵押。首先，约定的经营场所系不动产，不动产抵押的应当办理抵押登记，抵押权自登记时设立。本案中，双方并未对经营场所抵押进行登记，该经营场所的抵押权并未设立。其次，约定的抵押设备指代不明，双方并未进行相应清点，无法确定具体的抵押财产。因此，彭某主张的抵押物优先受偿权不成立。

## 第五百零五条　超越经营范围订立的合同效力

当事人超越经营范围订立的合同的效力，应当依照本法第一编第六章第三节和本编的有关规定确定，不得仅以超越经营范围确认合同无效。

● **条文注释**

本条确定的规则是，当事人超越经营范围订立的合同的效力，应当依照总则编第六章关于民事法律行为效力问题的规定，以及本编关于合同效力的规定来确定，如果具有无效的事由，则应当确定合同无效，如果属于可撤销民事法律行为，则依照撤销权人的意志确定是否撤销，如果是效力待定的民事法律行为，则应当依照具体规则处理。如果不存在这些方面的法定事由，那么，这个合同就是有效的，不能仅仅以订立合同超越了该法人或者非法人组织的经营范围而确认合同无效。这样的规则延续了《民法典》第65条规定的不得对抗善意相对人的要求。如果相对人是非善意的，则应当依据上述民事法律行为效力的基本规则确定合同的效力。

### 第五百零六条　免责条款无效情形

合同中的下列免责条款无效：
（一）造成对方人身损害的；
（二）因故意或者重大过失造成对方财产损失的。

### ● 典型案例

**粮油公司诉保险公司海南省分公司海上货物运输保险合同纠纷案（最高人民法院指导案例52号）**

1995年11月28日，粮油公司在保险公司投保了由印度尼西亚籍"某卡"轮（HAGAAG）所运载的自印度尼西亚杜迈港至中国洋浦港的4999.85吨桶装棕榈油，投保险别为一切险，货价为3574892.75美元，保险金额为3951258美元，保险费为18966美元。投保后，粮油公司依约向保险公司支付了保险费，保险公司向粮油公司发出了起运通知，签发了海洋货物运输保险单，并将海洋货物运输保险条款附于保单之后。根据保险条款规定，一切险的承保范围除包括平安险和水渍险的各项责任外，保险公司还"负责被保险货物在运输途中由于外来原因所致的全部或部分损失"。该条款还规定了5项除外责任。上

49

述投保货物是由粮油公司以 CNF[①] 价格向私人公司购买的。根据买卖合同约定，发货人私人公司与船东代理国际公司签订一份租约。该租约约定：由"某卡"轮将粮油公司投保的 5000 吨棕榈油运至中国洋浦港，将另 1000 吨棕榈油运往中国香港。

1995 年 11 月 29 日，"某卡"轮的期租船人、该批货物的实际承运人印度尼西亚 PT. SAMUDERA INDRA 公司（以下简称 PSI 公司）签发了编号为 DM/YPU/1490/95 的已装船提单。该提单载明船舶为"某卡"轮，装货港为印度尼西亚杜迈港，卸货港为中国洋浦港，货物标签为 BATCH NO. 80211/95，装货数量为 4999.85 吨，清洁费、运费已付。据查，发货人私人公司将运费支付国际公司，国际公司已将运费支付 PSI 公司。1995 年 12 月 14 日，粮油公司向其开证银行付款赎单，取得了上述投保货物的全套（3 份）正本提单。1995 年 11 月 23 日至 29 日，"某卡"轮在杜迈港装载 31623 桶、净重 5999.82 吨四海牌棕榈油启航后，由于"某卡"轮船东印度尼西亚 PT. PERUSAHAAN PELAYARAN BAHTERA BINTANG SELATAN 公司（以下简称 BBS 公司）与该轮的期租船人 PSI 公司之间因船舶租金发生纠纷，"某卡"轮中止了提单约定的航程并对外封锁了该轮的动态情况。

为避免投保货物的损失，私人公司、粮油公司、保险公司多次派代表参加"某卡"轮船东与期租船人之间的协商，但由于船东以未收到租金为由不肯透露"某卡"轮行踪，多方会谈未果。此后，私人公司、粮油公司通过多种渠道交涉并多方查找"某卡"轮行踪，保险公司亦通过其驻外机构协助查找"某卡"轮。直至 1996 年 4 月，"某卡"轮走私至中国汕尾被我海警查获。根据广州市人民检察院穗检刑免字（1996）64 号《免予起诉决定书》的认定，1996 年 1 月至 3 月，

---

[①] 即成本加运费。

"某卡"轮船长埃里斯·伦巴克根据 BBS 公司指令,指挥船员将其中 11325 桶、2100 多吨棕榈油转载到属同一船公司的"依瓦那"和"萨拉哈"货船上运走销售,又让船员将船名"某卡"轮涂改为"伊莉莎 2"号(ELIZA Ⅱ)。1996 年 4 月,更改为"伊莉莎 2"号的货船载剩余货物 20298 桶棕榈油走私至中国汕尾,4 月 16 日被我海警查获。上述 20298 桶棕榈油已被广东省检察机关作为走私货物没收上缴国库。1996 年 6 月 6 日,粮油公司向保险公司递交索赔报告书,8 月 20 日粮油公司再次向保险公司提出书面索赔申请,保险公司明确表示拒赔。粮油公司遂诉至海口海事法院。

粮油公司是海南丰源贸易发展有限公司和新加坡海源国际有限公司于 1995 年 8 月 14 日开办的中外合资经营企业。该公司成立后,就与保险公司建立了业务关系。1995 年 10 月 1 日至 11 月 28 日(本案保险单签发前)就发生了 4 笔进口棕榈油保险业务,其中 3 笔投保的险别为一切险,另 1 笔为"一切险附加战争险"。该 4 笔保险均发生索赔,其中有因为一切险范围内的货物短少、破漏发生的赔付。

海口海事法院于 1996 年 12 月 25 日作出(1996)海商初字第 096 号民事判决:一、保险公司应赔偿粮油公司保险价值损失 3593858.75 美元;二、驳回粮油公司的其他诉讼请求。宣判后,保险公司提出上诉。海南省高级人民法院于 1997 年 10 月 27 日作出(1997)琼经终字第 44 号民事判决:撤销一审判决,驳回粮油公司的诉讼请求。粮油公司向最高人民法院申请再审。最高人民法院于 2003 年 8 月 11 日以(2003)民四监字第 35 号民事裁定,决定对本案进行提审,并于 2004 年 7 月 13 日作出(2003)民四提字第 5 号民事判决:一、撤销海南省高级人民法院(1997)琼经终字第 44 号民事判决;二、维持海口海事法院（1996）海商初字第096号民事判决。

最高人民法院认为：本案为国际海上货物运输保险合同纠纷，被保险人、保险货物的目的港等均在中华人民共和国境内，原审以中华人民共和国法律作为解决本案纠纷的准据法正确，双方当事人亦无异议。

粮油公司与保险公司之间订立的保险合同合法有效，双方的权利义务应受保险单及所附保险条款的约束。本案保险标的已经发生实际全损，对此发货人私人公司没有过错，亦无证据证明被保险人粮油公司存在故意或过失。保险标的的损失是由于"某卡"轮船东BBS公司与期租船人之间的租金纠纷，将船载货物运走销售和走私行为造成的。本案争议的焦点在于如何理解涉案保险条款中一切险的责任范围。

在二审审理中，海南省高级人民法院认为，根据保险单所附的保险条款和保险行业惯例，一切险的责任范围包括平安险、水渍险和普通附加险（即偷窃提货不着险、淡水雨淋险、短量险、混杂沾污险、渗漏险、碰损破碎险、串味险、受潮受热险、钩损险、包装破裂险和锈损险），中国人民银行《关于〈海洋运输货物"一切险"条款解释的请示〉的复函》亦作了相同的明确规定。可见，粮油公司投保货物的损失不属于一切险的责任范围。此外，鉴于保险公司与粮油公司有长期的保险业务关系，在本案纠纷发生前，双方曾多次签订保险合同，并且保险公司还作过一切险范围内的赔付，所以粮油公司对本案保险合同的主要内容、免责条款及一切险的责任范围应该是清楚的，故认定一审判决适用法律错误。

根据涉案"海洋运输货物保险条款"的规定，一切险除了包括平安险、水渍险的各项责任外，还负责被保险货物在运输过程中由于各种外来原因所造成的损失。同时保险条款中还明确列明了五种除外责任，即：①被保险人的故意行为或过失所造成的损失；②属于发货人责任所引起的损失；③在保险责任开始前，被保险货物已存在的品质不良或数量短差所造成的损失；④被保险货物的自然损耗、本质缺陷、特性以及市价跌落、运输迟延所引起的损失；⑤本公司海洋运输货物战争险条款和货物运输罢工险条款规定的责任范围和除外责任。从上述保险条款的规定看，海洋运输货物保险条款中的一切险条款具有如下特点：

1. 一切险并非列明风险，而是非列明风险。在海洋运输货物保险条款中，平安险、水渍险为列明的风险，而一切险则为平安险、水渍险再加上未列明的运输途中由于外来原因造成的保险标的的损失。

2. 保险标的的损失必须是外来原因造成的。被保险人在向保险人要求保险赔偿时，必须证明保险标的的损失是由于运输途中外来原因引起的。外来原因可以是自然原因，亦可以是人为的意外事故。但是一切险承保的风险具有不确定性，要求是不能确定的、意外的、无法列举的承保风险。对于那些预期的、确定的、正常的危险，则不属于外来原因的责任范围。

3. 外来原因应当限于运输途中发生的，排除了运输发生以前和运输结束后发生的事故。只要被保险人证明损失并非其自身原因，而是由于运输途中的意外事故造成的，保险人就应当承担保险赔偿责任。

根据保险法的规定，保险合同中规定有关于保险人责任免除条款的，保险人在订立合同时应当向投保人明确说明，未明确说明的，该条款仍然不能产生效力。据此，保险条款中列明的除外责任虽然不在保险人赔偿之列，但是应当以签订保险合同时，保险人已将除外责任条款明确告知被保险人为前提。否则，该除外责任条款不能约束被保险人。

关于中国人民银行的复函意见。在保监委成立之前，中国人民银行系保险行业的行政主管机关。1997年5月1日，中国人民银行致中国人民保险公司《关于〈海洋运输货物保险"一切险"条款解释的请示〉的复函》中,认为一切险承保的范围是平安险、水渍险及被保险货物在运输途中由于外来原因所致的全部或部分损失。并且进一步提出:外来原因仅指偷窃、提货不着、淡水雨淋等。1998年11月27日,中国人民银行在对《中保财产保险有限公司关于海洋运输货物保险条款解释》的复函中,再次明确一切险的责任范围包括平安险、水渍险及被保险货物在运输途中由于外来原因所致的全部或部分损失。其中外来原因所致的全部或部分损失是指11种一般附加险。根据《中华人民共和国立法法》的规定,国务院各部、委员会、中国人民银行、国家审计署以及具有行政管理职能的直属机构,可以根据法律和国务院的行政法规、决定、命令,在本部门的权限范围内,制定规章;部门规章规定的事项应当属于执行法律或者国务院的行政法规、决定、命令的事项。因此,保险条款亦不在职能部门有权制定的规章范围之内,故中国人民银行对保险条款的解释不能作为约束被保险人的依据。另外,中国人民银行关于一切险的复函属于对保险合同条款的解释。而对于平等主体之间签订的保险合同,依法只有人民法院和仲裁机构才有权作出约束当事人的解释。为此,上述复函不能约束被保险人。要使该复函所作解释成为约束被保险人的合同条款,只能是将其作为保险合同的内容附在保险单中。之所以产生中国人民保险公司向主管机关请示一切险的责任范围,主管机关对此作出答复,恰恰说明对一切险的理解存在争议。而依据保险法第三十一条的规定,对于保险合同的条款,保险人与投保人、被保险人或者受益人有争议时,人民法院或者仲裁机关应当作出有利于被保险人和受益人的解释。作为行业主管机关作出对本行业有利的解释,不能适用于非本行业的合同当事人。

综上,应认定本案保险事故属一切险的责任范围。二审法院认为粮油公司投保货物的损失不属一切险的责任范围错误，应予纠正。粮油公司的再审申请理由依据充分，应予支持。

● *相关规定*

《安全生产法》第49条第2款、第103条；《民用航空法》第130条；《海商法》第126条

第五百零七条　争议解决条款的独立性

合同不生效、无效、被撤销或者终止的，不影响合同中有关解决争议方法的条款的效力。

● *典型案例*

**斯万斯克蜂蜜加工公司申请承认和执行外国仲裁裁决案（最高人民法院指导性案例200号）**

2013年5月17日，卖方蜂业公司与买方蜂蜜加工公司签订了编号为NJRS13×××的英文版蜂蜜销售《合同》，约定的争议解决条款为"in case of disputes governed by Swedish law and that disputes should be settled by Expedited Arbitration in Sweden"（中文直译为："在受瑞典法律管辖的情况下，争议应在瑞典通过快速仲裁解决"）。另《合同》约定了相应的质量标准：蜂蜜其他参数符合欧洲（2001/112/EC，2001年12月20日），无美国污仔病、微粒子虫、瓦螨病等。

在合同履行过程中，双方因蜂蜜品质问题发生纠纷。2015年2月23日，蜂蜜加工公司以蜂业公司为被申请人就案涉《合同》向瑞典斯德哥尔摩商会仲裁院申请仲裁，请求蜂业公司赔偿。该仲裁院于2015年12月18日以其无管辖权为由作出SCCF2015/023仲裁裁决，驳回了蜂蜜加工公司的申请。

2016年3月22日，蜂蜜加工公司再次以蜂业公司为被申请人就

案涉《合同》在瑞典申请临时仲裁。在仲裁审查期间，临时仲裁庭及斯德哥尔摩地方法院向蜂业公司及该公司法定代表人邮寄了相应材料，但截至2017年5月4日，临时仲裁庭除了收到蜂业公司关于陈述《合同》中没有约定仲裁条款、不应适用瑞典法的两份电子邮件外，未收到其他任何意见。此后临时仲裁庭收到蜂业公司代理律师提交的关于反对仲裁庭管辖权及延长提交答辩书的意见书。2018年3月5日、6日，临时仲裁庭组织双方当事人进行了听证。在听证中，蜂业公司的代理人对仲裁庭的管辖权不再持异议，蜂业公司的法定代表人赵某也未提出相应异议。该临时仲裁庭于2018年6月9日依据瑞典仲裁法作出仲裁裁决：1. 蜂业公司违反了《合同》约定，应向蜂蜜加工公司支付286230美元及相应利息；2. 蜂业公司应向蜂蜜加工公司赔偿781614瑞典克朗、1021718.45港元。

2018年11月22日，蜂蜜加工公司向江苏省南京市中级人民法院申请承认和执行上述仲裁裁决。

在法院审查期间，双方均认为应当按照瑞典法律来理解《合同》中的仲裁条款。蜂蜜加工公司认为争议解决条款的中文意思是"如发生任何争议，应适用瑞典法律并在瑞典通过快速仲裁解决"。而蜂业公司则认为上述条款的中文意思是"为瑞典法律管辖下的争议在瑞典进行快速仲裁解决"。

江苏省南京市中级人民法院于2019年7月15日作出（2018）苏01协外认8号民事裁定，承认和执行由Peter Thorp、Sture Larsson和Nils Eliasson（人名）组成的临时仲裁庭于2018年6月9日针对蜂蜜加工公司与蜂业公司关于NJRS13001《合同》作出的仲裁裁决。

法院生效裁判认为：依据查明及认定的事实，由Peter Thorp、Sture Larsson和Nils Eliasson组成的临时仲裁庭作出的案涉仲裁裁决不具有《承认及执行外国仲裁裁决公约》第五条第一款乙、丙、丁项规定的不予承认和执行的情形,也不违反我国加入该公约时所作出的保留性声明条款,或违反我国公共政策或争议事项不能以仲裁解决的情形,故对该裁决应当予以承认和执行。

关于临时仲裁裁决的程序是否存在与仲裁协议不符的情形。该项争议系双方对《合同》约定的争议解决条款"in case of disputes governed by Swedish law and that disputes should be settled by Expedited Arbitration in Sweden"的理解问题。从双方对该条款中文意思的表述看,双方对在瑞典通过快速仲裁解决争端并无异议,仅对快速仲裁是否可以通过临时仲裁解决发生争议。快速仲裁相对于普通仲裁而言,更加高效、便捷、经济,其核心在于简化了仲裁程序、缩短了仲裁时间、降低了仲裁费用等,从而使当事人的争议以较为高效和经济的方式得到解决。而临时仲裁庭相对于常设的仲裁机构而言,也具有高效、便捷、经济的特点。具体到本案,双方同意通过快速仲裁的方式解决争议,但该快速仲裁并未排除通过临时仲裁的方式解决,当事人在仲裁听证过程中也没有对临时仲裁提出异议,在此情形下,由临时仲裁庭作出裁决,符合双方当事人的合意。故应认定案涉争议通过临时仲裁庭处理,并不存在与仲裁协议不符的情形。

### 第五百零八条 合同效力适用指引

本编对合同的效力没有规定的,适用本法第一编第六章的有关规定。

● **相关规定**

《仲裁法》第19条;《最高人民法院关于适用〈中华人民共和国仲裁法〉若干问题的解释》第10条

# 第四章　合同的履行

**第五百零九条**　**合同履行的原则**

当事人应当按照约定全面履行自己的义务。

当事人应当遵循诚信原则,根据合同的性质、目的和交易习惯履行通知、协助、保密等义务。

当事人在履行合同过程中,应当避免浪费资源、污染环境和破坏生态。

● *条文注释*

本条是对合同履行原则的规定。

合同履行是合同债务人全面地、适当地完成其合同义务,债权人的合同债权得到完全实现。

合同履行的原则,是指当事人在履行合同债务时应当遵循的基本准则。当事人在履行合同债务中,只有遵守这些基本准则,才能够实现债权人的债权,当事人期待的合同利益才能实现。

本条规定了三个合同履行原则:

1. 遵守约定原则,亦称约定必须信守原则。依法订立的合同对当事人具有法律约束力。双方的履行过程一切都要服从约定,信守约定,约定的内容是什么就履行什么,一切违反约定的履行行为都属于对该原则的违背。遵守约定原则包括:(1)适当履行原则,合同当事人按照合同约定的履行主体、标的、时间、地点以及方式等履行,且均须适当,完全符合合同约定的要求。(2)全面履行原则,要求合同当事人按照合同所约定的各项条款,全部而完整地完成合同义务。

2. 诚实信用原则，对于一切合同及合同履行的一切方面均应适用，根据合同的性质、目的和交易习惯履行合同义务。具体包括：（1）协作履行原则，要求当事人基于诚实信用原则的要求，对对方当事人的履行债务行为给予协助：一是及时通知，二是相互协助，三是予以保密。（2）经济合理原则，要求当事人在履行合同时追求经济效益，付出最低的成本，取得最佳的合同利益。

3. 绿色原则，依照《民法典》第9条规定，履行合同应当避免浪费资源、污染环境和破坏生态，遵守绿色原则。

### 第五百一十条　约定不明时合同内容的确定

合同生效后，当事人就质量、价款或者报酬、履行地点等内容没有约定或者约定不明确的，可以协议补充；不能达成补充协议的，按照合同相关条款或者交易习惯确定。

● **条文注释**

合同的标的和数量是主要条款，其他条款属于非主要条款。当事人就合同的主要条款达成合意即合同成立，非主要条款没有约定或者约定不明确的，并不影响合同成立。

### 第五百一十一条　质量、价款、履行地点等内容的确定

当事人就有关合同内容约定不明确，依据前条规定仍不能确定的，适用下列规定：

（一）质量要求不明确的，按照强制性国家标准履行；没有强制性国家标准的，按照推荐性国家标准履行；没有推荐性国家标准的，按照行业标准履行；没有国家标准、行业标准的，按照通常标准或者符合合同目的的特定标准履行。

（二）价款或者报酬不明确的，按照订立合同时履行地的市场价格履行；依法应当执行政府定价或者政府指导价的，依照规定履行。

（三）履行地点不明确，给付货币的，在接受货币一方所在地履行；交付不动产的，在不动产所在地履行；其他标的，在履行义务一方所在地履行。

（四）履行期限不明确的，债务人可以随时履行，债权人也可以随时请求履行，但是应当给对方必要的准备时间。

（五）履行方式不明确的，按照有利于实现合同目的的方式履行。

（六）履行费用的负担不明确的，由履行义务一方负担；因债权人原因增加的履行费用，由债权人负担。

● **相关规定**

《最高人民法院关于适用〈中华人民共和国民法典〉合同编通则若干问题的解释》第3条

### 第五百一十二条　电子合同交付时间的认定

通过互联网等信息网络订立的电子合同的标的为交付商品并采用快递物流方式交付的，收货人的签收时间为交付时间。电子合同的标的为提供服务的，生成的电子凭证或者实物凭证中载明的时间为提供服务时间；前述凭证没有载明时间或者载明时间与实际提供服务时间不一致的，以实际提供服务的时间为准。

电子合同的标的物为采用在线传输方式交付的，合同标的物进入对方当事人指定的特定系统且能够检索识别的时间为交付时间。

电子合同当事人对交付商品或者提供服务的方式、时间另有约定的，按照其约定。

### 第五百一十三条　执行政府定价或指导价的合同价格确定

执行政府定价或者政府指导价的，在合同约定的交付期限内政府价格调整时，按照交付时的价格计价。逾期交付标的物的，遇价格上涨时，按照原价格执行；价格下降时，按照新价格执行。逾期提取标的物或者逾期付款的，遇价格上涨时，按照新价格执行；价格下降时，按照原价格执行。

### 第五百一十四条　金钱之债给付货币的确定规则

以支付金钱为内容的债，除法律另有规定或者当事人另有约定外，债权人可以请求债务人以实际履行地的法定货币履行。

### 第五百一十五条　选择之债中债务人的选择权

标的有多项而债务人只需履行其中一项的，债务人享有选择权；但是，法律另有规定、当事人另有约定或者另有交易习惯的除外。

享有选择权的当事人在约定期限内或者履行期限届满未作选择，经催告后在合理期限内仍未选择的，选择权转移至对方。

#### 第五百一十六条 选择权的行使

当事人行使选择权应当及时通知对方,通知到达对方时,标的确定。标的确定后不得变更,但是经对方同意的除外。

可选择的标的发生不能履行情形的,享有选择权的当事人不得选择不能履行的标的,但是该不能履行的情形是由对方造成的除外。

#### 第五百一十七条 按份债权与按份债务

债权人为二人以上,标的可分,按照份额各自享有债权的,为按份债权;债务人为二人以上,标的可分,按照份额各自负担债务的,为按份债务。

按份债权人或者按份债务人的份额难以确定的,视为份额相同。

#### 第五百一十八条 连带债权与连带债务

债权人为二人以上,部分或者全部债权人均可以请求债务人履行债务的,为连带债权;债务人为二人以上,债权人可以请求部分或者全部债务人履行全部债务的,为连带债务。

连带债权或者连带债务,由法律规定或者当事人约定。

#### 第五百一十九条 连带债务份额的确定及追偿

连带债务人之间的份额难以确定的,视为份额相同。

实际承担债务超过自己份额的连带债务人,有权就超出部分在其他连带债务人未履行的份额范围内向其追偿,并相应地享有债权人的权利,但是不得损害债权人的利益。其他连带债务人对债权人的抗辩,可以向该债务人主张。

被追偿的连带债务人不能履行其应分担份额的,其他连带债务人应当在相应范围内按比例分担。

**第五百二十条　连带债务人之一所生事项涉他效力**

部分连带债务人履行、抵销债务或者提存标的物的,其他债务人对债权人的债务在相应范围内消灭;该债务人可以依据前条规定向其他债务人追偿。

部分连带债务人的债务被债权人免除的,在该连带债务人应当承担的份额范围内,其他债务人对债权人的债务消灭。

部分连带债务人的债务与债权人的债权同归于一人的,在扣除该债务人应当承担的份额后,债权人对其他债务人的债权继续存在。

债权人对部分连带债务人的给付受领迟延的,对其他连带债务人发生效力。

**第五百二十一条　连带债权内外部关系**

连带债权人之间的份额难以确定的,视为份额相同。

实际受领债权的连带债权人,应当按比例向其他连带债权人返还。

连带债权参照适用本章连带债务的有关规定。

### 第五百二十二条　向第三人履行

当事人约定由债务人向第三人履行债务，债务人未向第三人履行债务或者履行债务不符合约定的，应当向债权人承担违约责任。

法律规定或者当事人约定第三人可以直接请求债务人向其履行债务，第三人未在合理期限内明确拒绝，债务人未向第三人履行债务或者履行债务不符合约定的，第三人可以请求债务人承担违约责任；债务人对债权人的抗辩，可以向第三人主张。

● **相关规定**

《最高人民法院关于适用〈中华人民共和国民法典〉合同编通则若干问题的解释》第27条、第28条

### 第五百二十三条　第三人履行

当事人约定由第三人向债权人履行债务，第三人不履行债务或者履行债务不符合约定的，债务人应当向债权人承担违约责任。

● **相关规定**

《最高人民法院关于适用〈中华人民共和国民法典〉合同编通则若干问题的解释》第27条、第28条

### 第五百二十四条　第三人代为履行

债务人不履行债务，第三人对履行该债务具有合法利益的，第三人有权向债权人代为履行；但是，根据债务性质、按照当事人约定或者依照法律规定只能由债务人履行的除外。

债权人接受第三人履行后,其对债务人的债权转让给第三人,但是债务人和第三人另有约定的除外。

● **相关规定**

《最高人民法院关于适用〈中华人民共和国民法典〉合同编通则若干问题的解释》第30条

**第五百二十五条** 同时履行抗辩权

当事人互负债务,没有先后履行顺序的,应当同时履行。一方在对方履行之前有权拒绝其履行请求。一方在对方履行债务不符合约定时,有权拒绝其相应的履行请求。

● **相关规定**

《最高人民法院关于适用〈中华人民共和国民法典〉合同编通则若干问题的解释》第31条

**第五百二十六条** 后履行抗辩权

当事人互负债务,有先后履行顺序,应当先履行债务一方未履行的,后履行一方有权拒绝其履行请求。先履行一方履行债务不符合约定的,后履行一方有权拒绝其相应的履行请求。

● **典型案例**

**建设公司与房地产开发公司执行监督案**(最高人民法院指导案例126号)

建设公司与房地产开发公司建设工程施工合同纠纷一案,江苏省无锡市中级人民法院(以下简称无锡中院)于2015年3月3日作出

(2014) 锡民初字第00103号民事判决,房地产开发公司应于本判决发生法律效力之日起五日内支付建设公司工程款14454411.83元以及相应的违约金。房地产开发公司不服,提起上诉,江苏省高级人民法院(以下简称江苏高院)二审维持原判。因房地产开发公司未履行义务,建设公司向无锡中院申请强制执行。

在执行过程中,建设公司与房地产开发公司于2015年12月1日签订《执行和解协议》,约定:一、房地产开发公司同意以其名下三套房产(某小区53-106、107、108商铺,非本案涉及房产)就本案所涉金额抵全部债权;二、房地产开发公司在15个工作日内,协助建设公司将抵债房产办理到建设公司名下或该公司指定人员名下,并将三套商铺租赁合同关系中的出租人变更为建设公司名下或该公司指定人员名下;三、本案目前涉案拍卖房产中止15个工作日拍卖(已经成交的除外),待上述事项履行完毕后,涉案房产将不再拍卖,如未按上述协议处理完毕,申请人可以重新申请拍卖;四、如果上述协议履行完毕,本案目前执行阶段执行已到位的财产,返还房地产开发公司指定账户;五、本协议履行完毕后,双方再无其他经济纠葛。

在和解协议签订后,2015年12月21日(和解协议约定的最后一个工作日),房地产开发公司分别与建设公司签订两份商品房买卖合同,与李某签订一份商品房买卖合同,并完成三套房产的网签手续。2015年12月25日,建设公司向房地产开发公司出具两份转账证明:兹有本公司购买某小区53-108、53-106、53-107商铺,购房款冲抵本公司在某承建工程中所欠工程余款,金额以法院最终裁决为准。2015年12月30日,房地产开发公司、建设公司在无锡中院主持下,就和解协议履行情况及查封房产解封问题进行沟通。无锡中院同意对查封的39套房产中的30套予以解封,并于2016年1月5日向无锡市不动产登记中心新区分中心送达协助解除通知书，解除了对房地产开发公司30套房产的查封。因上述三套商铺此前已由房地产开发公司于2014年6月出租给江苏银行股份有限公司无锡分行（以下简称江苏银行）。2016年1月，房地产开发公司（甲方）、建设公司（乙方）、李某（丙方）签订了一份《补充协议》，明确自该补充协议签订之日起房地产开发公司完全退出原《房屋租赁合同》，建设公司与李某应依照原《房屋租赁合同》中约定的条款，直接向江苏银行主张租金。同时三方确认，2015年12月31日前房屋租金已付清，租金收款单位为房地产开发公司。2016年1月26日，房地产开发公司向江苏银行发函告知。在租赁关系变更后，建设公司和李某已实际收取自2016年1月1日起的租金。2016年1月14日，建设公司弓某接收三套商铺的初始登记证和土地分割证。2016年2月25日，房地产开发公司就上述三套商铺向建设公司、李某开具共计三张《销售不动产统一发票（电子）》，金额总计11999999元。发票开具后，建设公司以房地产开发公司违约为由拒收，房地产开发公司遂将发票邮寄至无锡中院，请求无锡中院转交。无锡中院于2016年4月1日将发票转交给建设公司，建设公司接受。2016年11月，建设公司、李某办理了三套商铺的所有权登记手续，李某又将其名下的商铺转让给案外人罗某明、陈某。经查，登记在建设公司名下的两套商铺于2016年12月2日被甘肃省兰州市七里河区人民法院查封，并被该院其他案件轮候查封。

2016年1月27日及3月1日，建设公司两次向无锡中院提交书面申请，以房地产开发公司违反和解协议，未办妥房产证及租赁合同变更事宜为由，请求恢复本案执行，对房地产开发公司名下已被查封的9套房产进行拍卖，扣减三张发票载明的11999999元之后，继续清偿生效判决确定的债权数额。2016年4月1日,无锡中院通知建设公司、房地产开发公司:房地产开发公司未能按照双方和解协议履行,由于之前查封的房产中已经解封30套,故对于剩余9套房产继续进行拍卖,对于和解协议中三套房产价值按照双方合同及发票确定金额,可直接按照已经执行到位金额认定,从应当执行总金额中扣除。同日,无锡中院在淘宝网上发布拍卖公告,对查封的被执行人的9套房产进行拍卖。房地产开发公司向无锡中院提出异议,请求撤销对房地产开发公司财产的拍卖,按照双方和解协议确认本执行案件执行完毕。

无锡中院于2016年7月27日作出(2016)苏02执异26号执行裁定:驳回房地产开发公司的异议申请。房地产开发公司不服,向江苏高院申请复议。江苏高院于2017年9月4日作出(2016)苏执复160号执行裁定:一、撤销无锡中院(2016)苏02执异26号执行裁定。二、撤销无锡中院于2016年4月1日作出的对剩余9套房产继续拍卖且按合同及发票确定金额扣减执行标的的通知。三、撤销无锡中院于2016年4月1日发布的对被执行人房地产开发公司所有的某小区39-1203、21-1203、11-202、17-102、17-202、36-1402、36-1403、36-1404、37-1401室9套房产的拍卖。建设公司不服江苏高院复议裁定,向最高人民法院提出申诉。最高人民法院于2018年12月29日作出(2018)最高法执监34号执行裁定:驳回申诉人建设公司的申诉。

最高人民法院认为,根据《最高人民法院关于适用〈中华人民共和国民事诉讼法〉的解释》第四百六十七条的规定,一方当事人不履行或者不完全履行在执行中双方自愿达成的和解协议,对方当事人申请执行原生效法律文书的,人民法院应当恢复执行,但和解协议已履行的部分应当扣除。和解协议已经履行完毕的,人民法院不予恢复执行。本案中,按照和解协议,房地产开发公司违反了关于协助办理抵债房产转移登记等义务的时间约定。建设公司在房地产开发公司完成全部协助义务之前曾先后两次向人民法院申请恢复执行。但综合而言,本案仍宜认定和解协议已经履行完毕,不应恢复执行。

主要理由如下:

第一,和解协议签订于 2015 年 12 月 1 日,约定 15 个工作日即完成抵债房产的所有权转移登记并将三套商铺租赁合同关系中的出租人变更为建设公司或其指定人,这本身具有一定的难度,建设公司应该有所预知。第二,在约定期限的最后一日即 2015 年 12 月 21 日,房地产开发公司分别与建设公司及其指定人李某签订商品房买卖合同并完成三套抵债房产的网签手续。从实际效果看,建设公司取得该抵债房产已经有了较充分的保障。而且房地产开发公司又于 2016 年 1 月与建设公司及其指定人李某签订《补充协议》,就抵债房产变更租赁合同关系及房地产开发公司退出租赁合同关系作出约定;并于 2016 年 1 月 26 日向江苏银行发函,告知租赁标的出售的事实并函请江苏银行尽快与新的买受人办理出租人变更手续。在租赁关系变更后,建设公司和李某已实际收取自 2016 年 1 月 1 日起的租金。同时,2016 年 1 月 14 日,房地产开发公司交付了三套商铺的初始登记证和土地分割证。由此可见,在较短时间内房地产开发公司又先后履行了变更抵债房产租赁关系、转移抵债房产收益权、交付初始登记证和土地分割证等义务,即房地产开发公司一直在积极地履行义务。第三,对于房地产开发公司上述一系列积极履行义务的行为,建设公司在明知该履行已经超过约定期限的情况下仍一一予以接受,并且还积极配合房地产开发公司向人民法院申请解封已被查封的房产。建设公司的上述行为已充分反映其认可超期履行，并在继续履行和解协议上与房地产开发公司形成较强的信赖关系，在没有新的明确约定的情况下，应当允许房地产开发公司在合理期限内完成全部义务的履行。第四，在房地产开发公司履行完一系列主要义务，并于1月26日函告抵债房产的承租方该房产产权变更情况，使得建设公司及其指定人能实际取得租金收益后，建设公司在1月27日即首次提出恢复执行，并在房地产开发公司开出发票后拒收，有违诚信原则。第五，建设公司并没有提供充分的证据证明本案中的迟延履行行为会导致签订和解协议的目的落空，严重损害其利益。相反，从建设公司积极接受履行且未及时申请恢复执行的情况看，迟延履行并未导致和解协议签订的目的落空。第六，在房地产开发公司因建设公司拒收发票而将发票邮寄法院请予转交时，其全部协助义务即应认为已履行完毕，此时法院尚未实际恢复执行，此后再恢复执行亦不适当。综上，本案宜认定和解协议已经履行完毕，不予恢复执行。

### 第五百二十七条　不安抗辩权

应当先履行债务的当事人，有确切证据证明对方有下列情形之一的，可以中止履行：

（一）经营状况严重恶化；

（二）转移财产、抽逃资金，以逃避债务；

（三）丧失商业信誉；

（四）有丧失或者可能丧失履行债务能力的其他情形。

当事人没有确切证据中止履行的，应当承担违约责任。

● **典型案例**

**科技公司与汪某房屋租赁合同案** [湖北省武汉市中级人民法院(2020) 鄂01民终5761号]

汪某、孟某系位于武汉市武昌区某小区第1幢1-3层×××号（建筑面积553.56平方米）房屋所有权人。2018年12月17日，汪某、孟某与科技公司签订《商铺租赁合同》，约定：汪某、孟某将位于武汉市武昌区某小区第1幢1-3层×××号（建筑面积553.56平方米）门面租与科技公司……租赁期限自2018年12月20日至2023年12月19日。科技公司在支付第一期房屋租金时，向汪某、孟某支付商铺押金100000元，租赁合同终止或双方协商一致解除后，科技公司交清全部租金及物业管理费、水电费、煤气费、电话费等相关费用后，汪某、孟某在七日内将押金全额无息退还科技公司，因科技公司提前解除租赁合同，视为科技公司违约，押金不予退还；商铺免租期到2019年1月20日，商铺自2019年1月21日至2020年1月20日租金为每月50000元，自2020年1月21日至2021年1月20日租金为每月52500元，自2021年1月21日至2022年1月20日租金为每月55125元，自2022年1月21日至2023年1月20日租金为每月57881元，自2023年1月21日至2024年1月20日租金为每月60775元；租金按季支付，按照先付租金后使用的原则，提前15天支付，合同签订之后三日内科技公司需支付商铺押金及第一期房屋租金250000元；科技公司在支付商铺押金及第一期房屋租金的当天，汪某、孟某将商铺钥匙交付科技公司……孟某、汪某与科技公司在合同上签字盖章。当天，汪某与科技公司法定代表人曾某文签订《附件》，对商铺押金及第一期房屋租金250000元的收款账户作出部分变更。

一审法院认为，汪某、孟某与科技公司于2018年12月17日签订的《商铺租赁合同》及附件，系双方真实意思表示，合同合法有效，双方均应按照协议约定全面履行各自义务。科技公司自2019年4月21日起未依约支付租金，对此科技公司辩称其因汪某、孟某未依约交付案涉房屋钥匙并不配合科技公司办理工商及医疗执业许可证，故其行使不安抗辩权，暂缓交纳房租的意见。双方所签合同明确约定在科技公司支付商铺押金及第一期房屋租金的当天，汪某、孟某将案涉房屋钥匙交付科技公司。实际上，科技公司于2018年12月28日支付商铺押金、于2019年3月7日支付完毕第一期房屋租金，汪某、孟某于2019年1月20日将案涉房屋钥匙交由科技公司并不违约。汪某、孟某于2019年4月8日配合科技公司办理工商注册登记亦不违约，且双方所签合同并未约定汪某、孟某需配合科技公司办理医疗执业许可证。科技公司未依约按时足额向汪某、孟某支付租金，显属违约，且其有权解除双方的房屋租赁合同，且已于2019年8月27日向科技公司送达了《解除合同通知书》，故房屋租赁合同已于2019年8月27日解除。

科技公司未依约按时足额向汪某、孟某支付租金，应承担继续履行等违约责任，汪某、孟某于2019年5月22日收回案涉房屋，故科技公司应按合同约定继续向汪某、孟某支付2019年4月21日至2019年5月22日的房屋租金5××03元。双方所签合同约定科技公司拖欠租金累计15天以上的或拖欠租金金额累计达到30000元的，其交纳的押金不予退还，科技公司拖欠租金时间及金额均已明显超出上述约定，故汪某、孟某无须向科技公司退还押金100000元。

二审法院认为，汪某、孟某与科技公司签订的《商铺租赁合同》及附件，系双方真实意思表示，合同合法有效，双方均应按照协议约定全面履行各自义务。科技公司使用案涉商铺，则应依约按期支付租金，但经汪某、孟某催告后该公司仍未在合理期限内履行租金给付义务。科技公司称其拒付租金的理由在于汪某、孟某未配合其办理工商及医疗执业许可证，故其行使不安抗辩权，该理由并不能成立。

### 第五百二十八条　不安抗辩权的行使

当事人依据前条规定中止履行的，应当及时通知对方。对方提供适当担保的，应当恢复履行。中止履行后，对方在合理期限内未恢复履行能力且未提供适当担保的，视为以自己的行为表明不履行主要债务，中止履行的一方可以解除合同并可以请求对方承担违约责任。

### 第五百二十九条　因债权人原因致债务履行困难的处理

债权人分立、合并或者变更住所没有通知债务人，致使履行债务发生困难的，债务人可以中止履行或者将标的物提存。

### 第五百三十条　债务人提前履行债务

债权人可以拒绝债务人提前履行债务，但是提前履行不损害债权人利益的除外。

债务人提前履行债务给债权人增加的费用，由债务人负担。

### 第五百三十一条　债务人部分履行债务

债权人可以拒绝债务人部分履行债务，但是部分履行不损害债权人利益的除外。

债务人部分履行债务给债权人增加的费用，由债务人负担。

### 第五百三十二条　当事人变化不影响合同效力

合同生效后，当事人不得因姓名、名称的变更或者法定代表人、负责人、承办人的变动而不履行合同义务。

### 第五百三十三条　情势变更

合同成立后，合同的基础条件发生了当事人在订立合同时无法预见的、不属于商业风险的重大变化，继续履行合同对于当事人一方明显不公平的，受不利影响的当事人可以与对方重新协商；在合理期限内协商不成的，当事人可以请求人民法院或者仲裁机构变更或者解除合同。

人民法院或者仲裁机构应当结合案件的实际情况，根据公平原则变更或者解除合同。

● **相关规定**

《最高人民法院关于适用〈中华人民共和国民法典〉合同编通则若干问题的解释》第32条

### 第五百三十四条　合同监督

对当事人利用合同实施危害国家利益、社会公共利益行为的，市场监督管理和其他有关行政主管部门依照法律、行政法规的规定负责监督处理。

● **相关规定**

《最高人民法院关于审理民事案件适用诉讼时效制度若干问题的规定》第5条

# 第五章　合同的保全

## 第五百三十五条　债权人代位权

因债务人怠于行使其债权或者与该债权有关的从权利，影响债权人的到期债权实现的，债权人可以向人民法院请求以自己的名义代位行使债务人对相对人的权利，但是该权利专属于债务人自身的除外。

代位权的行使范围以债权人的到期债权为限。债权人行使代位权的必要费用，由债务人负担。

相对人对债务人的抗辩，可以向债权人主张。

● *典型案例*

**燃料公司诉物流公司买卖合同纠纷案（最高人民法院指导案例167号）**

2012年1月20日至2013年5月29日期间，燃料公司与物流公司之间共签订采购合同41份，约定物流公司向燃料公司销售镍铁、镍矿、精煤、冶金焦等货物。双方在履行合同过程中采用滚动结算的方式支付货款，但是每次付款金额与每份合同约定的货款金额并不一一对应。自2012年3月15日至2014年1月8日，燃料公司共支付物流公司货款1827867179.08元，物流公司累计向燃料公司开具增值税发票总额为1869151565.63元。燃料公司主张物流公司累计供货货值为1715683565.63元，物流公司主张其已按照开具增值税发票数额足额供货。

2014年11月25日，燃料公司作为原告，以进出口公司为被告、物流公司为第三人，向浙江省宁波市中级人民法院提起债权人代位权诉讼。该院作出（2014）浙甬商初字第74号民事判决书，判决进出口公司向燃料公司支付款项36369405.32元。燃料公司于2016年9月28日就（2014）浙甬商初字第74号民事案件向浙江省象山县人民法院申请强制执行。该院于2016年10月8日依法向进出口公司发出执行通知书，但进出口公司逾期仍未履行义务，进出口公司尚应支付执行款36369405.32元及利息，承担诉讼费209684元、执行费103769.41元。经该院执行查明，进出口公司名下有机动车两辆，该院已经查封但实际未控制。燃料公司在限期内未能提供进出口公司可供执行的财产，也未向该院提出异议。该院于2017年3月25日作出（2016）浙0225执3676号执行裁定书，终结本次执行程序。

燃料公司以物流公司为被告，向山东省高级人民法院提起本案诉讼，请求判令物流公司向其返还本金及利息。

山东省高级人民法院于2018年8月13日作出（2018）鲁民初10号民事判决：一、物流公司向燃料公司返还货款75814208.13元；二、物流公司向燃料公司赔偿占用货款期间的利息损失（以75814208.13元为基数，自2014年11月25日起至物流公司实际支付之日止，按照中国人民银行同期同类贷款基准利率计算）；三、驳回燃料公司其他诉讼请求。燃料公司不服一审判决，提起上诉。最高人民法院于2019年6月20日作出（2019）最高法民终6号民事判决：一、撤销山东省高级人民法院（2018）鲁民初10号民事判决；二、物流公司向燃料公司返还货款153468000元；三、物流公司向燃料公司赔偿占用货款期间的利息损失（以153468000元为基数，自2014年11月25日起至物流公司实际支付之日止，按照中国人民银行同期同类贷款基准利率计算）；四、驳回燃料公司的其他诉讼请求。

最高人民法院认为：关于（2014）浙甬商初字第74号民事判决书涉及的36369405.32元债权问题，燃料公司有权就该笔款项另行向物流公司主张。

第一，《最高人民法院关于适用〈中华人民共和国合同法〉若干问题的解释（一）》（以下简称《合同法解释（一）》）第二十条规定，债权人向次债务人提起的代位权诉讼经人民法院审理后认定代位权成立的，由次债务人向债权人履行清偿义务，债权人与债务人、债务人与次债务人之间相应的债权债务关系即予消灭。根据该规定，认定债权人与债务人之间相应债权债务关系消灭的前提是次债务人已经向债权人实际履行相应清偿义务。在本案所涉执行案件中，因并未执行到进出口公司的财产，浙江省象山县人民法院已经作出终结本次执行的裁定，故在进出口公司并未实际履行清偿义务的情况下，燃料公司与物流公司之间的债权债务关系并未消灭，燃料公司有权向物流公司另行主张。

第二，代位权诉讼属于债的保全制度，该制度是为防止债务人财产不当减少或者应当增加而未增加，给债权人实现债权造成障碍，而非要求债权人在债务人与次债务人之间择一选择作为履行义务的主体。如果要求债权人择一选择，无异于要求债权人在提起代位权诉讼前，对次债务人的偿债能力作充分调查，否则应当由其自行承担债务不得清偿的风险，这不仅增加了债权人提起代位权诉讼的经济成本，还会严重挫伤债权人提起代位权诉讼的积极性，与代位权诉讼制度的设立目的相悖。

第三，本案不违反"一事不再理"原则。根据《最高人民法院关于适用〈中华人民共和国民事诉讼法〉的解释》第二百四十七条规定，判断是否构成重复起诉的主要条件是当事人、诉讼标的、诉讼请求是否相同,或者后诉的诉讼请求是否实质上否定前诉裁判结果等。代位权诉讼与对债务人的诉讼并不相同,从当事人角度看,代位权诉讼以债权人为原告、次债务人为被告,而对债务人的诉讼则以债权人为原告、债务人为被告,两者被告身份不具有同一性。从诉讼标的及诉讼请求上看,代位权诉讼虽然要求次债务人直接向债权人履行清偿义务,但针对的是债务人与次债务人之间的债权债务,而对债务人的诉讼则是要求债务人向债权人履行清偿义务,针对的是债权人与债务人之间的债权债务,两者在标的范围、法律关系等方面亦不相同。从起诉要件上看,与对债务人诉讼不同的是,代位权诉讼不仅要求具备民事诉讼法规定的起诉条件,同时还应当具备《合同法解释(一)》第十一条规定的诉讼条件。基于上述不同,代位权诉讼与对债务人的诉讼并非同一事由,两者仅具有法律上的关联性,故燃料公司提起本案诉讼并不构成重复起诉。

● **相关规定**

《最高人民法院关于适用〈中华人民共和国民法典〉合同编通则若干问题的解释》第33条、第35条

### 第五百三十六条  保全行为

债权人的债权到期前,债务人的债权或者与该债权有关的从权利存在诉讼时效期间即将届满或者未及时申报破产债权等情形,影响债权人的债权实现的,债权人可以代位向债务人的相对人请求其向债务人履行、向破产管理人申报或者作出其他必要的行为。

● **条文注释**

债权到期前债权人代位权行使的条件是，债务人对相对人享有的债权或者与该债权有关的从权利可能存在诉讼时效期间即将届满或者未及时申报破产债权等情形，影响债权人的债权实现。其具体方法是：（1）可以债务人的名义，代位向债务人的相对人请求其向债务人履行，这是典型的代位权行使方法。（2）相对人在破产程序中的，债权人可以代债务人之位，向破产管理人申报债权，将该债权纳入破产财产清偿范围，期待在破产清算中实现债权。（3）作出其他必要的行为，如符合条件的，可以请求查封、冻结财产等。后两种方法超出了传统债权人代位权的范围，其目的仍然是保全债务人的财产以保护自己的债权，是针对实际情况所作的规定，对于保全债权人的债权具有重要意义。

**第五百三十七条　代位权行使后的法律效果**

> 人民法院认定代位权成立的，由债务人的相对人向债权人履行义务，债权人接受履行后，债权人与债务人、债务人与相对人之间相应的权利义务终止。债务人对相对人的债权或者与该债权有关的从权利被采取保全、执行措施，或者债务人破产的，依照相关法律的规定处理。

● **典型案例**

**建筑公司与吕某杰债权人代位权案**［辽宁省沈阳市中级人民法院（2020）辽01民终2099号］

2012年6月12日，第三人建筑机械公司（乙方）与建筑公司东北分公司（甲方）签订《塔吊专业分包合同》，根据被告提供的建筑工程机械租赁结算书，该工程应付款为771.1082万元。2013年5月3

日,第三人建筑机械公司(乙方)与建筑公司东北分公司(甲方)签订《机械设备租赁合同》,该工程应付款为632.8168万元。2013年10月24日,第三人建筑机械公司(乙方)与建筑公司东北分公司(甲方)签订《机械设备租赁合同》,该工程应付款为540.511万元。2013年4月3日,第三人建筑机械公司(乙方)与建筑公司东北分公司(甲方)签订《机械设备租赁合同》,该工程应付款为229.2997万元。2013年5月16日,第三人建筑机械公司(乙方)与建筑公司东北分公司(甲方)签订《机械设备租赁合同》,该工程应付款为304.8681万元。综上,本案涉案工程应付款总额为2478.6038万元。

2015年5月,原告吕某杰以第三人建筑机械公司、孟某为被告向本院提起民间借贷纠纷之诉,2015年8月5日,达成调解协议,第三人孟某给付原告吕某杰借款1154.5万元,分别于2015年8月30日前给付154.5万元,2015年9月30日前给付250万元,2015年10月30日前给付250万元,2015年11月30日前给付250万元,2015年12月30日前给付250万元,第三人建筑机械公司对第三人孟某的上述欠款承担连带给付责任。案件受理费减半收取4.7245万元,保全费0.5万元,由第三人孟某承担。2015年7月9日原告申请执行,2015年9月9日,法院冻结了第三人孟某及建筑机械公司的机械费200万元,查封第三人建筑机械公司在太阳广场工地塔吊六台;2015年9月15日,法院对被告建筑公司下达民事裁定书和协助执行通知书,要求停止支付第三人建筑机械公司在被告建筑公司的租赁费1200万元。现原告向本院提起代位权之诉。

一审法院认为,债权人代位权是指债务人怠于行使自己的到期债权,因此对债权人造成损害时,债权人为保全自己的债权,可以诉请法院以自己的名义行使债务人对第三人享有的债权。第三人孟某欠原告吕某杰1154.5万元债务及第三人建筑机械公司承担连带责任亦已经被法院确认。租赁合同虽是建筑公司东北分公司与第三人建筑机械公司双方签订，但租赁费是由其总公司即被告建筑公司支付，因此被告建筑公司是本案适格被告。

二审法院认为，当事人对自己提出的主张有责任提供证据予以证明，未提供证据或所提供的证据无法证明其主张的，由负有举证责任的当事人承担不利后果。根据上诉人举证证明的情况，无论从案涉五项工程中上诉人的付款情况还是上诉人所举证的十三项工程的付款情况来看，上诉人未付金额均超过被上诉人诉请的金额。上诉人所提供的《情况说明》及行政事业单位资金往来结算票据经本院核实，仅为上诉人与第三人建筑机械公司就个案执行完毕，并不代表双方对所有的债权债务均清偿完毕。上诉人提出的罚款、应抵扣的税款、拆除设备的费用明细等证据无法证明与案涉工程有关，且部分材料没有第三人建筑机械公司签字和认可，因此不能作为扣款的依据或代扣建筑机械公司欠付租金款的依据。

● **相关规定**

《最高人民法院关于审理民事案件适用诉讼时效制度若干问题的规定（2020修正）》第18条

## 第五百三十八条　撤销债务人无偿行为

债务人以放弃其债权、放弃债权担保、无偿转让财产等方式无偿处分财产权益，或者恶意延长其到期债权的履行期限，影响债权人的债权实现的，债权人可以请求人民法院撤销债务人的行为。

● **条文注释**

债权人撤销权，是指债权人依法享有的为保全其债权，对债务人无偿或者低价处分作为债务履行资力的现有财产，以及放弃其债权或者债权担保、恶意延长到期债权履行期限的行为，请求法院予以撤销的权利。

债权人撤销权的目的，是保全债务人的一般财产，否定债务人不当减少一般财产的行为（欺诈行为），将已经脱离债务人一般财产的部分，恢复为债务人的一般财产。当债务人实施减少其财产或者放弃其到期债权而损害债权人债权的民事行为时，债权人可以依法行使这一权利，请求法院对该民事行为予以撤销，使已经处分了的财产恢复原状，以保护债权人债权实现的物质基础。

● **相关案例索引**

**房地产开发公司与郑某、房地产发展公司及第三人高某第三人撤销之诉案**（《最高人民法院公报》2020年第4期）

作为普通债权人的第三人一般不具有基于债权提起第三人撤销之诉的事由，但是如果生效裁判所确认的债务人相关财产处分行为符合《合同法》第74条所规定的撤销权条件，则依法享有撤销权的债权人与该生效裁判案件处理结果具有法律上的利害关系，从而具备以无独立请求权第三人身份提起第三人撤销之诉的原告主体资格。

● **相关规定**

《最高人民法院关于适用〈中华人民共和国民法典〉合同编通则若干问题的解释》第44条

**第五百三十九条　撤销债务人有偿行为**

债务人以明显不合理的低价转让财产、以明显不合理的高价受让他人财产或者为他人的债务提供担保,影响债权人的债权实现,债务人的相对人知道或者应当知道该情形的,债权人可以请求人民法院撤销债务人的行为。

● **相关规定**

《最高人民法院关于适用〈中华人民共和国民法典〉合同编通则若干问题的解释》第42条

**第五百四十条　撤销权的行使范围**

撤销权的行使范围以债权人的债权为限。债权人行使撤销权的必要费用,由债务人负担。

● **典型案例**

**李某、杨某等与徐某债权人撤销权案**　[江苏省徐州市中级人民法院(2019)苏03民终2964号]

2013年12月9日,案外人胡某与原告徐某签订借款合同,胡某从徐某处借款30万元。借款期限从2013年12月10日到2014年2月8日。付息方式为按月支付,在2014年1月10日前应付利息15000元,在2014年2月8日前应付利息15000元。借款人应按约定于2014年2月8日归还本金,对逾期的借款按本金的每天的2%支付违约金,逾期超过10天的再按本金的20%作为违约金。借款人违反约定,对出借人所支出的所有追款费用均由借款人负担。上述借款由被告李某作为担保人。2013年12月10日,徐某将借款30万元通过银行转账至胡某处。胡某未能及时全面履行还款义务,徐某向胡某、李某催要还款未果。徐某于 2014 年 7 月 14 日向一审法院提起诉讼。

2015 年 5 月 29 日，因与李某之间民间借贷纠纷，徐某在一审法院起诉李某。2016 年 12 月 14 日，因与李某、杨某民间借贷纠纷，徐某、崔某在一审法院起诉李某、杨某。

就上述（2014）云民初字第 2330 号、（2015）云民初字第 1927 号、（2016）苏 0303 民初 6574 号民事判决，徐某均向一审法院申请强制执行，涉案债务未足额清偿。另外，被告李某与杨某系夫妻关系，第三人李某系两人之子。2006 年 3 月 30 日，被告杨某购买位于徐州市，建筑面积 116.88 平方米，每平方米 3410.42 元，总金额为 398610 元。2014 年 6 月 7 日，被告杨某、李某（出卖方）与第三人李某（买受方）签订房屋买卖合同，建筑面积 117.01 平方米，成交单价为人民币 3033.93 元，总金额为人民币 355000 元。

一审法院认为，债务人以明显不合理的低价转让财产，对债权人造成损害，并且受让人知道该情形的，债权人可以请求人民法院撤销债务人的行为。债权人撤销权制度的规范目的，在于维持债务人的责任财产，以保障债权人的债权得以实现。就债务人以明显不合理的低价转让其财产的有偿行为，债权人行使撤销权的构成要件为：（1）债权人对债务人存在有效的债权；（2）债务人为特定的有偿行为且该行为妨害该债权的实现，债务人的妨害行为与债务人无资力实现债权之间须具有相当因果关系；（3）债务人与受益人恶意。

二审法院认为，关于被上诉人的起诉是否已经超过一年的除斥期间的问题。徐某于 2017 年 6 月 15 日即以本案诉请提起了债权人撤销纠纷诉讼。当时因一审法院立案时错误将该案的案由登记为第三人撤销之诉，故在作为该案第三人的李某提起管辖权异议之后，案件系统无法就管辖权异议进行程序登记，中级人民法院也无法接收上诉卷宗，致使案件流程无法继续进行。为解决这一立案案由的错误，一审法院采取重新立案的方式进行解决，将原案号变更为本案一审案号（2018）苏0303民初3118号，案由更正为债权人撤销之诉。故，被上诉人行使权利的起算日仍为2017年6月15日，其起诉没有超过一年的除斥期间，亦没有丧失申请撤销合同的权利。

### 第五百四十一条　撤销权的行使期间

撤销权自债权人知道或者应当知道撤销事由之日起一年内行使。自债务人的行为发生之日起五年内没有行使撤销权的，该撤销权消灭。

● *典型案例*

**担保中心诉汪某、鲁某第三人撤销之诉案**（最高人民法院指导案例152号）

2008年12月，担保中心与信用社签订保证合同，为汪某经营的养殖厂在该信用社的贷款提供连带责任担保。汪某向担保中心出具一份个人连带责任保证书，为借款人的债务提供反担保。后因养殖厂及汪某没有偿还贷款，担保中心于2010年4月向信用社支付代偿款2973197.54元。2012年担保中心以养殖厂、汪某等为被告起诉至铁东区人民法院，要求养殖厂及汪某等偿还代偿款。辽宁省鞍山市铁东区人民法院于2013年6月作出判决：（一）汪某于该判决书生效之日起十五日内给付担保中心代偿银行欠款2973197.54元及银行利息；（二）张某某以其已办理的抵押房产对前款判项中的本金及利息承担抵押担保责任；（三）驳回担保中心的其他诉讼请求。该判决已经发生法律效力。

2010年12月，汪某将养殖厂转让给鲁某，转让费450万元，约定合同签订后立即给付163万余元，余款于2011年12月1日全部给付。如鲁某不能到期付款，养殖厂的所有资产仍归汪某，首付款作为违约金归汪某所有。在合同签订后，鲁某支付了约定的首付款。汪某将养殖厂交付鲁某，但鲁某未按约定支付剩余转让款。2014年1月，铁东区人民法院基于担保中心的申请，从鲁某处执行其欠汪某资产转让款30万元，将该款交给了担保中心。

汪某于2013年11月起诉鲁某，请求判令养殖厂的全部资产归其所有；鲁某承担违约责任。辽宁省鞍山市中级人民法院经审理认为，汪某与鲁某签订的《资产转让合同书》合法有效，鲁某未按合同约定期限支付余款构成违约。据此作出（2013）鞍民三初字第66号民事判决：1. 鲁某将养殖厂的资产归还汪某；2. 鲁某赔偿汪某实际损失及违约金1632573元。其中应扣除鲁某代汪某偿还的30万元，实际履行中由汪某给付鲁某30万元。鲁某向辽宁省高级人民法院提起上诉。该案二审期间，汪某和鲁某自愿达成调解协议。辽宁省高级人民法院于2014年8月作出（2014）辽民二终字第00183号民事调解书予以确认。调解协议主要内容为养殖厂归鲁某所有，双方同意将原转让款450万元变更为3132573元，鲁某已给付汪某1632573元，再给付150万元，不包括鲁某已给付担保中心的30万元等。

鲁某依据调解书向担保中心、执行法院申请回转已被执行的30万元，担保中心知悉汪某和鲁某买卖合同纠纷诉讼及调解书内容，随即提起本案第三人撤销之诉。

辽宁省高级人民法院于2017年5月23日作出（2016）辽民撤8号民事判决：一、撤销辽宁省高级人民法院（2014）辽民二终字第00183号民事调解书和鞍山市中级人民法院（2013）鞍民三初字第66号民事判决书；二、被告鲁某于判决生效之日起十日内将养殖厂的资产归还被告汪某;三、被告鲁某已给付被告汪某的首付款1632573元作为实际损失及违约金赔偿汪某,但应从中扣除代替汪某偿还担保中心的30万元,即实际履行中由汪某给付鲁某30万元。鲁某不服,提起上诉。最高人民法院于2018年5月30日作出(2017)最高法民终626号民事判决:一、维持辽宁省高级人民法院(2016)辽民撤8号民事判决第一项;二、撤销辽宁省高级人民法院(2016)辽民撤8号民事判决第二项、第三项;三、驳回担保中心的其他诉讼请求。

最高人民法院判决认为,本案中,虽然担保中心与汪某之间基于贷款代偿形成的债权债务关系,与汪某和鲁某之间因转让养殖厂形成的买卖合同关系属两个不同法律关系,但是,汪某系为创办养殖厂与担保中心形成案涉债权债务关系,与信用社签订借款合同的主体亦为养殖厂,故汪某和鲁某转让的养殖厂与担保中心对汪某债权的形成存在关联关系。在汪某与鲁某因养殖厂转让发生纠纷提起诉讼时,担保中心对汪某的债权已经生效民事判决确认并已进入执行程序。在该案诉讼及判决执行过程中,铁东区人民法院已裁定冻结了汪某对养殖厂(投资人鲁某)的到期债权。鲁某亦已向铁东区人民法院确认其欠付汪某转让款及数额,同意通过法院向担保中心履行,并已实际给付了30万元。铁东区人民法院也对养殖厂的相关财产予以查封、冻结,并向养殖厂送达了协助执行通知书。故汪某与鲁某因养殖厂资产转让合同权利义务的变化与上述对汪某财产的执行存在直接牵连关系,并可能影响担保中心的利益。《合同法》第七十四条规定:"债务人以明显不合理的低价转让财产,对债权人造成损害,并且受让人知道该情形的,债权人也可以请求人民法院撤销债务人的行为。"因本案汪某和鲁某系在诉讼中达成以3132573元交易价转让养殖厂的协议,该协议经人民法院作出(2014)辽民二终字第00183号民事调解书予以确认并已发生法律效力。在此情形下，担保中心认为汪某与鲁某该资产转让行为符合合同法第七十四条规定的情形，却无法依据其规定另行提起诉讼行使撤销权。故本案担保中心与汪某之间虽然属于债权债务关系，但基于担保中心对汪某债权形成与汪某转让的养殖厂之间的关联关系，法院对汪某因养殖厂转让形成的到期债权在诉讼和执行程序中采取的保全和执行措施使汪某与鲁某买卖合同纠纷案件处理结果对担保中心利益产生的影响，以及担保中心主张受损害的民事权益因（2014）辽民二终字第00183号民事调解书而存在根据《合同法》第七十四条规定提起撤销权诉讼障碍等本案基本事实，可以认定汪某和鲁某买卖合同纠纷案件处理结果与担保中心具有法律上的利害关系，担保中心有权提起本案第三人撤销之诉。

### 第五百四十二条　债务人行为被撤销的法律效果

债务人影响债权人的债权实现的行为被撤销的，自始没有法律约束力。

## 第六章　合同的变更和转让

### 第五百四十三条　协议变更合同

当事人协商一致，可以变更合同。

● **条文注释**

合同的变更，分为法定变更、裁判变更和协商变更。本条规定的是协议变更。协商一致就是合意，即意思表示一致。如果一方当事人要变更合同，另一方当事人不同意变更合同，或者双方都有变更合同内容的意愿，但是双方意思表示的内容不能达成一致，还存在分歧，就是没有协商一致，还没有形成合同变更的意思表示一致，合同变更的合意就没有成立，所以不成立合同变更，不发生合同变更的效果，原合同继续有效。

### 第五百四十四条　合同变更不明确推定为未变更

当事人对合同变更的内容约定不明确的，推定为未变更。

### 第五百四十五条　债权转让

债权人可以将债权的全部或者部分转让给第三人，但是有下列情形之一的除外：

（一）根据债权性质不得转让；

（二）按照当事人约定不得转让；

（三）依照法律规定不得转让。

当事人约定非金钱债权不得转让的，不得对抗善意第三人。当事人约定金钱债权不得转让的，不得对抗第三人。

● *典型案例*

**李某、李某裕申请执行实业公司、海洋公司执行复议案**（最高人民法院指导案例34号）

原告基金公司与实业公司、海洋公司借款合同纠纷一案，2012年1月11日由最高人民法院作出终审判决，判令：海洋公司应于判决生效之日起偿还基金公司借款本金2274万元及相应利息；基金公司对蜂巢山路x号的土地使用权享有抵押权。在该判决作出之前的2011年6月8日，基金公司将其对于实业公司和海洋公司的2274万元本金债权转让给李某、李某裕,并签订《债权转让协议》。2012年4月19日,李某、李某裕依据上述判决和《债权转让协议》向福建省高级人民法院(以下简称福建高院)申请执行。4月24日,福建高院向实业公司、海洋公司发出(2012)闽执行字第8号执行通知。实业公司不服该执行通知,以执行通知中直接变更执行主体缺乏法律依据,申请执行人李某裕系公务员,其受让不良债权行为无效,由此债权转让合同无效为主要理由,向福建高院提出执行异议。福建高院在异议审查中查明:李某裕系国家公务员,其本人称,在债权转让中,未实际出资,并已于2011年9月退出受让的债权份额。

福建高院认为:一、关于债权转让合同效力问题。根据《最高人民法院关于审理涉及金融不良债权转让案件工作座谈会纪要》(以下简称《纪要》)第六条关于金融资产管理公司转让不良债权存在"受让人为国家公务员、金融监管机构工作人员"的情形无效和《中华人民共和国公务员法》第五十三条第十四项明确禁止国家公务员从事或者参与营利性活动等相关规定,作为债权受让人之一的李某裕为国家公务员,其本人购买债权受身份适格的限制。李某裕称已退出所受让债权的份额,该院受理的执行案件未做审查仍将李某裕列为申请执行人显属不当。二、关于执行通知中直接变更申请执行主体的问题。最高人民法院(2009)执他字第1号《关于判决确定的金融不良债权多次转让人民法院能否裁定变更申请执行主体请示的答复》(以下简称1号答复)认为:"《最高人民法院关于人民法院执行工作若干问题的规定(试行)》(以下简称《执行规定》),已经对申请执行人的资格予以明确。其中第18条第1款规定:'人民法院受理执行案件应当符合下列条件……(2)申请执行人是生效法律文书确定的权利人或其继承人、权利承受人。'该条中的'权利承受人',包含通过债权转让的方式承受债权的人。依法从金融资产管理公司受让债权的受让人将债权再行转让给其他普通受让人的，执行法院可以依据上述规定，依债权转让协议以及受让人或者转让人的申请，裁定变更申请执行主体。"据此，该院在执行通知中直接将本案受让人作为申请执行主体，未作出裁定变更，程序不当，遂于2012年8月6日作出（2012）闽执异字第1号执行裁定，撤销（2012）闽执行字第8号执行通知。

李某不服，向最高人民法院申请复议，其主要理由如下：一、李某裕的公务员身份不影响其作为债权受让主体的适格性。二、在申请执行前，两申请人已同基金公司完成债权转让，并通知了债务人（即被执行人），是合法的债权人；根据《执行规定》有关规定，申请人只要提交生效法律文书、承受权利的证明等，即具备申请执行人资格，这一资格在立案阶段已予审查，并向申请人送达了案件受理通知书；1号答复适用于执行程序中依受让人申请变更的情形，而本案申请人并非在执行过程中申请变更执行主体，因此不需要裁定变更申请执行主体。

最高人民法院于2012年12月11日作出（2012）执复字第26号执行裁定：撤销福建高院（2012）闽执异字第1号执行裁定书，由福建高院向两被执行人重新发出执行通知书。

最高人民法院认为：本案申请复议中争议焦点问题是，生效法律文书确定的权利人在进入执行程序前合法转让债权的，债权受让人即权利承受人可否作为申请执行人直接申请执行，是否需要裁定变更申请执行主体，以及在执行中如何处理债权转让合同效力争议问题。

一、关于是否需要裁定变更申请执行主体的问题。变更申请执行主体是在根据原申请执行人的申请已经开始的执行程序中，变更新的权利人为申请执行人。根据《执行规定》第18条、第20条的规定，权利承受人有权以自己的名义申请执行，只要向人民法院提交承受权利的证明文件，证明自己是生效法律文书确定的权利承受人的，即符合受理执行案件的条件。这种情况不属于严格意义上的变更申请执行主体，但二者的法律基础相同，故也可以理解为广义上的申请执行主体变更，即通过立案阶段解决主体变更问题。1号答复的意见是，《执行规定》第18条可以作为变更申请执行主体的法律依据，并且认为债权受让人可以视为该条规定中的权利承受人。本案中，生效判决确定的原权利人基金公司在执行开始之前已经转让债权，并未作为申请执行人参加执行程序，而是权利受让人李某、李某裕依据《执行规定》第18条的规定直接申请执行。因其申请已经法院立案受理，受理的方式不是通过裁定而是发出受理通知，债权受让人已经成为申请执行人，故并不需要执行法院再作出变更主体的裁定，然后发出执行通知，而应当直接发出执行通知。实践中有的法院在这种情况下先以原权利人作为申请执行人，待执行开始后再作出变更主体裁定，因其只是增加了工作量，而并无实质性影响，故并不被认为程序上存在问题。但不能由此反过来认为没有作出变更主体裁定是程序错误。

二、关于债权转让合同效力争议问题，原则上应当通过另行提起诉讼解决，执行程序不是审查判断和解决该问题的适当程序。被执行人主张转让合同无效所援引的《纪要》第五条也规定：在受让人向债务人主张债权的诉讼中，债务人提出不良债权转让合同无效抗辩的，人民法院应告知其向同一人民法院另行提起不良债权转让合同无效的诉讼；债务人不另行起诉的，人民法院对其抗辩不予支持。关于李某裕的申请执行人资格问题。因本案在异议审查中查明，李某裕明确表示其已经退出债权受让，不再参与本案执行，故后续执行中应不再将李某裕列为申请执行人。但如果没有其他因素，该事实不影响另一债权受让人李某的受让和申请执行资格。李某要求继续执行的，福建高院应以李某为申请执行人继续执行。

**第五百四十六条　债权转让的通知义务**

债权人转让债权，未通知债务人的，该转让对债务人不发生效力。

债权转让的通知不得撤销，但是经受让人同意的除外。

● 典型案例

**张某绿与保险公司浙江分公司保险人代位求偿权案**［浙江省温州市中级人民法院（2020）浙03民终3017号］

2018年12月28日20时40分许，龙港镇沿河一街××号民房一层东面房间因电气线路故障引发火灾，火灾造成车牌号为浙C×××某某小型普通客车、车牌号为浙C×××某某号小型轿车烧毁。另查明，(1) 2018年1月10日，郭某波为浙C×××某某号车辆购买保险，其中，机动车损失保险责任限额为78400元，并投保不计免赔，保险期间自2018年1月11日00时起至2019年1月10日24时止。(2) 2019年1月23日，郭某波就浙C×××某某机动车取得浙江省报废汽车回收证明；同时，该车辆由温州浙南汽车设备回收有限公司苍南分公司回收，并给付郭某波200元。2019年1月25日，浙C×××某某号车辆产生拖车费200元。(3) 2019年3月13日，郭某波向某保险公司温州分公司申请索赔，该公司核定赔偿郭某波机动车损失保险责任限额78400元、拖车费200元，合计78600元，同日，郭某波签订机动车辆保险权益转让书，约定将赔偿款的追偿权转移给该公司。后该公司于2019年5月30日将该追偿权转让给保险公司。保险公司于2019年6月函告张某绿上述追偿权转让事实。(4)

郭某波与某保险公司温州分公司签订的《机动车综合商业保险条款》第十二条约定："保险金额按投保时被保险机动车的实际价值确定。投保时被保险机动车的实际价值由投保人与保险人根据投保时的新车购置价减去折旧金额后的价格或其他市场公允价值协商确定。"（5）保险公司支出保全申请费806元。

一审法院认为，行为人因过错侵害他人民事权益，应当承担侵权责任。本案系由火灾引起的损害赔偿，公安消防机关对火灾成因作出了认定，保险公司无异议，张某绿未提供相反证据予以反驳，故对公安消防机关认定的火灾成因予以采信。张某绿作为案涉民房的所有人和管理者，未尽到及时排除安全隐患的注意义务，系案涉火灾事故的责任主体，对此次火灾的损害负有赔偿责任。张某绿主张郭某波将车辆违停在案涉民房门口，存在过错，并阻碍消防救援，郭某波对于案涉民房火灾是否发生、火灾与其车辆受损之间的因果关系根本无法预见，也超越了常人的合理注意义务，且案涉车辆的停放与火灾之间并无法律上的因果关系，《火灾事故认定书》亦未载明车辆停放对火灾救援造成阻碍，张某绿亦未提供充分证据证明车辆停放位置确实已对灭火产生阻碍，故其主张郭某波自身存在过错、应减轻其赔偿责任的理由不能成立。

二审法院认为，《最高人民法院关于适用〈中华人民共和国保险法〉若干问题的解释（二）》第十八条规定，行政管理部门依据法律规定制作的交通事故认定书、火灾事故认定书等，人民法院应当依法审查并确认其相应的证明力，但有相反证据能够推翻的除外。张某绿上诉关于火灾事故调查程序的异议，无证据支持。关于郭某波是否因停车行为需承担过错责任问题。火灾的起火原因系涉案房屋电气线路故障，与郭某波车辆的停放及停放的合法与否无因果关系。张某绿主张车辆的停放对火灾救援造成阻碍，但未提供充分的证据证明，故其主张郭某波自身存在过错，缺乏事实依据。

### 第五百四十七条　债权转让从权利一并转让

债权人转让债权的，受让人取得与债权有关的从权利，但是该从权利专属于债权人自身的除外。

受让人取得从权利不因该从权利未办理转移登记手续或者未转移占有而受到影响。

● **典型案例**

**机械公司与刘某债权转让合同案**［辽宁省辽阳市中级人民法院（2020）辽10民终812号］

2002年12月31日，机械公司与某银行辽阳县支行签订《借款合同》，机械公司向某银行贷款237万元。期限自2002年12月31日起至2003年12月29日止。2002年12月20日，机械公司与某银行辽阳县支行签订了《最高额抵押合同》。抵押人同意以房屋产权、土地使用权及机器设备作为贷款的抵押物。2003年12月29日机械公司与某银行辽阳县支行签订了《借款展期协议》，将借款展期到2004年12月28日。2006年7月3日至2012年3月14日刘某均让机械公司签署了债务逾期催收通知书。2012年3月14日以后，刘某及某银行辽阳县支行没有提供债务逾期催收的证据，只提供了一份2016年3月29日债务逾期催收的证据。2016年7月31日，某银行辽阳县支行将涉及本案的债权（本金237万元、利息4106164.52元，合计6476164.52元）及其他债权共同打包转让给了某公司大连分公司，并于2016年12月23日在《辽宁日报》上就转让事项发布了债权转让暨债务催收联合公告。2017年3月27日某公司大连分公司将此债权转让给了刘某,涉及本案债权转让的本金为237万元,利息为4213691.10元,合计6583691.10元。并于2017年3月31日在《辽宁法制报》上发布了债权转让暨债务催收联合公告。刘某受让打包的债权后,先后在辽阳市文圣区人民法院、辽阳市宏伟区人民法院及本院对其他债务人进行了多起诉讼,已经生效的判决均认定某公司大连分公司的转让行为有效。后刘某将机械公司诉至法院,请求判决机械公司偿还刘某借款本金237万元及利息;请求人民法院判决刘某有权变卖或拍卖抵押财产,并以所得价款优先受偿;请求诉讼费由机械公司承担。

一审法院认为,某银行辽阳县支行转让给某公司大连分公司及某公司大连分公司转让给刘某的省级有影响的报纸上的公告合法有效。某银行辽阳县支行将不良资产处理给某公司大连分公司是国有银行与国有公司之间的相互转让,该资产仍然属于国有,不存在恶意串通。某公司大连分公司又将某银行辽阳县支行的债权转让给了私人刘某,已经不再属于国有,但是并没有低于购买价处理国有资产。又因机械公司的债权不是单独转让的,而是同其他债权共同打包转让,在其他法院有多份生效的判决已经确认该转让包有效的情况下,一审法院无权单独处理涉及本案债权该转让的效力问题。其他法院已经生效的判决,可以作为本案定案的依据,根据证据规则,只能确认该转让行为有效。关于诉讼时效,2012年3月以前诉讼时效没有问题,2012年3月14日以后,刘某及第三人没有提供债务逾期催收的证据,只提供了一份2016年3月29日债务逾期催收的证据。2012年3月至2016年3月之间已经超过了法定的诉讼时效期间。因此对该债权债务关系应当予以保护。

二审法院认为,当事人对自己提出的诉讼请求所依据的事实或者反驳对方诉讼请求所依据的事实有责任提供证据加以证明。没有证据或者证据不足以证明当事人的事实主张的，由负有举证责任的当事人承担不利后果。二审期间上诉人未提供新的证据证明其上诉请求。

### 第五百四十八条 债权转让中债务人抗辩

债务人接到债权转让通知后，债务人对让与人的抗辩，可以向受让人主张。

● 条文注释

本条中债务人得主张的抗辩包括：(1) 法定抗辩事由，是法律规定的债的一方当事人用于主张对抗另一方当事人的免责事由，如不可抗力；(2) 在实际订立合同以后，发生的债务人可据以对抗原债权人的一切事由，债务人可以之对抗债权的受让人，如债务人享有撤销权的；(3) 原债权人的行为引起的债务人的抗辩权，如原债权人的违约行为、原债权人有关免责的意思表示、原债权人的履行债务行为等；(4) 债务人的行为所产生的可以对抗原债权人的一切抗辩事由，如债务人对原债权人已为的履行行为，可以对抗受让人。

### 第五百四十九条 债权转让中债务人的抵销权

有下列情形之一的，债务人可以向受让人主张抵销：

（一）债务人接到债权转让通知时，债务人对让与人享有债权，且债务人的债权先于转让的债权到期或者同时到期；

（二）债务人的债权与转让的债权是基于同一合同产生。

● 条文注释

债务抵销是合同法的重要制度，是债的消灭方式之一，在债权转让中同样适用。被转让的债权如果存在债权人与债务人互负债务的情形，各以其债权充当债务的清偿，可以主张抵销。即使该债权被转让，债务人接到债权转让通知，债权发生转移，如果债务人对原债权人享有的债权先于转让的债权到期或者同时到期的，债务人可以向债权的受让人即新的债权人主张抵销，而使其债务与对方的债务在相同数额内互相消灭，不再履行。

### 第五百五十条　债权转让费用的承担

因债权转让增加的履行费用，由让与人负担。

### 第五百五十一条　债务转移

债务人将债务的全部或者部分转移给第三人的，应当经债权人同意。

债务人或者第三人可以催告债权人在合理期限内予以同意，债权人未作表示的，视为不同意。

● **相关案例索引**

某银行三门峡车站支行与铝业公司、铝业集团借款担保合同纠纷案（《最高人民法院公报》2008年第11期）

债务人将合同的义务全部或者部分转移给第三人的，应当经债权人同意。因此，债务人向债权人出具承诺书，表示将所负债务全部或者部分转移给第三人，而债权人对此未予接受，亦未在债务人与第三人签订的债务转移协议书上加盖公章的，应当认定债权人不同意债务转让，债务人与第三人之间的债务转让协议对债权人不发生法律效力。

借新贷还旧贷，系在贷款到期不能按时收回的情况下，作为债权人的金融机构又与债务人订立协议，向债务人发放新的贷款用于归还旧贷款的行为。该行为与债务人用自有资金偿还贷款，从而消灭原债权债务关系的行为具有本质的区别。虽然新贷代替了旧贷，但原有的债权债务关系并未消除，客观上只是以新贷形式延长了旧贷的还款期限。

**第五百五十二条　债务加入**

第三人与债务人约定加入债务并通知债权人，或者第三人向债权人表示愿意加入债务，债权人未在合理期限内明确拒绝的，债权人可以请求第三人在其愿意承担的债务范围内和债务人承担连带债务。

● *条文注释*

债务加入，也称并存的债务承担，指原债务人并没有脱离原债务关系，第三人又加入原存的债务关系中，与债务人共同承担债务。

构成债务加入的要件是：（1）第三人与债务人约定加入债务，与债务人共同承担债务；（2）第三人或者债务人通知债权人，或者向债权人表示，第三人愿意加入债务，与债务人共同承担债务；（3）债权人同意，或者在合理期限内未明确表示拒绝。

**第五百五十三条　债务转移时新债务人抗辩**

债务人转移债务的，新债务人可以主张原债务人对债权人的抗辩；原债务人对债权人享有债权的，新债务人不得向债权人主张抵销。

● *条文注释*

在债务转移后，新债务人取得原债务人的一切法律地位，有关对债权人的一切抗辩和抗辩权,新债务人都有权对债权人主张。但是,原债务人享有的对债权人的抵销权不发生转移,即原债务人对债权人享有债权的,新债务人不得向债权人主张抵销。

### 第五百五十四条 从债务随主债务转移

债务人转移债务的,新债务人应当承担与主债务有关的从债务,但是该从债务专属于原债务人自身的除外。

● 条文注释

对附属于主债务的从债务,在债务人转让债务以后,新债务人一并应对从债务予以承担,即使当事人在转让债务时未在转让协议中明确规定从债务问题,也不影响从债务转移给债务的受让人。如附属于主债务的利息债务等,因债务转移而将移转给承担人。例外的是,第三人原来向债权人所提供的担保,在债务转移时,若担保人未明确表示继续承担担保责任,则担保责任将因债务转移而消灭。

专属于原债务人的从债务,在主债务转移时不必然随之转移。专属于原债务人的从债务,是指应当由原债务人自己来履行的附属于主债务的债务。一般在债务转移之前已经发生的从债务,要由原债务人来履行,不得转由债务的受让人来承担。对于与债务人的人身相关或者与原债务人有特殊关联的从债务,应由原债务人来承担,不随主债务的转让而由新债务人承担。

### 第五百五十五条 合同权利义务的一并转让

当事人一方经对方同意,可以将自己在合同中的权利和义务一并转让给第三人。

● **条文注释**

债权债务概括转移，是指债的关系当事人一方将其债权与债务一并转移给第三人，由第三人概括地继受这些债权和债务的债的移转形态。债权债务概括移转与债权转让及债务转移的不同之处在于，债权转让和债务转移仅是债权或者债务的单一转让，而债权债务概括转移则是债权与债务的一并转让。

债权债务概括转移，一般由债的一方当事人与债的关系之外的第三人通过签订转让协议的方式，约定由第三人取代债权债务转让人的地位，享有债的关系中转让人的一切债权并承担转让人的一切债务。

可以进行债权债务概括转移的只能是双务之债，例如双务合同。仅仅一方负有债务、另一方享有债权的合同，以及单务合同，不适用债权债务概括转移。

债权债务概括转移的法律效果，是第三人替代合同的原当事人，成为新合同的当事人，一并承受转让的债权和债务。

### 第五百五十六条　一并转让的法律适用

合同的权利和义务一并转让的，适用债权转让、债务转移的有关规定。

● **相关规定**

《最高人民法院关于适用〈中华人民共和国仲裁法〉若干问题的解释》第9条

# 第七章　合同的权利义务终止

**第五百五十七条**　**债权债务终止的法定情形**

有下列情形之一的，债权债务终止：

（一）债务已经履行；

（二）债务相互抵销；

（三）债务人依法将标的物提存；

（四）债权人免除债务；

（五）债权债务同归于一人；

（六）法律规定或者当事人约定终止的其他情形。

合同解除的，该合同的权利义务关系终止。

● **典型案例**

**纺织工业公司及其五家子公司实质合并破产重整案**（最高人民法院指导案例163号）

申请人：纺织工业公司、纺织进出口公司、针织进出口公司、机电进出口公司、国际贸易公司、服装进出口公司共同的管理人。

被申请人：纺织工业公司、纺织进出口公司、针织进出口公司、机电进出口公司、国际贸易公司、服装进出口公司。

2017年1月24日，南京市中级人民法院（以下简称南京中院）根据科技公司的申请，裁定受理纺织工业公司破产重整案，并于同日指定某律师事务所担任管理人。2017年6月14日，南京中院裁定受理纺织工业公司对纺织进出口公司、针织进出口公司、机电进出口公司、国际贸易公司的重整申请及省纺织进出口公司对服装进出口公司的重整申请（其中，纺织工业公司对国际贸易公司的重整申请经请示江苏省高级人民法院，指定由南京中院管辖）。同日，南京中院指定某律师事务所担任管理人，在程序上对六家公司进行协调审理。2017年8月11日，管理人以纺织工业公司、省纺织进出口公司、针织进出口公司、机电进出口公司、国际贸易公司、服装进出口公司六家公司人格高度混同为由，向南京中院申请对上述六家公司进行实质合并重整。

法院经审理查明：

一、案涉六家公司股权情况

纺织工业公司注册资本5500万元，其中纺织集团出资占60.71%，公司工会出资占39.29%。省纺织进出口公司、针织进出口公司、机电进出口公司、国际贸易公司、服装进出口公司（以下简称五家子公司）注册资本分别为1000万元、500万元、637万元、1000万元、1000万元，纺织工业公司在五家子公司均出资占51%，五家子公司的其余股份均由职工持有。

二、案涉六家公司经营管理情况

1. 除国际贸易公司外，其余案涉公司均登记在同一地址，法定代表人存在互相交叉任职的情况，且五家子公司的法定代表人均为纺织工业公司的高管人员，财务人员及行政人员亦存在共用情形，其中五家子公司与纺织工业公司共用财务人员进行会计核算，付款及报销最终审批人员相同。

2. 纺织工业公司和五家子公司间存在业务交叉混同情形，五家子公司的业务由纺织工业公司具体安排，且纺织工业公司与五家子公司之间存在大量关联债务及担保。

为防止随意对关联企业进行合并，损害公司的独立人格，损害部分债权人等利益相关者的合法权益,在收到合并重整申请后,南京中院对申请人提出的申请事项和事实理由进行了审查,同时组织债权人代表、债务人代表、职工代表、管理人、审计机构等进行全面的听证,听取各方关于公司是否存在混同事实的陈述,同时对管理人清理的债权债务情况、审计报告,以及各方提交的证据进行全面的审核,并听取了各方对于合并破产重整的意见。

依照企业破产法第一条、第二条规定,南京中院于2017年9月29日作出(2017)苏01破1、6、7、8、9、10号民事裁定:省纺织进出口公司、针织进出口公司、机电进出口公司、国际贸易公司、服装进出口公司与纺织工业公司合并重整。

依照企业破产法第八十六条第二款之规定,南京中院于2017年12月8日作出(2017)苏01破1、6、7、8、9、10号之二民事裁定:一、批准纺织工业公司、省纺织进出口公司、针织进出口公司、机电进出口公司、国际贸易公司、服装进出口公司合并重整计划;二、终止纺织工业公司、省纺织进出口公司、针织进出口公司、机电进出口公司、国际贸易公司、服装进出口公司合并重整程序。

法院生效裁判认为:公司人格独立是公司制度的基石,关联企业成员的破产亦应以适用单个破产程序为原则。但当关联企业成员之间存在法人人格高度混同、区分各关联企业成员财产成本过高、严重损害债权人公平清偿利益时,可以适用关联企业实质合并破产方式进行审理,从而保障全体债权人能够公平受偿。

本案中,案涉六家公司存在人格高度混同情形,主要表现在:人员任职高度交叉,未形成完整独立的组织架构;共用财务及审批人员,缺乏独立的财务核算体系;业务高度交叉混同,形成高度混同的经营体,客观上导致六家公司收益难以正当区分;六家公司之间存在大量关联债务及担保，导致各公司的资产不能完全相互独立，债权债务清理极为困难。在此情形下，法院认为，及时对各关联企业进行实质性的合并，符合破产法关于公平清理债权债务、公平保护债权人、债务人合法权益的原则要求。企业破产法的立法宗旨在于规范破产程序，公平清理债权债务，公平保护全体债权人和债务人的合法权益，从而维护社会主义市场经济秩序。在关联企业存在人格高度混同及不当利益输送的情形下，不仅严重影响各关联企业的债权人公平受偿，同时也严重影响了社会主义市场经济的公平竞争原则，从根本上违反了企业破产法的实质精神。在此情形下，对人格高度混同的关联企业进行合并重整，纠正关联企业之间不当利益输送、相互控制等违法违规行为，保障各关联企业的债权人公平实现债权，符合法律规定。具体到债权人而言，在分别重整的情形下，各关联企业中的利益实质输入企业的普通债权人将获得额外清偿，而利益实质输出企业的普通债权人将可能遭受损失。因此，在关联企业法人人格高度混同的情况下，单独重整将可能导致普通债权人公平受偿的权利受到损害。进行合并后的整体重整，部分账面资产占优势的关联企业债权人的债权清偿率，虽然可能较分别重整有所降低，使其利益表面上受损，但此种差异的根源在于各关联企业之间先前的不当关联关系，合并重整进行债务清偿正是企业破产法公平清理债权债务的体现。

依照企业破产法第一条、第二条规定，南京中院于2017年9月29日作出（2017）苏01破1、6、7、8、9、10号民事裁定：省纺织进出口公司、针织进出口公司、机电进出口公司、国际贸易公司、服装进出口公司与纺织工业公司合并重整。

合并重整程序启动后，管理人对单个企业的债权进行合并处理，同一债权人对六家公司同时存在债权债务的，经合并进行抵销后对债权余额予以确认，六家关联企业相互之间的债权债务在合并中作抵销处理，并将合并后的全体债权人合为一个整体进行分组。根据破产法规定，债权人分为有财产担保债权组、职工债权组、税款债权组、普通债权组，本案因全体职工的劳动关系继续保留，不涉及职工债权清偿问题，且税款已按期缴纳，故仅将债权人分为有财产担保债权组和普通债权组。同时设出资人组对出资人权益调整方案进行表决。

鉴于纺织工业公司作为省内具有较高影响力的纺织外贸企业，具有优质的经营资质及资源，同时五家子公司系外贸企业的重要平台，故重整计划以纺织工业公司等六家公司作为整体，引入投资人，综合考虑进入合并的公司的资产及经营优势、合并后债权人的清偿、出资人权益的调整等，予以综合设计编制。其中重点内容包括：

一、引入优质资产进行重组，盘活企业经营。进入重整程序前，案涉六家公司已陷入严重的经营危机，重整能否成功的关键在于是否能够真正盘活企业经营。基于此，本案引入控股公司、纺织集团等公司作为重整投资方，以所持上市公司股权等优质资产对纺织工业公司进行增资近12亿元。通过优质资产的及时注入对企业进行重组，形成新的经济增长因子，盘活关联企业的整体资源，提高债务清偿能力，恢复企业的经营能力，为重塑企业核心竞争力和顺利推进重整方案执行奠定了坚实基础。同时，作为外贸企业，员工的保留是企业能够获得重生的重要保障。在重整计划制订中，根据外贸企业特点，保留全部职工，并通过职工股权注入的方式，形成企业经营的合力和保障，从而保障重整成功后的企业能够真正获得重生。

二、调整出资人权益，以"现金+债转股"的方式统一清偿债务，并引入"预表决"机制。案涉六家公司均系外贸公司，自有资产较少，在债务清偿方式上，通过先行对部分企业资产进行处置，提供偿债资金来源。在清偿方式上，对有财产担保、无财产担保债权人进行统一的区分。对有财产担保的债权人，根据重整程序中已处置的担保财产价值及未处置的担保财产的评估价值，确定有财产担保的债权人优先受偿的金额，对有财产担保债权人进行全额现金清偿。对无财产担保的普通债权人，采用部分现金清偿、部分以股权置换债权（债转股）的方式清偿的复合型清偿方式，保障企业的造血、重生能力，最大化保障债权人的利益。其中，将增资入股股东的部分股权与债权人的债权进行置换（债转股部分），具体而言，即重整投资方纺织集团以所持（将其所持的）纺织工业公司的部分股份，交由管理人按比例置换债权人所持有的债权的方式进行清偿，纺织集团免除纺织工业公司及五家子公司对其负有的因置换而产生的债务。清偿完毕后，债权人放弃对纺织工业公司及五家子公司的全部剩余债权。由于采用了"现金+债转股"的复合型清偿方式，债权人是否愿意以此种方式进行受偿，是能否重整成功的关键。因此，本案引入了"预表决"机制，在重整计划草案的制定中，由管理人就债转股的必要性、可行性及清偿的具体方法进行了预先的说明，并由债权人对此预先书面发表意见，在此基础上制定完善的重整计划草案，并提交债权人会议审议表决。从效果看，通过"债转股"方式清偿债务，在重整计划制订过程中进行预表决，较好地保障了债权人的知情权和选择权，自主发表意见，从而使"债转股"清偿方式得以顺利进行。

2017年11月22日，案涉六家公司合并重整后召开第一次债权人会议。管理人向债权人会议提交了合并重整计划草案，各关联企业继续存续。经表决，有财产担保债权组100%同意，普通债权组亦93.6%表决通过重整计划草案，出资人组会议也100%表决通过出资人权益调整方案。法院经审查认为，合并重整计划制订、表决程序合法，内容符合法律规定，公平对待债权人，对出资人权益调整公平、公正，经营方案具有可行性。依照《中华人民共和国企业破产法》第八十六条第二款之规定，南京中院于2017年12月8日作出（2017）苏01破1、6、7、8、9、10号之二民事裁定：一、批准纺织工业公司、省纺织进出口公司、针织进出口公司、机电进出口公司、国际贸易公司、服装进出口公司合并重整计划；二、终止纺织工业公司、省纺织进出口公司、针织进出口公司、机电进出口公司、国际贸易公司、服装进出口公司合并重整程序。

● *相关规定*

《最高人民法院关于适用〈中华人民共和国民法典〉合同编通则若干问题的解释》第52条

## 第五百五十八条　后合同义务

债权债务终止后，当事人应当遵循诚信等原则，根据交易习惯履行通知、协助、保密、旧物回收等义务。

● *条文注释*

后合同义务，也叫后契约义务，是指合同的权利义务终止后，当事人依照法律的规定，遵循诚信原则和交易习惯应当履行的附随义务。

后契约义务的确定根据是法律规定和交易习惯。前者如本条规定的通知、协助、保密、旧物回收等义务，后者如售后三包服务等。

后契约义务具有强制性。在后契约阶段，当事人不履行附随义务，给对方当事人造成损害的，应当承担后契约的损害赔偿责任。

第五百五十九条　**从权利消灭**

债权债务终止时,债权的从权利同时消灭,但是法律另有规定或者当事人另有约定的除外。

第五百六十条　**数项债务的清偿抵充顺序**

债务人对同一债权人负担的数项债务种类相同,债务人的给付不足以清偿全部债务的,除当事人另有约定外,由债务人在清偿时指定其履行的债务。

债务人未作指定的,应当优先履行已经到期的债务;数项债务均到期的,优先履行对债权人缺乏担保或者担保最少的债务;均无担保或者担保相等的,优先履行债务人负担较重的债务;负担相同的,按照债务到期的先后顺序履行;到期时间相同的,按照债务比例履行。

● 相关规定

《最高人民法院关于适用〈中华人民共和国民法典〉合同编通则若干问题的解释》第56条

第五百六十一条　**费用、利息和主债务的清偿抵充顺序**

债务人在履行主债务外还应当支付利息和实现债权的有关费用,其给付不足以清偿全部债务的,除当事人另有约定外,应当按照下列顺序履行:

(一) 实现债权的有关费用;

(二) 利息;

(三) 主债务。

● **典型案例**

**汤某、刘某、马某、王某诉房地产开发公司商品房买卖合同纠纷案**（最高人民法院指导案例 72 号）

原告汤某、刘某、马某、王某诉称：根据双方合同约定，房地产开发公司应于 2014 年 9 月 30 日向四人交付符合合同约定的房屋。但至今为止，房地产开发公司拒不履行房屋交付义务。故请求判令：一、房地产开发公司向汤某、刘某、马某、王某支付违约金 6000 万元；二、房地产开发公司承担汤某、刘某、马某、王某主张权利过程中的损失费用 416300 元；三、房地产开发公司承担本案的全部诉讼费用。

房地产开发公司辩称：汤某、刘某、马某、王某应分案起诉。四人与房地产开发公司没有购买和出售房屋的意思表示，双方之间房屋买卖合同名为买卖实为借贷，该商品房买卖合同系为借贷合同的担保，该约定违反了《中华人民共和国担保法》第四十条、《中华人民共和国物权法》第一百八十六条的规定无效。双方签订的商品房买卖合同存在显失公平、乘人之危的情况。四人要求的违约金及损失费用亦无事实依据。

法院经审理查明：汤某、刘某、马某、王某与房地产开发公司于 2013 年先后签订多份借款合同，通过实际出借并接受他人债权转让，取得对房地产开发公司合计 2.6 亿元借款的债权。为担保该借款合同履行，四人与房地产开发公司分别签订多份商品房预售合同，并向当地房屋产权交易管理中心办理了备案登记。该债权陆续到期后，因房地产开发公司未偿还借款本息，双方经对账，确认房地产开发公司尚欠四人借款本息 361398017.78 元。双方随后重新签订商品房买卖合同，约定房地产开发公司将其名下房屋出售给四人，上述欠款本息转为已付购房款,剩余购房款38601982.22元,待办理完毕全部标的物产权转移登记后一次性支付房地产开发公司。汤某等四人提交与房地产开发公司对账表显示,双方之间的借款利息系分别按照月利率3%和4%、逾期利率10%计算,并计算复利。

新疆维吾尔自治区高级人民法院于2015年4月27日作出(2015)新民一初字第2号民事判决,判令:一、房地产开发公司向汤某、马某、刘某、王某支付违约金9275057.23元;二、房地产开发公司向汤某、马某、刘某、王某支付律师费416300元;三、驳回汤某、马某、刘某、王某的其他诉讼请求。上述款项,应于判决生效后十日内一次性付清。宣判后,房地产开发公司以双方之间买卖合同系为借款合同提供的担保,并非双方真实意思表示,且欠款金额包含高利等为由,提起上诉。最高人民法院于2015年10月8日作出(2015)民一终字第180号民事判决:一、撤销新疆维吾尔自治区高级人民法院(2015)新民一初字第2号民事判决;二、驳回汤某、刘某、马某、王某的诉讼请求。

法院生效裁判认为:本案争议的商品房买卖合同签订前,房地产开发公司与汤某等四人之间确实存在借款合同关系,且为履行借款合同,双方签订了相应的商品房预售合同,并办理了预购商品房预告登记。但双方系争商品房买卖合同是在房地产开发公司未偿还借款本息的情况下,经重新协商并对账,将借款合同关系转变为商品房买卖合同关系,将借款本息转为已付购房款,并对房屋交付、尾款支付、违约责任等权利义务作出了约定。民事法律关系的产生、变更、消灭,除基于法律特别规定外,需要通过法律关系参与主体的意思表示一致形成。在民事交易活动中,当事人意思表示发生变化并不鲜见,该意思表示的变化,除为法律特别规定所禁止外,均应予以准许。本案双方经协商一致终止借款合同关系，建立商品房买卖合同关系，并非为双方之间的借款合同履行提供担保，而是借款合同到期房地产开发公司难以清偿债务时，通过将房地产开发公司所有的商品房出售给汤某等四位债权人的方式，实现双方权利义务平衡的一种交易安排。该交易安排并未违反法律、行政法规的强制性规定，不属于《中华人民共和国物权法》第一百八十六条规定禁止的情形，亦不适用《最高人民法院关于审理民间借贷案件适用法律若干问题的规定》第二十四条规定。尊重当事人嗣后形成的变更法律关系性质的一致意思表示，是贯彻合同自由原则的题中应有之义。房地产开发公司所持本案商品房买卖合同无效的主张，不予采信。

但在确认商品房买卖合同合法有效的情况下，由于双方当事人均认可该合同项下已付购房款系由原借款本息转来，且房地产开发公司提出该欠款数额包含高额利息。在当事人请求司法确认和保护购房者合同权利时，人民法院对基于借款合同的实际履行而形成的借款本金及利息数额应当予以审查，以避免当事人通过签订商品房买卖合同等方式，将违法高息合法化。经审查，双方之间借款利息的计算方法，已经超出法律规定的民间借贷利率保护上限。对双方当事人包含高额利息的欠款数额，依法不能予以确认。由于法律保护的借款利率明显低于当事人对账确认的借款利率，故应当认为汤某等四人作为购房人，尚未足额支付合同约定的购房款，房地产开发公司未按照约定时间交付房屋，不应视为违约。汤某等四人以房地产开发公司逾期交付房屋构成违约为事实依据，要求房地产开发公司支付违约金及律师费，缺乏事实和法律依据。一审判决判令房地产开发公司承担支付违约金及律师费的违约责任错误，本院对此予以纠正。

|第五百六十二条| **合同的约定解除**

当事人协商一致，可以解除合同。

当事人可以约定一方解除合同的事由。解除合同的事由发生时，解除权人可以解除合同。

● *典型案例*

陈某与向某贵房屋租赁合同纠纷抗诉案（最高人民检察院指导性案例第157号）

2012年9月，某地产公司与向某贵、邓某辉等拆迁户分别签订《房屋拆迁补偿及产权调换安置协议》，约定对向某贵、邓某辉等拆迁户所属房产实施产权调换拆迁。2017年10月，某地产公司与向某贵、邓某辉分别签订《门面接房协议书》，两份协议约定安置的房产为案涉同一门面房。其后，某地产公司通知向某贵、邓某辉撤销前述两份协议，并重新作出拆迁安置分配方案，将案涉门面房安置给向某贵，隔壁门面房安置给邓某辉。此后，向某贵与某地产公司办理案涉门面房交房手续并实际占有使用案涉门面房，但邓某辉以其与某地产公司签订《房屋拆迁补偿及产权调换安置协议》为由，主张其为案涉门面房权利人。2018年5月1日，出租人向某贵与承租人陈某签订《房屋租赁协议》，将案涉门面房出租给陈某，租期三年，第一年租金59900元，第二年62500元，第三年62500元，保证金1000元，陈某已交纳保证金1000元及第一年的第一期租金29900元。门面房交付后，陈某即开始装修。装修中，案外人邓某辉及家人以其享有讼争门面房权属为由，多次强行阻止陈某施工。陈某多次报警，经当地派出所多次协调未果，陈某被迫停止装修。其后，陈某要求解除《房屋租赁协议》，向某贵不同意，并拒绝接收陈某交还的钥匙。

113

2018年7月10日，陈某将向某贵起诉至重庆市彭水苗族土家族自治县人民法院，请求判令：解除双方签订的《房屋租赁协议》；向某贵退还租金、保证金并赔偿损失。重庆市彭水苗族土家族自治县人民法院认定，《最高人民法院关于审理城镇房屋租赁合同纠纷案件具体应用法律若干问题的解释》第八条规定，租赁房屋权属有争议的，承租人可以解除合同。虽然案外人邓某辉阻止陈某使用案涉房屋，但是并无证据证明其对案涉商铺享有所有权，其干涉承租人租赁使用属于侵权行为，不属于上述司法解释规定的租赁房屋权属有争议的情形。据此，重庆市彭水苗族土家族自治县人民法院作出一审判决，判令：驳回陈某的诉讼请求。

一审判决作出后，双方当事人均未提出上诉，一审判决生效。

后陈某不服一审生效判决，向重庆市彭水苗族土家族自治县人民法院申请再审，该院于2019年10月30日裁定驳回陈某提出的再审申请。

**受理及审查情况**　陈某不服一审生效判决，向重庆市彭水苗族土家族自治县人民检察院申请监督。重庆市彭水苗族土家族自治县人民检察院依法受理并审查后，提请重庆市人民检察院第四分院抗诉。检察机关通过调阅卷宗并询问当事人，重点对房屋租赁协议应否解除等相关情况进行审查后认为，向某贵作为出租方，虽向陈某交付案涉门面房，但在陈某装修门面房期间，案外人邓某辉以其享有案涉门面房权属为由阻止陈某施工，导致陈某不能正常使用该门面房，签约目的不能实现，陈某有权解除《房屋租赁协议》。陈某租赁案涉门面房的目的是尽快完成装修投入经营使用，案外人邓某辉阻止陈某装修，导致陈某在三分之二租期内未能使用该门面房，继续履行合同对陈某明显不公平。

检察机关还查明，一审判决生效后，陈某曾于2019年6月13日向向某贵发出《解除合同通知书》，通知其解除双方签订的《房屋租赁协议》。向某贵收到《解除合同通知书》后，不同意解除房屋租赁协议，遂于2019年8月29日起诉至重庆市彭水苗族土家族自治县人民法院，请求判决确认陈某发出的解除合同通知无效；陈某支付剩余租金92500元及利息。重庆市彭水苗族土家族自治县人民法院认为，陈某诉向某贵房屋租赁合同纠纷一案已经确认陈某无权解除租赁合同，现陈某再次发出《解除合同通知书》无效，陈某应当依约支付租金及利息，遂判决支持向某贵的全部诉讼请求。陈某不服，上诉至重庆市第四中级人民法院。重庆市第四中级人民法院认为，案外人邓某辉对案涉门面房主张权属并阻止陈某装修，系发生了合同成立后难以预见的客观情况变化，并导致继续履行合同对陈某不公平，亦不能实现合同目的，陈某书面通知解除合同有效，判决撤销该案一审判决，驳回向某贵的诉讼请求。

**监督意见** 重庆市人民检察院第四分院在对案涉门面房权属、房屋租赁协议履行情况以及应否解除房屋租赁协议等问题进行全面审查后，认为陈某诉向某贵房屋租赁合同纠纷案的一审生效判决适用法律确有错误，遂于2020年6月19日向重庆市第四中级人民法院提出抗诉。

**监督结果** 重庆市第四中级人民法院裁定将陈某诉向某贵房屋租赁合同纠纷一案发回重庆市彭水苗族土家族自治县人民法院重审。重庆市彭水苗族土家族自治县人民法院采纳检察机关的抗诉意见，于2020年12月22日作出再审一审判决：撤销一审生效民事判决；确认陈某与向某贵于2018年5月1日签订的《房屋租赁协议》已经解除；向某贵退还陈某房屋租金28589.32元、保证金1000元；赔偿陈某装修损失13375元。

（一）检察机关在办理房屋租赁合同纠纷监督案件中，应当依法对出租人负有的出租房屋权利瑕疵担保责任作出正确认定。《中华人民共和国合同法》第二百一十六条规定，出租人应当按照约定将租赁物交付承租人，并在租赁期间保持租赁物符合约定的用途。在房屋租赁合同中，承租人与出租人签订租赁合同的目的，在于使用租赁物并获得收益，出租人应当保证租赁物符合约定的用途，即要承担对租赁物的瑕疵担保责任，包括物的瑕疵担保责任和权利的瑕疵担保责任。其中，出租人的权利瑕疵担保责任，是指出租人应担保不因第三人对承租人主张权利而使承租人不能依约使用、收益租赁物的责任。根据合同法相关规定，因第三人主张权利，致使承租人不能对租赁物使用、收益的，承租人可以请求减少租金或者不支付租金；如果承租人合同目的无法实现，亦可以主张解除租赁合同。《中华人民共和国民法典》第七百二十三条、第七百二十四条延续了上述规定精神。检察机关对此类案件应当重点审查以下内容：第一，出租房屋权利瑕疵在签约时是否存在。如在签约时已存在，承租人有权请求出租人承担瑕疵担保责任。第二，承租人是否明知出租房屋存在权利瑕疵。如承租人在签约时不知存在权利瑕疵，则其为善意相对人，有权请求出租人承担瑕疵担保责任；如承租人明知存在权利瑕疵，自愿承担案外人主张讼争标的物权属可能带来的风险，则出租人不承担瑕疵担保责任。第三，承租人是否及时告知出租人权利瑕疵存在并要求出租人合理剔除。如承租人及时告知，但出租人未能合理剔除权利瑕疵，出租人应当承担权利瑕疵担保责任；如承租人怠于履行告知义务，导致出租人丧失剔除瑕疵时机，应当减轻或者免除出租人的赔偿责任。

（二）检察机关在办案中应当准确适用关于合同解除的法律规定，保障当事人能够按照法定条件和程序解除合同。《中华人民共和国合同法》第九十三条、第九十四条规定，当事人协商一致，可以解除合同；当事人可以约定一方解除合同的条件，解除合同的条件成就时，解除权人可以解除合同；符合法律规定的相关情形，当事人可以解除合同。《中华人民共和国民法典》延续并完善上述规定：一是如果当事人以通知方式解除合同的，合同应自通知到达对方时解除；对方对解除合同有异议的，应当保障任何一方当事人均可以请求人民法院或者仲裁机构确认解除行为的效力。二是如果当事人未通知对方，直接以提起诉讼或者仲裁的方式主张解除合同，人民法院或者仲裁机构确认该主张的，应当保障合同自起诉状副本或者仲裁申请副本送达对方时解除。本案中，出租人不同意按合同约定解除合同，双方对此协商未果，后承租人诉请解除房屋租赁合同未获得法院支持，在此情形下，承租人向出租人发送《解除合同通知书》，亦未实现解除合同的目的。对于承租人通过协商与诉讼已穷尽法定的合同解除手段，但仍然未能解除合同而申请检察监督的，检察机关应当依法履行监督职责，保障当事人能够按照法定条件和程序解除合同，以维护当事人的合法权益，实现公权监督与私权救济的有效结合。

### 第五百六十三条　合同的法定解除

有下列情形之一的，当事人可以解除合同：

（一）因不可抗力致使不能实现合同目的；

（二）在履行期限届满前，当事人一方明确表示或者以自己的行为表明不履行主要债务；

（三）当事人一方迟延履行主要债务，经催告后在合理期限内仍未履行；

(四)当事人一方迟延履行债务或者有其他违约行为致使不能实现合同目的;

(五)法律规定的其他情形。

以持续履行的债务为内容的不定期合同,当事人可以随时解除合同,但是应当在合理期限之前通知对方。

● **相关案例索引**

**张某、徐某诉置业公司房屋买卖合同纠纷案**(《最高人民法院公报》2017年第9期)

当事人将特定主观目的作为合同条件或成交基础并明确约定,则该特定主观目的之客观化,属于《合同法》第94条第4项"有其他违约行为致使不能实现合同目的"的规制范围。如开发商交付的房屋与购房合同约定的方位布局相反,且无法调换,购房者可以合同目的不能实现解除合同。

**第五百六十四条** 解除权行使期限

法律规定或者当事人约定解除权行使期限,期限届满当事人不行使的,该权利消灭。

法律没有规定或者当事人没有约定解除权行使期限,自解除权人知道或者应当知道解除事由之日起一年内不行使,或者经对方催告后在合理期限内不行使的,该权利消灭。

## 第五百六十五条 合同解除权的行使规则

当事人一方依法主张解除合同的，应当通知对方。合同自通知到达对方时解除；通知载明债务人在一定期限内不履行债务则合同自动解除，债务人在该期限内未履行债务的，合同自通知载明的期限届满时解除。对方对解除合同有异议的，任何一方当事人均可以请求人民法院或者仲裁机构确认解除行为的效力。

当事人一方未通知对方，直接以提起诉讼或者申请仲裁的方式依法主张解除合同，人民法院或者仲裁机构确认该主张的，合同自起诉状副本或者仲裁申请书副本送达对方时解除。

● **条文注释**

解除权的性质是形成权，行使解除权的方式是通知。故确定解除权生效时间的基本规则是：

1. 解除权人在行使解除权时，只要将解除合同的意思表示通知对方，即产生解除的效力，解除权生效的时间采到达主义，即合同自通知到达对方时解除。

2. 通知载明债务人在一定期限内不履行债务则合同自动解除，债务人在该期限内未履行债务的，合同自通知载明的期限届满时解除。对方如果对行使解除权解除合同有异议，任何一方当事人都可以向法院起诉或者仲裁机构申请，请求确认解除合同的效力。人民法院或者仲裁机构确认解除权成立的，按照上述解除权生效时间的规定裁判。

如果当事人一方未通知对方，而是直接向法院或者仲裁机构起诉或者申请，以诉讼或者仲裁方式主张解除合同的，人民法院或者仲裁机构支持该方当事人行使解除权主张的，起诉状副本或者仲裁申请书副本送达对方的时间,为合同的解除时间。

### 第五百六十六条　合同解除的法律后果

合同解除后,尚未履行的,终止履行;已经履行的,根据履行情况和合同性质,当事人可以请求恢复原状或者采取其他补救措施,并有权请求赔偿损失。

合同因违约解除的,解除权人可以请求违约方承担违约责任,但是当事人另有约定的除外。

主合同解除后,担保人对债务人应当承担的民事责任仍应当承担担保责任,但是担保合同另有约定的除外。

● **条文注释**

解除效力,是指合同之债解除后所产生的法律后果。

合同解除的直接法律后果,是使合同关系消灭,合同不再履行。解除之前的债权债务关系应当如何处理,涉及解除的溯及力问题。如果具有溯及力,则对解除之前已经履行的部分,就要产生恢复原状的法律后果;如果解除不具有溯及力,则解除之前所为的履行仍然有效存在,当事人无须恢复原状。

本条规定的规则是:(1)尚未履行的,履行终止,不再继续履行;(2)已经履行的,一是根据履行情况和合同性质,二是根据当事人是否请求的态度决定,当事人可以请求恢复原状,也可以不请求,完全取决于当事人的意志。请求恢复原状的,这种合同之债解除就具有溯及力;反之,就不具有溯及力。当事人也可以采取其他补救措施,并有权要求赔偿损失。根据合同的履行情况和合同性质,能够恢复原状,当事人又予以请求的,则可以恢复原状。如果根据合同的履行情况和合同性质是不可能恢复原状的,即使当事人请求,也不可能恢复原状。例如，租赁、借贷、委托、中介、运输等合同，都是不能恢复原状的。至于损害赔偿，合同的解除不影响当事人要求损害赔偿的权利。只要合同不履行已经造成了债权人的财产利益损失，违约方要进行赔偿，就应当予以赔偿。如果解除合同的原因是不可抗力，则不发生损害赔偿责任。

合同是因违约而解除的，未违约的一方当事人是解除权人，可以请求违约方承担违约责任，如果当事人另有约定，则按照当事人的约定办理。

主合同解除后，尽管主合同的债权债务关系消灭，但是其担保人对债权人的担保权利并不一并消灭，担保人（包括第三人担保和债务人自己担保）对债务人应当承担的民事责任并不消灭，仍应承担担保责任，但是担保合同另有约定的除外。

● *相关规定*

《最高人民法院关于审理商品房买卖合同纠纷案件适用法律若干问题的解释》第9条、第10条、第11条；《最高人民法院关于适用〈中华人民共和国民法典〉合同编通则若干问题的解释》第52条

### 第五百六十七条　结算、清理条款效力的独立性

合同的权利义务关系终止，不影响合同中结算和清理条款的效力。

### 第五百六十八条　法定抵销

当事人互负债务，该债务的标的物种类、品质相同的，任何一方可以将自己的债务与对方的到期债务抵销；但是，根据债务性质、按照当事人约定或者依照法律规定不得抵销的除外。

> 当事人主张抵销的，应当通知对方。通知自到达对方时生效。抵销不得附条件或者附期限。

● **条文注释**

抵销，是指当事人互负给付债务，各以其债权充当债务的清偿，而使其债务与对方的债务在对等额内相互消灭的债的消灭制度。抵销分为法定抵销与合意抵销两种。法定抵销，是指由法律规定两债权得以抵销的条件，当条件具备时，依当事人一方的意思表示即可发生抵销效力的抵销。这种通过单方意思表示即可产生抵销效力的权利，是形成权。

法定抵销须具备的要件是：（1）双方当事人必须互负债权、债务；（2）双方当事人所负债务标的物种类、品质相同；（3）对方债务须已届清偿期，此处与原合同法的规定不同；（4）双方所负债务必须都属于可抵销的债务。具备这些条件，当事人取得抵销权，可以即时行使，也可以放弃。

抵销为处分债权的单方法律行为，应当适用关于法律行为和意思表示的法律规定。当事人主张抵销的，应当通知对方。通知自到达对方时生效。抵销不得附条件，也不得附期限，因为如果抵销附条件或者附期限，会使抵销的效力变得不确定，有违抵销的本意，也有害于他人的利益。

● **相关规定**

《最高人民法院关于适用〈中华人民共和国民法典〉合同编通则若干问题的解释》第55条

### 第五百六十九条 约定抵销

当事人互负债务,标的物种类、品质不相同的,经协商一致,也可以抵销。

● *条文注释*

合意抵销,也叫约定抵销、意定抵销,是指当事人双方基于协议而实行的抵销。

合意抵销重视的是债权人之间的意思自由,因而可以不受法律所规定的构成要件的限制,当事人只要达成抵销合意,即可发生抵销的效力。之所以这样规定,是因为债权属于债权人的私权,债权人有处分的权利,只要其处分行为不违背法律、法规与公序良俗,法律就无权干涉。

合意抵销的效力及与法定抵销的区别是:(1)抵销的根据不同,一个是法律规定,另一个是当事人约定。(2)债务的性质要求不同,法定抵销要求当事人互负债务的种类、品种相同;合意抵销则允许不同。(3)债务的履行期限要求不同,合意抵销不受债务是否已届清偿期的要求。(4)抵销的程序不同,法定抵销以通知的方式为之,抵销自通知到达对方时生效;合意抵销双方协商一致即可。

### 第五百七十条 提存的条件

有下列情形之一,难以履行债务的,债务人可以将标的物提存:

(一)债权人无正当理由拒绝受领;

(二)债权人下落不明;

(三)债权人死亡未确定继承人、遗产管理人,或者丧失民事行为能力未确定监护人;

（四）法律规定的其他情形。

标的物不适于提存或者提存费用过高的，债务人依法可以拍卖或者变卖标的物，提存所得的价款。

● **条文注释**

提存，是指债务人于债务已届履行期时，将无法给付的标的物提交给提存部门，以消灭债务的债的消灭方式。提存可使债务人将无法交付给债权人的标的物交付提存部门，消灭债权债务关系，为保护债务人的利益提供了一项行之有效的措施。

提存作为债的消灭原因，提存的标的物应与合同约定给付的标的物相符合，否则不发生清偿的效力。给付的标的物是债务人的行为、不行为或单纯的劳务，不适用提存。其他不适宜提存或者提存费用过高的，如体积过大之物、易燃易爆的危险物等，应由债务人依法拍卖或变卖，将所得的价金进行提存。

债权人未受领的破产财产分配额，管理人应当提存。债权人自最后分配公告之日起满2个月仍不领取的，视为放弃受领分配的权利，管理人或者人民法院应当将提存的分配额分配给其他债权人。

当破产财产分配时，对于诉讼或者仲裁未决的债权，管理人应当将其分配额提存。自破产程序终结之日起满2年仍不能受领分配的，人民法院应当将提存的分配额分配给其他债权人。

### 第五百七十一条　提存的成立

债务人将标的物或者将标的物依法拍卖、变卖所得价款交付提存部门时，提存成立。

提存成立的，视为债务人在其提存范围内已经交付标的物。

### 第五百七十二条　提存的通知

标的物提存后，债务人应当及时通知债权人或者债权人的继承人、遗产管理人、监护人、财产代管人。

### 第五百七十三条　提存期间风险、孳息和提存费用负担

标的物提存后，毁损、灭失的风险由债权人承担。提存期间，标的物的孳息归债权人所有。提存费用由债权人负担。

### 第五百七十四条　提存物的领取与取回

债权人可以随时领取提存物。但是，债权人对债务人负有到期债务的，在债权人未履行债务或者提供担保之前，提存部门根据债务人的要求应当拒绝其领取提存物。

债权人领取提存物的权利，自提存之日起五年内不行使而消灭，提存物扣除提存费用后归国家所有。但是，债权人未履行对债务人的到期债务，或者债权人向提存部门书面表示放弃领取提存物权利的，债务人负担提存费用后有权取回提存物。

● **典型案例**

**沈某与方某海合同纠纷案** [浙江省杭州市中级人民法院（2020）浙01民终2508号]

2017年12月16日，沈某（甲方）、方某海（乙方）、沈某琼（丙方）、毛某江（丁方）和严某华（戊方）签订《某中心合伙经营协议》一份，约定五方就共同经营某中心达成如下协议：合伙组织名称为某公司，合伙经营项目为某中心；合伙期限自2018年1月1日起至2022年12月31日止；各合伙人占有合伙组织财产份额为甲

27.5%、乙27.5%、丙20%、丁15%、戊10%；合伙期间，未经全体合伙人书面同意，合伙人不得随意转让其在合伙组织中的全部或部分财产份额。如经其他合伙人书面同意该合伙人向合伙人以外的第三人转让，第三人应按新入伙对待。合伙人以外的第三人受让合伙组织财产份额的，经修改合伙协议即成为合伙组织的合伙人；等等。该协议经各方签字生效后，沈某琼按约于2017年11月、12月分五次向沈某转账共计入股款60万元。2018年7月11日，汪某春（甲方、转让方）、沈某（乙方、受让方）、严某华（丙方、受让方）、方某海（丁方、受让方）和毛某江（戊方、受让方）签订《股东退股协议书》一份，约定：甲方因个人原因自愿退出，甲方将其持有的20%股权转让给乙方、丙方、丁方、戊方共同所有；乙方、丙方、丁方、戊方同意接受上述转让的股权；甲方、乙方、丙方、丁方、戊方各方确定的转让价格为60万元；甲方保证向乙方、丙方、丁方、戊方转让的股权不存在第三人的请求权，没有设置任何质押，未涉及任何争议及诉讼；本次股权转让完成后，乙方、丙方、丁方、戊方即享受20%的股东权利并承担义务，甲方不再享受相应的股东权利和承担义务；自本协议签订生效时起计算，乙方、丙方、丁方、戊方于2018年12月31日前付清全部转让款；等等。另查明，沈某琼与汪某春于2010年1月25日登记结婚。

一审法院认为，沈某琼与沈某、方某海、严某华、毛某江之间曾就某中心签订合伙经营协议，协议的内容表明沈某琼并非入股某公司。之后，沈某琼的丈夫汪某春代沈某琼与沈某、方某海、严某华、毛某江签订股东退股协议，协议抬头虽冠以"股东退股"，但实际则是退伙协议，对此，沈某琼与沈某、方某海、严某华、毛某江都应当明知。退股协议由沈某琼丈夫汪某春及沈某、方某海、严某华、毛某江签字确认，意思表示清晰明确，各方均应按约履行。按退股协议的约定，沈某、方某海、严某华、毛某江应向沈某琼退还60万元。沈某、方某海、严某华、毛某江反诉要求解除股东退股协议的请求不能成立，不予支持。据此，依照《中华人民共和国合同法》第六十条、第一百零四条之规定，判决：一、本诉沈某、方某海、严某华、毛某江于判决生效之日起十日内向沈某琼退还入股款60万元并承担从2019年1月1日起按每日万分之一的标准计算的利息至款付清之日止。二、驳回沈某、方某海、严某华的反诉请求。如果未按判决指定的期间履行给付金钱义务，应当依照《中华人民共和国民事诉讼法》第二百五十三条之规定，加倍支付迟延履行期间的债务利息。本诉案件受理费9980元、保全费3620元，合计13600元，由沈某、方某海、严某华、毛某江共同负担；反诉案件受理费40元，由沈某、方某海、严某华自负。

二审法院认为，各方当事人均确认，沈某琼与沈某、方某海、严某华以及毛某江之间系合伙法律关系，故案涉《股东退股协议书》虽提及"退股""转让股权"等，各方之间的真实意思表示应为沈某琼退出合伙并向沈某、方某海、严某华、毛某江转让其合伙份额。根据《股东退股协议书》相关约定，沈某、方某海、严某华、毛某江承诺于2018年12月31日前向沈某琼付清全部转让款60万元，该权利义务内容表述清晰明确，各方均应按约履行。现沈某、方某海、严某华主张该60万元转让款应待合伙组织盈利后再行向沈某琼支付，缺乏依据，亦不符合协议约定。

## 第五百七十五条  债的免除

债权人免除债务人部分或者全部债务的，债权债务部分或者全部终止，但是债务人在合理期限内拒绝的除外。

● *条文注释*

免除,是指债权人抛弃债权,从而全部或者部分消灭债的关系的单方法律行为。免除是无因行为、无偿行为、不要式行为。

免除应当具备的条件是:(1)免除的意思表示须向债务人为之,免除的意思表示到达债务人或其代理人时生效。(2)债权人须对被免除的债权具有处分能力,如法律禁止抛弃的债权不得免除。(3)免除不得损害第三人利益,如已就债权设定质权的债权人,不得免除债务人的债务而对抗质权人。

免除的效力是使债的关系消灭。债务全部免除的,债的关系全部消灭;债务部分免除的,债的关系于免除的范围内部分消灭。主债务因免除而消灭的,从债务随之消灭。而从债务免除的,不影响主债务的存在,但其他债务人不再负担该份债务。

债权人作出免除的意思表示后,债务人可以拒绝。债务人拒绝债务免除的意思表示,应当在合理期限之内为之,超出合理期限的,视为免除已经生效,消灭该债权债务关系。

### 第五百七十六条 债权债务混同的处理

债权和债务同归于一人的,债权债务终止,但是损害第三人利益的除外。

● *条文注释*

混同,是指债权和债务同归于一人,而使合同关系消灭的事实。混同以债权与债务归属于同一人而成立,与人的意志无关,属于事件。混同的效力是导致债的关系的绝对消灭,并且主债务消灭,从债务也随之消灭,如保证债务因主债务人与债权人混同而消灭。混同虽然产生债的消灭的效力,但在例外的情形下,即损害第三人利益时,虽然债权人和债务人混同,但是合同并不消灭。

# 第八章 违约责任

**第五百七十七条** 违约责任的种类

当事人一方不履行合同义务或者履行合同义务不符合约定的,应当承担继续履行、采取补救措施或者赔偿损失等违约责任。

● **典型案例**

**贸易公司诉蒋某、王某等买卖合同纠纷案(最高人民法院指导案例9号)**

原告贸易公司诉称:其向被告机械设备公司供应钢材,机械设备公司尚欠货款1395228.6元。被告房某、蒋某和王某为机械设备公司的股东,机械设备公司未年检,被工商部门吊销营业执照,至今未组织清算。因其怠于履行清算义务,导致公司财产流失、灭失,贸易公司的债权得不到清偿。根据公司法及相关司法解释规定,房某、蒋某和王某应对机械设备公司的债务承担连带责任。故请求判令机械设备公司偿还贸易公司货款1395228.6元及违约金,房某、蒋某和王某对机械设备公司的债务承担连带清偿责任。

被告蒋某、王某辩称:1. 两人从未参与过机械设备公司的经营管理;2. 机械设备公司实际由大股东房某控制,两人无法对其进行清算;3. 机械设备公司由于经营不善,在被吊销营业执照前已背负了大量债务,资不抵债,并非由于蒋某、王某怠于履行清算义务而导致机械设备公司财产灭失;4. 蒋某、王某也曾委托律师对机械设备公司进行清算，但由于机械设备公司财物多次被债权人哄抢，导致无法清算，因此蒋某、王某不存在怠于履行清算义务的情况。故请求驳回贸易公司对蒋某、王某的诉讼请求。

被告机械设备公司、房某未到庭参加诉讼，亦未作答辩。

法院经审理查明：2007年6月28日，贸易公司与机械设备公司建立钢材买卖合同关系。贸易公司履行了7095006.6元的供货义务，机械设备公司已付货款5699778元，尚欠货款1395228.6元。另，房某、蒋某和王某为机械设备公司的股东，所占股份分别为40%、30%、30%。机械设备公司因未进行年检，2008年12月25日被工商部门吊销营业执照，至今股东未组织清算。现机械设备公司无办公经营地，账册及财产均下落不明。机械设备公司在其他案件中因无财产可供执行被中止执行。

上海市松江区人民法院于2009年12月8日作出（2009）松民二（商）初字第1052号民事判决：一、机械设备公司偿付贸易公司货款1395228.6元及相应的违约金；二、房某、蒋某和王某对机械设备公司的上述债务承担连带清偿责任。宣判后，蒋某、王某提出上诉。上海市第一中级人民法院于2010年9月1日作出（2010）沪一中民四（商）终字第1302号民事判决：驳回上诉，维持原判。

法院生效裁判认为：贸易公司按约供货后，机械设备公司未能按约付清货款，应当承担相应的付款责任及违约责任。房某、蒋某和王某作为机械设备公司的股东，应在机械设备公司被吊销营业执照后及时组织清算。因房某、蒋某和王某怠于履行清算义务，导致机械设备公司的主要财产、账册等均已灭失，无法进行清算，房某、蒋某和王某怠于履行清算义务的行为，违反了公司法及其司法解释的相关规定，应当对机械设备公司的债务承担连带清偿责任。

机械设备公司作为有限责任公司，其全体股东在法律上应一体成为公司的清算义务人。公司法及其相关司法解释并未规定蒋某、王某所辩称的例外条款，因此无论蒋某、王某在机械设备公司中所占的股份为多少，是否实际参与了公司的经营管理，两人在机械设备公司被吊销营业执照后，都有义务在法定期限内依法对机械设备公司进行清算。

关于蒋某、王某辩称机械设备公司在被吊销营业执照前已背负大量债务，即使其怠于履行清算义务，也与机械设备公司财产灭失之间没有关联性。根据查明的事实，机械设备公司在其他案件中因无财产可供执行被中止执行的情况，只能证明人民法院在执行中未查找到机械设备公司的财产，不能证明机械设备公司的财产在被吊销营业执照前已全部灭失。机械设备公司的三名股东怠于履行清算义务与机械设备公司的财产、账册灭失之间具有因果联系，蒋某、王某的该项抗辩理由不成立。蒋某、王某委托律师进行清算的委托代理合同及律师的证明，仅能证明蒋某、王某欲对机械设备公司进行清算，但事实上对机械设备公司的清算并未进行。据此，不能认定蒋某、王某依法履行了清算义务，故对蒋某、王某的该项抗辩理由不予采纳。

## 第五百七十八条　预期违约责任

当事人一方明确表示或者以自己的行为表明不履行合同义务的，对方可以在履行期限届满前请求其承担违约责任。

● **条文注释**

预期违约的构成要件是：其一，违约的时间必须是在合同有效成立之后至履行期限届满之前；其二，违约必须是对合同根本性义务的违反，即导致合同目的落空，体现为不履行合同义务；其三，违约方不履行合同义务无正当理由。如果债务人有正当理由拒绝履行债务的，如拒绝履行诉讼时效已届满的债务则不构成预期违约。

### 第五百七十九条　金钱债务的继续履行

当事人一方未支付价款、报酬、租金、利息，或者不履行其他金钱债务的，对方可以请求其支付。

### 第五百八十条　非金钱债务的继续履行

当事人一方不履行非金钱债务或者履行非金钱债务不符合约定的，对方可以请求履行，但是有下列情形之一的除外：

（一）法律上或者事实上不能履行；

（二）债务的标的不适于强制履行或者履行费用过高；

（三）债权人在合理期限内未请求履行。

有前款规定的除外情形之一，致使不能实现合同目的的，人民法院或者仲裁机构可以根据当事人的请求终止合同权利义务关系，但是不影响违约责任的承担。

● **条文注释**

不能请求继续履行具体包括以下情形：

1. 法律上或者事实上不能履行。法律上不能履行，指的是基于法律规定而不能履行，或者履行将违反法律的强制性规定。事实上不能履行，是指依据自然法则已经不能履行。人民法院或者仲裁机构应当对是否存在法律上或者事实上不能履行的情形进行审查。

2. 债务的标的不适于强制履行或者履行费用过高。债务的标的不适于强制履行，指依据债务的性质不适合强制履行，或者执行费用过高。例如：（1）基于高度的人身依赖关系而产生的合同，如委托合同、合伙合同等。（2）对于许多提供服务、劳务或者不作为的合同来说，如果强制履行会危害到债务人的人身自由和人格尊严，或者完全属于人身性质，则不得请求继续履行。履行费用过高，指履行仍然可能，但会导致履行方负担过重，产生不合理的、过大的负担或者过高的费用。在判断履行费用是否过高时，需要对比履行的费用和债权人通过履行所可能获得的利益、履行的费用和采取其他补救措施的费用，还需要考量守约方从其他渠道获得履行进行替代交易的合理性和可能性。

3. 债权人在合理期限内未请求履行。此处的合理期限首先可以由当事人事先约定；如果没有约定或者约定不明确，当事人可以协议补充；无法协议补充的，按照合同有关条款或者交易习惯确定，这需要在个案中结合合同种类、性质、目的和交易习惯等因素予以具体判断。

● **相关规定**

《最高人民法院关于适用〈中华人民共和国民法典〉合同编通则若干问题的解释》第 59 条

### 第五百八十一条　替代履行

当事人一方不履行债务或者履行债务不符合约定，根据债务的性质不得强制履行的，对方可以请求其负担由第三人替代履行的费用。

### 第五百八十二条　瑕疵履行违约责任

履行不符合约定的，应当按照当事人的约定承担违约责任。对违约责任没有约定或者约定不明确，依据本法第五百一十条的规定仍不能确定的，受损害方根据标的的性质以及损失的大小，可以合理选择请求对方承担修理、重作、更换、退货、减少价款或者报酬等违约责任。

● **相关规定**

《产品质量法》第40条、第43条、第44条；《消费者权益保护法》第52条

### 第五百八十三条　违约损害赔偿责任

当事人一方不履行合同义务或者履行合同义务不符合约定的，在履行义务或者采取补救措施后，对方还有其他损失的，应当赔偿损失。

● **典型案例**

**保险公司江苏分公司诉安装公司保险人代位求偿权纠纷案**（最高人民法院指导案例74号）

2008年10月28日，被保险人制罐公司、制罐第二公司与被告安装公司签订《建设工程施工合同》，约定由安装公司负责被保险人整厂机器设备迁建安装等工作。《建设工程施工合同》第二部分"通用条款"第38条约定："承包人按专用条款的约定分包所承包的部分工程，并与分包单位签订分包合同，未经发包人同意，承包人不得将承包工程的任何部分分包"；"工程分包不能解除承包人任何责任与义务。承包人应在分包场地派驻相应管理人员，保证本合同的履行。分

包单位的任何违约行为或疏忽导致工程损害或给发包人造成其他损失，承包人承担连带责任"。《建设工程施工合同》第三部分"专用条款"第 14 条第（1）项约定"承包人不得将本工程进行分包施工"。"通用条款"第 40 条约定："工程开工前，发包人为建设工程和施工场地内的自有人员及第三人人员生命财产办理保险，支付保险费用"；"运至施工场地内用于工程的材料和待安装设备，由发包人办理保险，并支付保险费用"；"发包人可以将有关保险事项委托承包人办理，费用由发包人承担"；"承包人必须为从事危险作业的职工办理意外伤害保险，并为施工场地内自有人员生命财产和施工机械设备办理保险，支付保险费用"。

  2008 年 11 月 16 日，安装公司与运输公司签订《工程分包合同》，将前述合同中的设备吊装、运输分包给运输公司。2008 年 11 月 20 日，就上述整厂迁建设备安装工程，制罐公司、制罐第二公司向保险公司江苏分公司投保了安装工程一切险。投保单中记载被保险人为制罐公司及制罐第二公司，并明确记载承包人安装公司不是被保险人。投保单"物质损失投保项目和投保金额"栏载明"安装项目投保金额为 177465335.56 元"。附加险中，还投保有"内陆运输扩展条款 A"，约定每次事故财产损失赔偿限额为 200 万元。投保期限从 2008 年 11 月 20 日起至 2009 年 7 月 31 日止。投保单附有被安装机器设备的清单，其中包括：彩印机 2 台，合计原值为 29894340.88 元。投保单所附保险条款中，对"内陆运输扩展条款 A"作如下说明：经双方同意，鉴于被保险人已按约定交付了附加的保险费，保险公司负责赔偿被保险人的保险财产在中华人民共和国境内供货地点到保险单中列明的工地，除水运和空运以外的内陆运输途中因自然灾害或意外事故引起的损失，但被保险财产在运输时必须有合格的包装及装载。

2008年12月19日10时30分许,运输公司驾驶员姜某驾驶苏L0××××、苏××××挂重型半挂车,从旧厂区承运彩印机至新厂区的途中,在转弯时车上钢丝绳断裂,造成彩印机侧翻滑落地面损坏。保险公司江苏分公司接险后,对受损标的确定了清单。经镇江市公安局交通巡逻警察支队现场查勘,认定姜某负事故全部责任。后制罐公司、制罐第二公司、保险公司江苏分公司、安装公司及运输公司共同委托保险公估公司对出险事故损失进行公估,并均认可保险公估公司的最终理算结果。2010年3月9日,保险公估公司出具了公估报告,结论:出险原因系设备运输途中翻落(意外事故);保单责任成立;定损金额总损1518431.32元、净损1498431.32元;理算金额1498431.32元。保险公估公司收取了保险公司江苏分公司支付的47900元公估费用。

2009年12月2日,制罐公司及制罐第二公司向安装公司发出《索赔函》,称"该事故导致的全部损失应由贵司与运输公司共同承担。我方已经向投保的保险公司镇江中心支公司报险。一旦损失金额确定,投保公司核实并先行赔付后,对赔付限额内的权益,将由我方让渡给投保公司行使。对赔付不足部分,我方将另行向贵司与运输公司主张"。

2010年5月12日,制罐公司、制罐第二公司向保险公司江苏分公司出具赔款收据及权益转让书,载明:已收到保险公司江苏分公司赔付的1498431.32元。同意将上述赔款部分保险标的的一切权益转让给保险公司江苏分公司,同意保险公司江苏分公司以保险公司江苏分公司的名义向责任方追偿。后保险公司江苏分公司诉至法院,请求判令安装公司支付赔偿款和公估费。

江苏省镇江市京口区人民法院于2011年2月16日作出(2010)京商初字第1822号民事判决:一、安装公司于判决生效后10日内给付保险公司江苏分公司 1498431.32 元；二、驳回保险公司江苏分公司关于给付 47900 元公估费的诉讼请求。一审宣判后，安装公司向江苏省镇江市中级人民法院提起上诉。江苏省镇江市中级人民法院于 2011 年 4 月 12 日作出（2011）镇商终字第 0133 号民事判决：一、撤销镇江市京口区人民法院（2010）京商初字第 1822 号民事判决；二、驳回保险公司江苏分公司对安装公司的诉讼请求。二审宣判后，保险公司江苏分公司向江苏省高级人民法院申请再审。江苏省高级人民法院于 2014 年 5 月 30 日作出（2012）苏商再提字第 0035 号民事判决：一、撤销江苏省镇江市中级人民法院（2011）镇商终字第 0133 号民事判决；二、维持镇江市京口区人民法院（2010）京商初字第 1822 号民事判决。

　　法院生效裁判认为，本案争议的焦点问题是：1. 保险代位求偿权的适用范围是否限于侵权损害赔偿请求权；2. 安装公司能否以制罐公司、制罐第二公司已购买相关财产损失险为由，拒绝保险人对其行使保险代位求偿权。

　　关于第一个争议焦点。《中华人民共和国保险法》（以下简称《保险法》）第六十条第一款规定："因第三者对保险标的的损害而造成保险事故的，保险人自向被保险人赔偿保险金之日起，在赔偿金额范围内代位行使被保险人对第三者请求赔偿的权利。"该款使用的是"因第三者对保险标的的损害而造成保险事故"的表述，并未限制规定为"因第三者对保险标的的侵权损害而造成保险事故"。将保险代位求偿权的权利范围理解为限于侵权损害赔偿请求权，没有法律依据。从立法目的看，规定保险代位求偿权制度，在于避免财产保险的被保险人因保险事故的发生，分别从保险人及第三者获得赔偿，取得超出实际损失的不当利益，并因此增加道德风险。将《保险法》第六十条第一款中的"损害"理解为仅指"侵权损害",不符合保险代位求偿权制度设立的目的。故保险人行使代位求偿权,应以被保险人对第三者享有损害赔偿请求权为前提,这里的赔偿请求权既可因第三者对保险标的实施的侵权行为而产生,亦可基于第三者的违约行为等产生,不应仅限于侵权赔偿请求权。本案保险公司江苏分公司是基于安装公司的违约行为而非侵权行为行使代位求偿权,安装公司对保险事故的发生是否有过错,对案件的处理并无影响。并且,《建设工程施工合同》约定"承包人不得将本工程进行分包施工"。因此,安装公司关于其对保险事故的发生没有过错因而不应承担责任的答辩意见,不能成立。保险公司江苏分公司向安装公司主张权利,主体适格,并无不当。

关于第二个争议焦点。安装公司提出,在发包人与其签订的建设工程施工合同通用条款第40条中约定,待安装设备由发包人办理保险,并支付保险费用。从该约定可以看出,就工厂搬迁及设备的拆解安装事项,发包人与安装公司共同商定办理保险,虽然保险费用由发包人承担,但该约定在合同条款中体现,即该费用系双方承担,或者说,安装公司在总承包费用中已经就保险费用作出了让步。由发包人向保险公司江苏分公司投保的业务,承包人也应当是被保险人。关于安装公司的上述抗辩意见,《保险法》第十二条第二款、第六款分别规定:"财产保险的被保险人在保险事故发生时,对保险标的应当具有保险利益";"保险利益是指投保人或者被保险人对保险标的具有的法律上承认的利益"。据此,不同主体对于同一保险标的可以具有不同的保险利益,可就同一保险标的的投保与其保险利益相对应的保险险种,成立不同的保险合同,并在各自的保险利益范围内获得保险保障,从而实现利用保险制度分散各自风险的目的。因发包人和承包人对保险标的具有不同的保险利益,只有分别投保与其保险利益相对应的财产保险类别,才能获得相应的保险保障,二者不能相互替代。发包人制罐公司和制罐第二公司作为保险标的的所有权人,其投保的安装工程一切险是基于对保险标的享有的所有权保险利益而投保的险种,旨在分散保险标的的损坏或灭失风险,在性质上属于财产损失保险;在附加险中投保的"内陆运输扩展条款A"约定"保险公司负责赔偿被保险人的保险财产在中华人民共和国境内供货地点到保险单中列明的工地,除水运和空运以外的内陆运输途中因自然灾害或意外事故引起的损失",该项附加险在性质上亦属财产损失保险。安装公司并非案涉保险标的所有权人,不享有所有权保险利益,其作为承包人对案涉保险标的享有责任保险利益,欲将施工过程中可能产生的损害赔偿责任转由保险人承担,应当投保相关责任保险,而不能借由发包人投保的财产损失保险免除自己应负的赔偿责任。发包人不认可承包人的被保险人地位,案涉《安装工程一切险投保单》中记载的被保险人为制罐公司及制罐第二公司,并明确记载承包人安装公司不是被保险人。因此,安装公司关于"由发包人向保险公司江苏分公司投保的业务,承包人也应当是被保险人"的答辩意见,不能成立。《建设工程施工合同》明确约定"运至施工场地内用于工程的材料和待安装设备,由发包人办理保险,并支付保险费用"及"工程分包不能解除承包人任何责任与义务,分包单位的任何违约行为或疏忽导致工程损害或给发包人造成其他损失,承包人承担连带责任"。由此可见,发包人从未作出在保险赔偿范围内免除承包人赔偿责任的意思表示,双方并未约定在保险赔偿范围内免除承包人的赔偿责任。在保险事故发生后,被保险人积极向承包人索赔并向保险公司江苏分公司出具了权益转让书。根据以上情况,安装公司以其对保险标的也具有保险利益,且保险标的所有权人制罐公司和制罐第二公司已投保财产损失保险为由，主张免除其依建设工程施工合同应对两制罐公司承担的违约损害赔偿责任，并进而拒绝保险公司江苏分公司行使代位求偿权，没有法律依据，不予支持。

综上理由作出如上判决。

## 第五百八十四条　法定的违约赔偿损失

当事人一方不履行合同义务或者履行合同义务不符合约定，造成对方损失的，损失赔偿额应当相当于因违约所造成的损失，包括合同履行后可以获得的利益；但是，不得超过违约一方订立合同时预见到或者应当预见到的因违约可能造成的损失。

● 相关规定

《消费者权益保护法》第55条；《最高人民法院关于审理商品房买卖合同纠纷案件适用法律若干问题的解释》第10条、第11条；《最高人民法院关于适用〈中华人民共和国民法典〉合同编通则若干问题的解释》第60条、第63条、第65条

## 第五百八十五条　违约金的约定

当事人可以约定一方违约时应当根据违约情况向对方支付一定数额的违约金，也可以约定因违约产生的损失赔偿额的计算方法。

约定的违约金低于造成的损失的，人民法院或者仲裁机构可以根据当事人的请求予以增加；约定的违约金过分高于造成的损失的，人民法院或者仲裁机构可以根据当事人的请求予以适当减少。

> 当事人就迟延履行约定违约金的，违约方支付违约金后，还应当履行债务。

● *典型案例*

**曹某与房地产公司商品房销售合同案**［湖北省武汉市中级人民法院（2020）鄂01民终5405号］

2017年11月20日，曹某与房地产公司签订《武汉市商品房买卖合同》，由曹某购买房地产公司开发的位于某小区房屋一套，购房款1503465元。合同约定某小区供电工程总包干价3446万元。房地产公司为上述供电施工合同已付电力工程公司工程款2412万元。2018年2月，涉案某项目10千伏电力工程经验收合格。2018年9月10日，房地产公司取得涉案房屋的《湖北省房屋建筑工程竣工验收备案证明书》。案涉项目开发商房地产公司未能按合同约定在办理完有关行业单位认可的正式供电相关手续后积极采取补救措施，在重新施工的同时向曹某提供了临时用电，并支付了曹某的临时用电费用，并明确表示不要求曹某向其支付垫付的临时用电期间的电费。

一审法院认为，曹某与房地产公司签订的《武汉市商品房买卖合同》系双方当事人的真实意思表示，合同的主要条款内容完备，不违反法律、行政法规的强制性规定，合法有效，对双方具有法律约束力，双方均应依约享有合同权利，按照合同约定全面履行义务。关于供电的标准问题。应对合同约定的供电标准依照合同目的和交易习惯进行解释，购房者买房最重要的目的是使用，开发商应当向购房者交付能保证正常使用，即使用无瑕疵的房屋，而开发商将临时用电外转给住户使用不仅违反《供电营业规则》第十二条第二款关于临时用电不得外转或转让的禁止性规定，同时临时用电常常会出现电压不稳、断电等问题，难以保障住户的正常使用，所以合同中约定的供电标准应理解为正式用电，而不是临时用电。关于违约金的计算问题。对于逾期未交房的，作为买受人可以依照合同约定主张出卖人承担交房的违约责任。但对于买受人接收了未达到交房条件的房屋，出卖人该如何承担责任，合同未作明确约定。未交付房屋导致承担逾期交房违约责任的基础在于对买受人房屋使用权的妨害，是房屋使用权的行使不能；而交付的房屋不符合交付条件导致的是房屋使用权瑕疵，二者系程度上的差别。

法院生效裁判认为，本案争议焦点是房地产公司应否承担逾期交房的违约责任。案涉《武汉市商品房买卖合同》及补充协议，均系缔约主体之间的真实意思表示，其内容并未违反法律、行政法规的效力性禁止性规定，属有效，对各方当事人均具有法律上的约束力。合同中明确约定了交房时的供电标准，即"如在约定期限内该房屋具备临时用水、临时用电条件的，视为该两项市政基础设施达到主合同约定的使用条件"。故，房地产公司交房时供电具备临时用电的条件，符合主合同约定的使用条件，不存在违约行为。曹某要求该公司按逾期交房的违约条款支付违约金的上诉请求，无事实和法律依据。

### 第五百八十六条　定金

当事人可以约定一方向对方给付定金作为债权的担保。定金合同自实际交付定金时成立。

定金的数额由当事人约定；但是，不得超过主合同标的额的百分之二十，超过部分不产生定金的效力。实际交付的定金数额多于或者少于约定数额的，视为变更约定的定金数额。

● *典型案例*

**武汉乙投资公司等骗取调解书虚假诉讼监督案**（最高人民检察院指导性案例第53号）

2010年4月26日，甲商贸公司以商品房预售合同纠纷为由向武汉市蔡甸区人民法院起诉乙投资公司，称双方于2008年4月30日签订《商品房订购协议书》，约定甲商贸公司购买乙投资公司天润工业园项目约4万平方米的商品房，总价款人民币7375万元，甲公司支付1475万元定金，乙投资公司于收到定金后30日内完成上述项目地块的抵押登记注销，双方再签订正式《商品房买卖合同》。协议签订后，甲商贸公司依约支付定金，但乙投资公司未解除土地抵押登记，甲商贸公司遂提出四起商品房预售合同纠纷诉讼，诉请判令乙投资公司双倍返还定金，诉讼标的额分别为700万元、700万元、750万元、800万元，共计2950万元。武汉市蔡甸区人民法院受理后，适用简易程序审理、以调解方式结案，作出（2010）蔡民二初字第79号、第80号、第81号、第82号民事调解书，分别确认乙投资公司双倍返还定金700万元、700万元、750万元、800万元，合计2950万元。甲商贸公司随即向该法院申请执行，领取可供执行的款项2065万元。

检察机关监督情况：

**线索发现** 2015年，武汉市人民检察院接到案外人相关举报，经对上述案件进行审查，初步梳理出如下案件线索：一是法院受理异常。双方只签订有一份《商品房订购协议书》，甲商贸公司却拆分提出四起诉讼；甲商贸公司已支付定金为1475万元，依据当时湖北省法院案件级别管辖规定，基层法院受理标的额在800万元以下的案件，本案明显属于为回避级别管辖规定而拆分起诉，法院受理异常。二是均适用简易程序由同一名审判人员审结，从受理到审理、制发调解书在5天内全部完成。三是庭审无对抗性，乙投资公司对甲商贸公司主张的事实、证据及诉讼请求全部认可，双方当事人及代理人在整个诉讼过程中陈述高度一致。四是均快速进入执行程序、快速执结。

**调查核实** 针对初步梳理的案件线索，武汉市人民检察院随即开展调查核实。第一步，通过裁判文书网查询到乙投资公司作为被告或被执行人的案件在武汉市蔡甸区人民法院已有40余件，总标的额1.3亿余元，乙投资公司已经资不抵债；第二步，通过银行查询执行款流向，发现甲商贸公司收到2065万元执行款后，将其中1600万元转账至乙投资公司法定代表人方某的个人账户，320万元转账至丙公司、丁公司；第三步，通过查询工商信息，发现方某系乙投资公司法定代表人，而甲、乙、丙、丁四公司系关联公司，实际控制人均为成某某；第四步，调阅法院卷宗，发现方某本人参加了四起案件的全部诉讼过程；第五步，经进一步调查方某个人银行账户，发现方某在本案诉讼前后与武汉市蔡甸区人民法院民二庭原庭长杨某某之间存在金额达100余万元的资金往来。检察人员据此判断该四起案件可能是乙投资公司串通关联公司提起的虚假诉讼。经进一步审查发现，甲商贸公司、乙投资公司的实际控制人成某某通过受让债权取得乙投资公司80%的股权，后因经营不善产生巨额债务，遂指使甲商贸公司伪造了以上《商品房订购协议书》，并将甲商贸公司其他业务的银行资金往来明细作为支付定金1475万元的证据，由甲商贸公司向武汉市蔡甸区人民法院提起诉讼，请求"被告乙投资公司双倍返还定金2950万元"，企图达到转移公司资产、逃避公司债务的非法目的。该院民二庭庭长杨某某在明知甲、乙投资公司的实际控制人为同一人，且该院对案件无管辖权的情况下，主动建议甲商贸公司将一案拆分为4个案件起诉；案件转审判庭后，杨某某向承办法官隐瞒上述情况，指示其按照简易程序快速调解结案；进入执行程序后，杨某某又将该案原、被告公司的实际控制人为同一人的情况告知本院执行二庭原庭长童某，希望快速执行。在杨某某、童某的参与下，案件迅速执行结案。

**监督意见** 2016年10月21日，武汉市人民检察院就（2010）蔡民二初字第79号、第80号、第81号、第82号民事调解书，向武汉市中级人民法院提出抗诉，认为本案调解书认定的事实与案件真实情况明显不符，四起诉讼均系双方当事人恶意串通为逃避公司债务提起的虚假诉讼，应当依法纠正。首先，从《商品房订购协议书》的表面形式来看，明显与正常的商品房买卖交易惯例不符，连所订购房屋的具体位置、房号都没有约定；其次，乙投资公司法定代表人方某在刑事侦查中供述双方不存在真实的商品房买卖合同关系，四份商品房订购协议书系伪造，目的是通过双倍返还购房定金的方式转移公司资产，逃避公司债务；最后，在双方无房屋买卖交易的情况下，不存在支付及返还"定金"之说。证明甲商贸公司支付1475万元定金的证据是7张银行凭证，其中一笔600万元的汇款人为案外人戊公司；在甲商贸公司陆续汇入乙投资公司875万元后，乙投资公司又向甲商贸公司汇回175万元，甲商贸公司汇入乙投资公司账户的金额实际仅有700万元，且属于公司内部的调度款。

**监督结果** 2018年1月16日，武汉市中级人民法院对武汉市人民检察院抗诉的四起案件作出民事裁定，指令武汉市蔡甸区人民法院再审。2018年11月19日，武汉市蔡甸区人民法院分别作出再审判决：撤销武汉市蔡甸区人民法院（2010）蔡民二初字第79号、第80号、第81号、第82号四份民事调解书；驳回甲商贸公司全部诉讼请求。2017年，武汉市蔡甸区人民法院民二庭原庭长杨某某、执行二庭原庭长童某被以受贿罪追究刑事责任。

1. 对于虚假诉讼形成的民事调解书，检察机关应当依法监督。虚假诉讼的民事调解有其特殊性，此类案件以调解书形式出现，从外表看是当事人在处分自己的民事权利义务，与他人无关。但其实质是当事人利用调解书形式达到了某种非法目的，获得了某种非法利益，或者损害了他人的合法权益。当事人这种以调解形式达到非法目的或获取非法利益的行为，利用了人民法院的审判权，从实质上突破了调解各方私益的范畴，所处分和损害的利益已不仅仅是当事人的私益，还妨碍了司法秩序，损害司法权威，侵害国家和社会公共利益，应当依法监督。对于此类虚假民事调解，检察机关可以依照民事诉讼法的相关规定提出抗诉。

2. 注重对案件中异常现象的调查核实，查明虚假诉讼的真相。检察机关对办案中发现的异于常理的现象要进行调查，这些异常既包括交易的异常，也包括诉讼的异常。例如，合同约定和合同履行明显不符合交易惯例和常识，可能存在通谋的；案件的立、审、执较之同地区同类型案件异常迅速的；庭审过程明显缺乏对抗性，双方当事人在诉讼过程中对主张的案件事实和证据高度一致等。检察机关要敏锐捕捉异常现象，有针对性地运用调查核实措施，还案件事实以本来面目。

### 第五百八十七条　定金罚则

债务人履行债务的，定金应当抵作价款或者收回。给付定金的一方不履行债务或者履行债务不符合约定，致使不能实现合同目的的，无权请求返还定金；收受定金的一方不履行债务或者履行债务不符合约定，致使不能实现合同目的的，应当双倍返还定金。

● *相关案例索引*

**胡某卿与房地产开发公司房屋买卖合同案**[①]

在商品房买卖合同中，惩罚性赔偿原则并非以"双倍返还"为限，双方当事人愿意在合同中加入惩罚性赔偿的内容，并不违反法律法规的强制性规定，那么该条款可以视为双方给自己可能造成的损害，而采取的额外保护措施，法院对此应予支持。

● *相关规定*

《最高人民法院关于审理商品房买卖合同纠纷案件适用法律若干问题的解释》第4条、第19条；《最高人民法院关于适用〈中华人民共和国民法典〉合同编通则若干问题的解释》第67条

## 第五百八十八条　违约金与定金竞合选择权

当事人既约定违约金，又约定定金的，一方违约时，对方可以选择适用违约金或者定金条款。

定金不足以弥补一方违约造成的损失的，对方可以请求赔偿超过定金数额的损失。

● *条文注释*

合同既约定了违约金，又约定了定金，在当事人不存在明确的特别约定的情况下，如果一方违约，对方当事人可以选择适用违约金或者定金条款，但二者不能并用。不能并用的前提是针对同一违约行为。如果违约金和定金是针对不同的违约行为，则存在并用的可能性，但不应超过违约行为所造成的损失总额。

---

[①]《最高人民法院12月4日发布合同纠纷典型案例》，载最高人民法院网站，https://www.court.gov.cn/zixun/xiangqing/16210.html，2023年12月11日访问。

### 第五百八十九条　债权人受领迟延

债务人按照约定履行债务，债权人无正当理由拒绝受领的，债务人可以请求债权人赔偿增加的费用。

在债权人受领迟延期间，债务人无须支付利息。

● **条文注释**

债权人无正当理由拒绝受领，并不会使债务人的给付义务消灭。但是，债权人受领债务人的履行，是债权人的权利，同时也是其的义务，对该义务的违反一般不会导致债权人的违约责任，而是使债务人的负担或者责任减轻或者使债权人负担由此给债务人增加的费用，可被认为是不真正义务，除非法律另有规定或者当事人另有约定。所谓给债务人增加的费用，包括：（1）债务人提出给付的费用，例如，货物往返运送的费用、履行债务所支付的交通费用、通知费用等；（2）保管给付物的必要费用；（3）其他费用，例如对不宜保存的标的物的处理费用。同时，本条第2款规定，在债权人受领迟延期间，债务人无须支付利息。

### 第五百九十条　因不可抗力不能履行合同

当事人一方因不可抗力不能履行合同的，根据不可抗力的影响，部分或者全部免除责任，但是法律另有规定的除外。因不可抗力不能履行合同的，应当及时通知对方，以减轻可能给对方造成的损失，并应当在合理期限内提供证明。

当事人迟延履行后发生不可抗力的，不免除其违约责任。

### 第五百九十一条 非违约方防止损失扩大义务

当事人一方违约后,对方应当采取适当措施防止损失的扩大;没有采取适当措施致使损失扩大的,不得就扩大的损失请求赔偿。

当事人因防止损失扩大而支出的合理费用,由违约方负担。

### 第五百九十二条 双方违约和与有过错规则

当事人都违反合同的,应当各自承担相应的责任。

当事人一方违约造成对方损失,对方对损失的发生有过错的,可以减少相应的损失赔偿额。

● 条文注释

本条第 2 款关于过失相抵的规则为新增规定。在合同履行过程中,当事人一方的违约行为造成对方损失,但是受损害方对损失的发生也有过错的,构成合同责任中的与有过失,应当实行过失相抵。过失相抵的法律后果是,按照受损害一方当事人对损害发生的过错程度,可以减少违约方相应的损失赔偿额。

### 第五百九十三条 因第三人原因造成违约情况下的责任承担

当事人一方因第三人的原因造成违约的,应当依法向对方承担违约责任。当事人一方和第三人之间的纠纷,依照法律规定或者按照约定处理。

● **典型案例**

**袁某与李某瑛房屋买卖合同案**［云南省临沧市中级人民法院（2020）云09民终320号］

2016年6月20日，袁某与案外人黄某、王某娟、房地产经纪公司签订了《房屋买卖合同书》一份，甲方为案外人黄某、王某娟，乙方为袁某，丙方为房地产经纪公司，三方约定由丙方居间促成甲方将登记在黄某名下的位于临翔区某小区×幢×室的房屋作价516000元出售给乙方，乙方应于合同签订当日向甲方支付首付款100000元，合同签订后一年乙方再向甲方支付50000元；丙方负责按乙方要求及有关规定为乙方办理交易事宜，并于甲方房产证满两年到期后（90天内）帮助乙方办理过户按揭，甲方需配合乙方及丙方办理过户手续，将此房过户到乙方名下；甲方应于2016年6月25日前腾出该房屋，交付乙方占有、使用，并移交该房屋房门钥匙，作为房屋转移占有的标志；该合同同时对双方的其他权利义务作出了约定。

2017年2月21日，李某瑛与袁某、房地产经纪公司签订了《购房订金协议》一份，甲方（卖方）为袁某、乙方（买方）为李某瑛、丙方（中介方）为房地产经纪公司，双方约定甲方自愿将某小区×幢×室房屋转让给乙方，成交价格为575600元。2017年6月4日，李某恒向李某瑛出具《保证》一份，内容为："李某恒向李某瑛保证于6月30日前将某小区×幢×室房屋过户到李某瑛名下；于7月15日前办理完二手房交易流程（过户、公积金提取、贷款）；若在此期限内未办理完成，李某恒自愿退还购房首付款现金235600元，此房产权仍属李某瑛所有；如发生一切纠纷，由李某恒负责。"2018年2月23日，李某恒向李某瑛出具《承诺书》一份，内容为："由于房地产经纪公司李某恒工作失职，导致李某瑛在本公司购买某小区×幢×室房法办理各项手续，购房不成功，特此承诺于2018年3月1日前退还李某瑛部分购房首付款150000元。"2017年5月28日至2018年1月6日期间，李某恒退还了李某瑛购房款120000元，袁某未向李某瑛退还过任何费用。

2018年1月5日，李某恒与案外人王某秋签订了《房屋买卖合同》一份，甲方（卖方）为鲁某萍，委托代理人为李某恒，乙方（买方）为案外人王某秋，双方约定：甲方将某小区×幢×室房屋以700000元价格转让给乙方，乙方支付的定金270000元用于抵扣房款，并于2018年1月8日前支付银行贷款310000元，剩余120000元尾款于过户当天支付甲方；该合同同时对双方其他权利义务作出了约定。2018年1月15日，某小区×幢×室房屋在临沧市临翔区不动产登记中心办理了不动产登记手续，房屋所有权人为案外人王某秋，不动产权证号为云〔2018〕临翔区不动产权第××号。现因被告未按约定将涉案房屋过户给李某瑛，故李某瑛为维护自身合法权益提起诉讼。王某秋于2018年9月3日向一审法院提起诉讼，要求李某瑛立即搬离涉案的某小区×幢×室房屋，并支付相应房产占用费等费用。

一审法院认为，房屋买卖合同是指出卖人将房屋所有权转移给买受人，买受人支付价款的合同。无处分权的人处分他人财产，经权利人追认或者无处分权的人订立合同后取得处分权的，该合同有效。无效的合同或者被撤销的合同自始没有法律约束力。合同无效或者被撤销后，因该合同取得的财产，应当予以返还；不能返还或者没有必要返还的，应当折价补偿。有过错的一方应当赔偿对方因此所受到的损失，双方都有过错的，应当各自承担相应的责任。当事人既约定违约金，又约定定金的，一方违约时，对方可以选择适用违约金或者定金条款。本案中，某小区×幢×室房屋的原所有权人为案外人黄某，袁某作为非产权所有人,其与李某瑛签订了《购房订金协议》及《房屋买卖合同》来转让涉案房产,并没有原所有权人黄某的授权。而合同签订后,涉案房屋的原所有权人黄某也没有进行追认,且袁某至今都未取得涉案房屋的处分权,故李某瑛与袁某、房地产经纪公司签订的《购房订金协议》及《房屋买卖合同》因违反法律的强制性规定,应属无效合同,对双方自始没有法律约束力。

二审法院认为,袁某与李某瑛签订的《房屋买卖合同》《购房订金协议》是在平等自愿基础上订立,是双方真实意思表示,合法有效。关于袁某是否应承担本案责任的问题。袁某在明知自己无房屋所有权的情况下与李某瑛签订《房屋买卖合同》,后因为房地产经纪公司及李某恒将涉案房屋过户至案外人王某秋名下,造成无法实际履行合同义务,袁某作为合同相对方仍应向李某瑛承担违约责任。

## 第五百九十四条　国际贸易合同诉讼时效和仲裁时效

因国际货物买卖合同和技术进出口合同争议提起诉讼或者申请仲裁的时效期间为四年。

● *相关规定*

《最高人民法院关于审理民事案件适用诉讼时效制度若干问题的规定》第11条、第17条;《仲裁法》第74条;《拍卖法》第61条;《劳动争议调解仲裁法》第27条

# 第二分编　典型合同

## 第九章　买卖合同

**第五百九十五条　买卖合同的概念**

买卖合同是出卖人转移标的物的所有权于买受人，买受人支付价款的合同。

**第五百九十六条　买卖合同条款**

买卖合同的内容一般包括标的物的名称、数量、质量、价款、履行期限、履行地点和方式、包装方式、检验标准和方法、结算方式、合同使用的文字及其效力等条款。

**第五百九十七条　无权处分的违约责任**

因出卖人未取得处分权致使标的物所有权不能转移的，买受人可以解除合同并请求出卖人承担违约责任。

法律、行政法规禁止或者限制转让的标的物，依照其规定。

● *相关案例索引*

**万某、万某某诉狄某等房屋买卖合同纠纷案**（《最高人民法院公报》2018年第2期）

共同居住的家庭成员，以自己的名义将其他家庭成员名下的房屋出卖给他人，该行为对房屋所有人是否有效，须判断房屋所有人是否事前知晓且同意。为此，人民法院应当结合房屋产权证书、钥匙是否为房屋所有人持有，对价支付情况，买受人实际占有房屋持续时间以及相关证人证言等综合判定。

### 第五百九十八条　出卖人基本义务

出卖人应当履行向买受人交付标的物或者交付提取标的物的单证，并转移标的物所有权的义务。

● **典型案例**

**吴某诉纸业公司买卖合同纠纷案（最高人民法院指导案例2号）**

原告吴某系四川省眉山市东坡区吴某收旧站业主，从事废品收购业务。约自2004年开始，吴某出售废书给被告纸业公司。2009年4月14日，双方通过结算，纸业公司向吴某出具欠条载明：今欠到吴某废书款壹佰玖拾柒万元整（￥1970000.00）。同年6月11日，双方又对后期货款进行了结算，纸业公司向吴某出具欠条载明：今欠到吴某废书款伍拾肆万捌仟元整（￥548000.00）。因经多次催收上述货款无果，吴某向眉山市东坡区人民法院起诉，请求法院判令纸业公司支付货款251.8万元及利息。被告纸业公司对欠吴某货款251.8万元没有异议。

一审法院经审理后判决：被告纸业公司在判决生效之日起十日内给付原告吴某货款251.8万元及违约利息。宣判后，纸业公司向眉山市中级人民法院提起上诉。二审审理期间，纸业公司于2009年10月15日与吴某签订了一份还款协议，商定纸业公司的还款计划，吴某则放弃了支付利息的请求。同年10月20日，纸业公司以自愿与对方达成和解协议为由申请撤回上诉。眉山市中级人民法院裁定准予撤诉后，因纸业公司未完全履行和解协议，吴某向一审法院申请执行一审判决。眉山市东坡区人民法院对吴某申请执行一审判决予以支持。纸业公司向眉山市中级人民法院申请执行监督,主张不予执行原一审判决。

眉山市中级人民法院于2010年7月7日作出(2010)眉执督字第4号复函认为:根据吴某的申请,一审法院受理执行已生效法律文书并无不当,应当继续执行。

法院认为:纸业公司对于撤诉的法律后果应当明知,即一旦法院裁定准予其撤回上诉,眉山市东坡区人民法院的一审判决即为生效判决,具有强制执行的效力。虽然二审期间双方在自愿基础上达成的和解协议对相关权利义务做出约定,纸业公司因该协议的签订而放弃行使上诉权,吴某则放弃了利息,但是该和解协议属于双方当事人诉讼外达成的协议,未经人民法院依法确认制作调解书,不具有强制执行力。纸业公司未按和解协议履行还款义务,违背了双方约定和诚实信用原则,故对其以双方达成和解协议为由,主张不予执行原生效判决的请求不予支持。

● **相关规定**

《最高人民法院关于审理买卖合同纠纷案件适用法律问题的解释》第25条

**第五百九十九条** 出卖人义务:交付单证、交付资料

出卖人应当按照约定或者交易习惯向买受人交付提取标的物单证以外的有关单证和资料。

● **典型案例**

**赵某春、陈某悦与赵某新、周某秋房屋买卖合同案**［浙江省温州市中级人民法院（2020）浙03民终3560号］

赵某春、陈某悦系夫妻，原有坐落于文成县房屋，后因苔湖片区改造，上述房屋被征收。2012年1月11日，赵某春、陈某悦与文成县房屋征收管理办公室签订《房屋征收补偿安置协议书》。2014年3月4日，周某秋与赵某春签订《房屋买卖协议书》，约定：赵某春将坐落于文成县××号店面出卖给赵某新、周某秋；赵某春已收到购房定金10万元；2014年3月10日前付364500元；扣留5万元待出卖人手续办出交给买受人原告，同时办理过户手续，房管局接收后付清5万元。2014年3月6日，双方就上述店面又签订《房屋买卖合同》一份。同日，向赵某春账户汇款364500元。2014年5月1日，双方签订《房屋买卖协议》一份，约定：赵某春、陈某悦将坐落于文成县××号辅助房（店面后面），出卖给赵某新、周某秋；已收到购房款252000元。同日，双方就上述辅助房又签订一份《房屋买卖合同》。赵某新、周某秋向赵某春账户存入250000元，并代赵某春支付中介费2100元。

一审法院认为，双方签订的《房屋买卖协议书》与《房屋买卖合同》，已经人民法院判决确认有效并发生法律效力，双方当事人均应按照合同约定，全面履行各自义务。合同约定的买卖标的物为店面房及附属辅助房，现标的物具体地址及面积均已确定，出卖人应向房屋征收管理部门办理安置房结算手续，并办理产权初始证件，交房条件已具备。因此，赵某新、周某秋请求协助办理产权过户手续并交房，应予支持。

二审法院认为，人民法院生效判决具有既判力。本案双方当事人之间有关诉争《房屋买卖协议书》《房屋买卖合同》的效力已经生效判决认定。同时，在文成县人民法院（2018）浙0328民初441号民事判决和本院（2018）浙03民终2199号民事判决中，业已就赵某春、陈某悦主张买卖合同系"真典假卖"、胁迫订立、附条件生效、价格显失公平，以及安置房已抵押转让无效等抗辩理由进行了审理认定。合法有效的合同，对合同当事人具有法律约束力。诉争《房屋买卖协议书》《房屋买卖合同》已对房屋单价、总价以及价款结算方式作出了明确约定，双方当事人均应恪守履行。现安置房位置已确认，并已具备交付及办理不动产权属登记的条件，赵某春、陈某悦作为出卖人应当积极履行，赵某新、周某秋请求交房并办理权属登记，于法有据，应予支持。

● 相关规定

《消费者权益保护法》第22条；《最高人民法院关于审理买卖合同纠纷案件适用法律问题的解释》第4条

## 第六百条　买卖合同知识产权保留条款

出卖具有知识产权的标的物的，除法律另有规定或者当事人另有约定外，该标的物的知识产权不属于买受人。

● 条文注释

出卖具有知识产权的标的物的，除了法律另有规定或者当事人另有约定之外，该标的物的知识产权并不随同标的物的所有权一并转移于买受人。这就是"知识产权保留条款"。例如购买著作权人享有著作权的作品，只能买到这本书，而不能买到这本书的著作权，著作权仍然保留在作者手中。

### 第六百零一条　出卖人义务：交付期间

出卖人应当按照约定的时间交付标的物。约定交付期限的，出卖人可以在该交付期限内的任何时间交付。

### 第六百零二条　标的物交付期限不明时的处理

当事人没有约定标的物的交付期限或者约定不明确的，适用本法第五百一十条、第五百一十一条第四项的规定。

### 第六百零三条　买卖合同标的物的交付地点

出卖人应当按照约定的地点交付标的物。

当事人没有约定交付地点或者约定不明确，依据本法第五百一十条的规定仍不能确定的，适用下列规定：

（一）标的物需要运输的，出卖人应当将标的物交付给第一承运人以运交给买受人；

（二）标的物不需要运输，出卖人和买受人订立合同时知道标的物在某一地点的，出卖人应当在该地点交付标的物；不知道标的物在某一地点的，应当在出卖人订立合同时的营业地交付标的物。

● **典型案例**

**索某与武某合同纠纷案**［山东省枣庄市中级人民法院（2020）鲁04民终380号］

2018年12月5日，案外人薛某飞为涉案传祺牌GA××××型小轿车投保交强险，其中被保险机动车号牌号码标注为"新车"；2019年1月1日，该车交强险的被保险人由案外人薛某飞更改为原告索某。

2018年12月31日被告汽车销售公司开具机动车销售发票，其中记载购买方名称为索某、车辆类型为传祺牌GA××××、汽车含税价为64800元、增值税率为16%。2019年1月8日原告索某在被告某汽贸处提车并办理临时牌照冀D××××。

一审法院认为，涉案传祺牌GA××××型小轿车从未归属于被告某汽贸处所有，在车辆短暂地停放于被告某汽贸处期间，也仅能认定为占有而非所有。根据被告某汽贸处提供的微信聊天记录可以看出，某汽贸处系受原告武某委托寻找GA4车型，向原告报告车型、价款并对车辆进行运输，且被告汽车销售公司出具的发票中亦注明购买方为"索某"，亦可证明某汽贸处是以索某的名义购车，故被告某汽贸处与原告索某、武某并非买卖合同关系。被告汽车销售公司与原告索某之间系买卖合同关系。涉案传祺牌GA××××型小轿车（车辆识别代号：LMWFR1385J1004708）在交付原告索某之前，就已存在后备厢内部及右后叶子板碰撞并维修过的事实。案涉车辆的修复部位仅有右后备厢内部及右后叶子板，无证据证明车辆损伤面积较大，原告在交车时肉眼已无法察觉。对于该车在流通或存储环节产生的此类轻微瑕疵，经营者通过轻微的手段进行消除的行为，属于车辆交付前合理的整理行为。该类问题及相应的整理行为显著轻微，不涉及消费者人身健康和安全，几乎不涉及其实质性财产利益，对于车辆的实际使用并不会产生很大程度的影响。然而，涉案车辆事前已经被案外人薛某飞投保了交强险，且在运输过程中存在碰撞的事实对消费者的消费心理和财产利益具有一定的影响，经营者应向消费者如实告知，汽车销售公司未予告知，侵犯了消费者的知情权。至于被告汽车销售公司违反法定告知义务是否构成欺诈，应综合考虑是否影响到原告索某缔约的根本目的，汽车销售公司是否存在隐瞒相关信息的主观故意等因素。

二审法院认为，根据一审查明的事实，汽车销售公司与索某没有签订书面的汽车销售合同，但经由某汽贸处促成，案涉车辆交付索某，汽车销售公司向索某开具了机动车销售发票，双方已达成汽车买卖的合意，因此，汽车销售公司与索某之间系买卖合同关系。上诉人并无证据证实汽车销售公司存在欺诈的故意，因此，不能适用欺诈赔偿的条款。对于车辆存在的瑕疵，应当认定为属于履行合同不符合约定，应酌情认定赔偿数额。

● *相关规定*

《最高人民法院关于审理买卖合同纠纷案件适用法律问题的解释》第 8 条

**第六百零四条** 标的物的风险承担

标的物毁损、灭失的风险，在标的物交付之前由出卖人承担，交付之后由买受人承担，但是法律另有规定或者当事人另有约定的除外。

● *相关规定*

《最高人民法院关于审理商品房买卖合同纠纷案件适用法律若干问题的解释》第 8 条

**第六百零五条** 迟延交付标的物的风险负担

因买受人的原因致使标的物未按照约定的期限交付的，买受人应当自违反约定时起承担标的物毁损、灭失的风险。

● *典型案例*

**张某与肥料公司买卖合同案** ［山东省泰安市中级人民法院（2019）鲁09民终2846号］

在合同纠纷案件中，主张合同关系成立并生效的一方当事人对合同关系成立和生效的事实承担举证责任，《最高人民法院关于适用〈中华人民共和国民事诉讼法〉的解释》第九十一条规定，主张法律关系存在的当事人应当对产生该法律关系的基本事实承担举证证明责任。本案中，原告提交的被告张某出具的收条足以证实其与被告张某之间存在买卖合同关系。买卖合同系双务合同，原告提供货物后，被告应当支付相应的合同价款。

法院生效裁判认为，关于上诉人张某与被上诉人肥料公司之间是否存在买卖合同关系的问题，被上诉人肥料公司提交上诉人张某向其出具的收条原件，收条载明张某收到多果乐化肥30吨，应认定上诉人与被上诉人肥料公司之间存在买卖化肥的合同关系。上诉人主张收条是其向刘某出具的，刘某从未告知过其与肥料公司的关系。被上诉人肥料公司称刘某系其公司业务员，公司对该笔买卖业务知情。因刘某系肥料公司业务员，即便刘某与上诉人发生买卖业务时未告知身份，而以自己的名义与上诉人订立买卖合同，上诉人以不知刘某身份来抗辩与被上诉人肥料公司不存在买卖关系，不能成立。

关于上诉人提出的诉讼时效抗辩，因双方对收条载明的化肥款并未约定付款期限，被上诉人肥料公司作为债权人可以随时向上诉人主张权利。肥料公司提起本案诉讼时诉讼时效起算，故肥料公司向上诉人主张权利并未超出诉讼时效期间。上诉人的诉讼时效抗辩不能成立，本院不予采纳。

**第六百零六条　路货买卖中的标的物风险转移**

出卖人出卖交由承运人运输的在途标的物，除当事人另有约定外，毁损、灭失的风险自合同成立时起由买受人承担。

**第六百零七条　需要运输的标的物风险负担**

出卖人按照约定将标的物运送至买受人指定地点并交付给承运人后，标的物毁损、灭失的风险由买受人承担。

当事人没有约定交付地点或者约定不明确，依据本法第六百零三条第二款第一项的规定标的物需要运输的，出卖人将标的物交付给第一承运人后，标的物毁损、灭失的风险由买受人承担。

● 相关规定

《最高人民法院关于审理买卖合同纠纷案件适用法律问题的解释》第7条

**第六百零八条　买受人不履行接受标的物义务的风险负担**

出卖人按照约定或者依据本法第六百零三条第二款第二项的规定将标的物置于交付地点，买受人违反约定没有收取的，标的物毁损、灭失的风险自违反约定时起由买受人承担。

**第六百零九条　未交付单证、资料的风险负担**

出卖人按照约定未交付有关标的物的单证和资料的，不影响标的物毁损、灭失风险的转移。

● **条文注释**

没有交付单证和资料，并不意味着权属没有转移。交付单证和资料仅仅是从义务，而不是主义务。买卖合同只要完成交付标的物的主义务，标的物的所有权就发生转移。因此，不能因为有关单证和资料没有交付而认为交付没有完成。既然标的物的所有权已经发生转移，标的物意外灭失风险当然也就由买受人负担。

## 第六百一十条　根本违约

因标的物不符合质量要求，致使不能实现合同目的的，买受人可以拒绝接受标的物或者解除合同。买受人拒绝接受标的物或者解除合同的，标的物毁损、灭失的风险由出卖人承担。

● **典型案例**

**科技公司与智能公司买卖合同案**［北京市第三中级人民法院（2020）京03民终4981号］

2018年1月3日，智能公司与科技公司签订《采购订单合同》，约定：科技公司向智能公司出售工业底盘2台、充电桩1台，价格合计163510元。2018年1月19日，智能公司支付科技公司81755元。2018年3月8日，智能公司支付科技公司81755元。

一审庭审中，双方的主要争议在于涉案设备的质量问题。智能公司提供微信聊天记录、《售后维护反馈》、维修清单、《关于工业机器人底盘质量问题联系函》《现场问题交流》等，以此证明涉案设备在2018年4月19日至7月5日期间出现问题，无法正常使用，科技公司对此予以认可，后经返修，设备在2018年9月4日仍然无法正常使用。科技公司对除《关于工业机器人底盘质量问题联系函》以外的证据真实性予以认可，但是不认可证明目的，对《关于工业机器人底盘质量问题联系函》的真实性、关联性均不予认可。

一审法院认为，2018年1月3日智能公司与科技公司签订的《采购订单合同》系双方真实意思表示，且不违反法律、行政法规的强制性规定，合法有效，各方均应全面履行。智能公司以科技公司之涉案设备存在质量问题，不能达到合同目的主张解除合同，科技公司分别以涉案设备质量合格、超过验收期抗辩。关于验收期一节，综合标的物的性质、交易目的、安装和使用情况、瑕疵的性质、买受人应尽的合理注意义务、检验方法和难易程度、实际维修情况、双方联系情况等，该院对科技公司该抗辩意见不予采纳。关于质量一节，依据《现场问题交流》，考虑返修、双方陈述等显示涉案设备存在质量问题，故该院对智能公司主张解除涉案合同一节予以支持，在涉案合同解除后，智能公司应将涉案设备返还科技公司，科技公司应将相应款项返还智能公司。

二审法院认为，科技公司称智能公司提出的技术要求并不包括在合同约定范围之内，在验收期内并未提出任何异议，且智能公司支付剩余货款的行为可以证明其认可货物质量、认可产品参数符合要求。因此，涉案机器不存在质量问题，双方合同已经履行完毕，故智能公司无权要求解除合同。

## 第六百一十一条　买受人承担风险与出卖人违约责任关系

标的物毁损、灭失的风险由买受人承担的，不影响因出卖人履行义务不符合约定，买受人请求其承担违约责任的权利。

● **条文注释**

本条是对标的物意外灭失风险负担不影响违约责任的规定。

标的物意外灭失风险负担与承担违约责任是两种不同的规则，前者是由于买卖合同的标的物发生不可归责于当事人的原因而意外灭失，法律判断这种意外灭失风险由哪一方负担的规则；后者是当事人一方违反合同义务，应当向对方承担违约责任，救济对方因违约而发生损害的规则。

### 第六百一十二条　出卖人的权利瑕疵担保义务

> 出卖人就交付的标的物，负有保证第三人对该标的物不享有任何权利的义务，但是法律另有规定的除外。

● **典型案例**

**郑某安与某物业发展公司商品房买卖合同纠纷再审检察建议案**
（最高人民检察院指导性案例第156号）

2004年3月13日，郑某安与某物业发展公司订立《商品房买卖合同》，约定：购买商业用房，面积251.77平方米，单价2万元/平方米，总价503.54万元。合同还约定了交房日期、双方违约责任等条款。郑某安付清首付款201.44万元，余款302.1万元以银行按揭贷款的方式支付。2005年6月，某物业发展公司将案涉商铺交付郑某安使用，后郑某安将房屋出租。郑某安称因某物业发展公司未提供相关资料，导致案涉商铺至今未办理过户手续。2012年1月16日，某物业发展公司与某百货公司订立《商品房买卖合同》，将包括郑某安已购商铺在内的一层46-67号商铺2089.09平方米，以单价0.9万元/平方米，总价1880.181万元，出售给某百货公司。2012年1月20日，双方办理房屋产权过户手续。某物业发展公司向某百货公司依约交接一层46-67号商铺期间，某物业发展公司与郑某安就商铺回购问题协商未果。

2013年2月28日，郑某安将某物业发展公司诉至青海省高级人民法院，请求判令：解除双方签订的《商品房买卖合同》，返还已付购房款503.54万元，并承担已付购房款一倍的赔偿及房屋涨价损失。一审法院委托评估，郑某安已购商铺以2012年1月20日作为基准日的市场价格为：单价6.5731万元/平方米，总价为1654.91万元。一审法院认定，某物业发展公司于2012年1月20日向某百货公司办理案涉商铺过户手续，导致郑某安与某物业发展公司签订的《商品房买卖合同》无法继续履行，构成违约。因违约给郑某安造成的损失，应以合同正常履行后可获得的利益为限，某物业发展公司应按此时的案涉商铺市场价与购买价之间的差价1151.37万元，向郑某安赔偿。郑某安主张的按揭贷款利息为合同正常履行后为获得利益所支出的必要成本，其应获得的利益在差价部分已得到补偿。某物业发展公司在向某百货公司交付商铺产权时，曾就案涉商铺问题与郑某安协商过，并且某物业公司以同样方式回购了其他商铺，因此某物业发展公司实施的行为有别于"一房二卖"中出卖人存在欺诈或恶意的情形，郑某安请求某物业发展公司承担已付购房款一倍503.54万元的赔偿责任，不予支持。据此，一审法院判令：解除《商品房买卖合同》；某物业发展公司向郑某安返还已付购房款503.54万元、赔偿商铺差价损失1151.37万元。

郑某安、某物业发展公司均不服一审判决，向最高人民法院提出上诉。二审法院认定，某物业发展公司与郑某安订立《商品房买卖合同》时，《最高人民法院关于审理商品房买卖合同纠纷案件适用法律若干问题的解释》已经实施。因此，某物业发展公司应当预见到如其违反合同约定，根据该司法解释第八条规定，可能承担的违约责任，除对方当事人所遭受直接损失外，还可能包括已付购房款一倍的赔偿。综合本案郑某安实际占有案涉商铺并出租获益6年多，以及某物业发展公司将案涉商铺转售他人的背景、原因、交易价格等因素，一审判决以合同无法继续履行时点的市场价与郑某安购买价之间的差额作为可得利益损失，判令某物业发展公司赔偿郑某安1151.37万元，导致双方当事人之间利益失衡，超出当事人对违反合同可能造成损失的预期。根据《中华人民共和国合同法》第一百一十三条第一款规定精神，为了更好地平衡双方当事人利益，酌定某物业发展公司赔偿郑某安可得利益损失503.54万元。据此，二审判决判令：解除《商品房买卖合同》，某物业发展公司向郑某安返还已付购房款503.54万元、赔偿商铺差价损失503.54万元。

郑某安不服二审判决，向最高人民法院申请再审，该院裁定驳回郑某安提出的再审申请。

**受理及审查情况** 郑某安不服二审判决，向最高人民检察院申请监督。最高人民检察院通过调阅卷宗并询问当事人，重点对以下问题进行审查：一是审查郑某安主张的房屋差价损失1151.37万元是否属于可得利益损失及应否赔偿。本案中，郑某安依约支付购房款，其主要合同义务履行完毕，某物业发展公司亦已将案涉商铺交付郑某安。因不可归责于郑某安原因，案涉商铺未办理产权过户手续。其后，某物业发展公司再次出售案涉商铺给某百货公司并办理过户，构成违约，应当承担违约责任。依照《中华人民共和国合同法》规定，违约损失赔偿额相当于因违约所造成的损失，包括合同履行后可以获得的利益，但不得超过违反合同一方订立合同时预见到或者应当预见到的因违反合同可能造成的损失。某物业发展公司作为从事房地产开发的专业企业，订立合同时应预见到，若违反合同约定，将承担包括差价损失赔偿在内的违约责任。当某物业发展公司再次出售案涉商铺时，对案涉商铺市价应当知悉，对因此给郑某安造成的房屋差价损失也是明知的。因此，案涉房屋差价损失1151.37万元属于可得利益损失，某物业发展公司应予赔偿。二是审查生效判决酌定某物业发展公司赔偿郑某安可得利益损失503.54万元，是否属于适用法律确有错误。某物业发展公司擅自再次出售案涉商铺，主观恶意明显，具有过错，应受到法律否定性评价。郑某安出租商铺收取租金，是其作为房屋合法占有人所享有的权利，不应作为减轻某物业发展公司民事赔偿责任的事实依据。案涉商铺第二次出售价格虽仅为0.9万元/平方米，但郑某安所购商铺的评估价格为6.5731万元/平方米，某物业发展公司作为某百货公司发起人，将案涉商铺以较低价格出售给关联企业某百货公司，双方存在利害关系，故案涉商铺的第二次出售价格不应作为减轻某物业发展公司民事赔偿责任的事实依据。

**监督意见**　最高人民检察院在对郑某安主张的可得利益损失是否应予赔偿以及酌定调整可得利益损失数额是否属行使裁量权失当等情况进行全面、客观审查后，认为生效判决适用法律确有错误，且有失公平，遂于2019年1月21日依法向最高人民法院发出再审检察建议。

**监督结果**　最高人民法院于2020年3月31日作出民事裁定，再审本案。再审中，在法庭主持下，郑某安与某物业发展公司达成调解协议，主要内容为：（一）解除双方订立的《商品房买卖合同》；（二）某物业发展公司向郑某安返还已付购房款503.54万元，赔偿可得利益损失503.54万元；（三）某物业发展公司另行支付郑某安商铺差价损失450万元，于2020年12月31日支付200万元，于2021年5月31日前付清其余250万元；某物业发展公司如未能如期足额向郑某安付清上述款项，则再赔偿郑某安差价损失701.37万元。最高人民法院出具民事调解书对调解协议依法予以确认。

（一）检察机关在办理"一房二卖"民事纠纷监督案件中，应当加强对可得利益损失法律适用相关问题的监督。根据《中华人民共和国合同法》第一百一十三条规定，当事人一方不履行合同义务或者履行合同义务不符合约定，给对方造成损失的，损失数额应当相当于因违约所造成的损失，包括合同履行后可以获得的利益。"一房二卖"纠纷中，出卖人先后与不同买受人订立房屋买卖合同，后买受人办理房屋产权过户登记手续的，前买受人基于房价上涨产生的房屋差价损失，属于可得利益损失，可以依法主张赔偿。同时，在计算和认定可得利益损失时，应当综合考虑可预见规则、减损规则、损益相抵规则等因素，合理确定可得利益损失数额。本案系通过再审检察建议的方式开展监督，法院采纳监督意见进行再审后，依法促成双方当事人达成调解协议，实现案结事了人和。在监督实务中，检察机关应当根据案件实际情况，合理选择抗诉或再审检察建议的方式开展监督，实现双赢多赢共赢。

（二）检察机关应当加强对行使自由裁量权明显失当行为的监督，促进案件公正审理。司法机关行使自由裁量权，应当根据法律规定和立法精神，坚持合法、合理、公正、审慎的原则，对案件事实认定、法律适用等关键问题进行综合分析判断，并作出公平公正的裁判。司法实践中，有的案件办理未能充分体现法律精神，裁量时违反市场交易一般规则，导致裁量失当、裁判不公。在"一房二卖"纠纷中，涉案房屋交付使用后，签约在先的买受人出租房屋所获取的租金收益，系其履行房屋买卖合同主要义务后，基于合法占有而享有的权益，而非买受人基于出卖人违约所获得的利益，不能作为法院酌减违约赔偿金的考量因素。对行使自由裁量权失当问题，检察机关应当依法加强监督，在实现个案公正的基础上，促进统一裁判标准，不断提升司法公信，维护司法权威。

**第六百一十三条　权利瑕疵担保责任之免除**

买受人订立合同时知道或者应当知道第三人对买卖的标的物享有权利的，出卖人不承担前条规定的义务。

**第六百一十四条　买受人的中止支付价款权**

买受人有确切证据证明第三人对标的物享有权利的，可以中止支付相应的价款，但是出卖人提供适当担保的除外。

**第六百一十五条　买卖标的物的质量瑕疵担保**

出卖人应当按照约定的质量要求交付标的物。出卖人提供有关标的物质量说明的，交付的标的物应当符合该说明的质量要求。

● *典型案例*

**房车销售公司与工贸公司买卖合同案**［北京市第一中级人民法院（2020）京01民终1689号］

2017年7月21日，房车销售公司与工贸公司签订销售合同书，约定：工贸公司购买斯宾特324商旅车1辆，价款940000元。第七条保修条款约定：1. 卖售方保证所提供的车辆符合出厂标准。2. 产品质量按生产企业的技术标准执行，由出售方授权的维修站提供"三包"服务，卖售方按生产企业的"三包"条款支付"三包"费用。3. 保修期上装改部分为买受方支付全款后两年内，具体保修范围详见车辆说明书和保养手册。同日，房车销售公司开具销售发票，价税合计940000元。2017年9月9日，甲方工贸公司与乙方房车销售公司签订协议书，约定：甲方于2017年7月21日购买乙方奔驰斯宾特

324商旅车，在使用期间发生车顶漏雨情况。双方协商后决定：1. 此车由乙方收回，重新定做一台同款同配置车型换给甲方；2. 新车内部设计需乙方先出方案待甲方确认后执行；3. 新车上牌期间所发生的一切税费由乙方承担，办好手续后将新车交付甲方；4. 换车完成后，甲方同意将原车（×××）车牌暂借乙方使用作为换车条件，使用期限为换车完成后至2018年5月31日，在乙方使用甲方车牌期限范围内出现的一切经济纠纷、交通事故等损失，均由乙方承担；除此之外，一切损失与乙方无关；5. 乙方于2018年5月31日前处理好原车，原车车牌在乙方使用期限内的一切经济纠纷、赔偿、违章等事宜后，将车牌归还甲方。如有逾期，乙方需支付每日总车款1%的违约金。后工贸公司多次催促房车销售公司履行换车义务，房车销售公司于2017年12月20日回复，因奔驰斯宾特324底盘紧俏，要求工贸公司耐心等待反馈。截至起诉日，房车销售公司仍未履行换车义务。现涉案车辆仍由工贸公司占有。工贸公司主张房车销售公司违约，要求退车、退款。房车销售公司认为可以继续履行协议，不同意退车、退款。房车销售公司主张收到工贸公司93万元，工贸公司不予认可，认为还交纳了1万元的现金定金。工贸公司未提交车辆购置税票据。

一审法院认为，工贸公司与房车销售公司签署《销售合同书》、协议书均系双方真实意思表示，其内容未违反国家法律、行政法规等强制性规定，应为有效。双方均应严格履行各自合同义务。依据法律规定，出卖人对出卖的标的物负有瑕疵担保义务，出卖人交付的标的物质量不符合约定的，受损害方根据标的的性质以及损失的大小，可以合理选择要求对方承担修理、更换、重作、退货、减少价款或者报酬等违约责任。房车销售公司应当保证其交付的标的物品质符合要求，其应承担物的效用瑕疵担保责任。工贸公司购买涉案车辆漏雨，经双方协商签署协议书，房车销售公司同意更换车辆，但截至起诉日，房车销售公司仍未履行换车义务，构成违约。工贸公司依法可以要求退车、退款。

二审法院认为，依据工贸公司与房车销售公司签订的协议书内容可以确认，房车销售公司认可交付的涉案车辆存在质量问题即出现车顶漏雨现象，亦同意为工贸公司更换车辆，但至本院二审审理期间，房车销售公司仍未履行换车义务，且确认已无法按约定为工贸公司更换涉案车辆，其行为构成违约，工贸公司可以要求退车、退款。

## 第六百一十六条　标的物法定质量担保义务

当事人对标的物的质量要求没有约定或者约定不明确，依据本法第五百一十条的规定仍不能确定的，适用本法第五百一十一条第一项的规定。

● *条文注释*

本条是对标的物质量要求确定方法的规定。

在买卖合同中，当事人如果对标的物的质量标准没有约定或者约定不明确，可以通过法律规定的质量标准确定方法予以确定。确定的办法是：（1）依照《民法典》第510条的规定进行补充协商，确定标的物的质量标准；（2）在补充协商中，双方当事人不能达成补充协议的，则按照合同的有关条款或者交易习惯确定；（3）按照合同的有关条款或者交易习惯仍然不能确定的，出卖人应按照国家标准、行业标准履行；没有国家标准、行业标准的，出卖人应按照通常标准或者符合合同目的的特定标准确定。

### 第六百一十七条　质量瑕疵担保责任

出卖人交付的标的物不符合质量要求的,买受人可以依据本法第五百八十二条至第五百八十四条的规定请求承担违约责任。

### 第六百一十八条　标的物瑕疵担保责任减免的特约效力

当事人约定减轻或者免除出卖人对标的物瑕疵承担的责任,因出卖人故意或者重大过失不告知买受人标的物瑕疵的,出卖人无权主张减轻或者免除责任。

● **相关规定**

《产品质量法》第 40~44 条、第 46 条;《消费者权益保护法》第 11 条、第 40 条、第 48~52 条、第 55 条

### 第六百一十九条　标的物的包装方式

出卖人应当按照约定的包装方式交付标的物。对包装方式没有约定或者约定不明确,依据本法第五百一十条的规定仍不能确定的,应当按照通用的方式包装;没有通用方式的,应当采取足以保护标的物且有利于节约资源、保护生态环境的包装方式。

### 第六百二十条　买受人的检验义务

买受人收到标的物时应当在约定的检验期限内检验。没有约定检验期限的,应当及时检验。

● **相关规定**

《最高人民法院关于审理买卖合同纠纷案件适用法律问题的解释》第 12 条

### 第六百二十一条　买受人检验标的物的异议通知

当事人约定检验期限的,买受人应当在检验期限内将标的物的数量或者质量不符合约定的情形通知出卖人。买受人怠于通知的,视为标的物的数量或者质量符合约定。

当事人没有约定检验期限的,买受人应当在发现或者应当发现标的物的数量或者质量不符合约定的合理期限内通知出卖人。买受人在合理期限内未通知或者自收到标的物之日起二年内未通知出卖人的,视为标的物的数量或者质量符合约定;但是,对标的物有质量保证期的,适用质量保证期,不适用该二年的规定。

出卖人知道或者应当知道提供的标的物不符合约定的,买受人不受前两款规定的通知时间的限制。

### 第六百二十二条　检验期限或质量保证期过短的处理

当事人约定的检验期限过短,根据标的物的性质和交易习惯,买受人在检验期限内难以完成全面检验的,该期限仅视为买受人对标的物的外观瑕疵提出异议的期限。

约定的检验期限或者质量保证期短于法律、行政法规规定期限的,应当以法律、行政法规规定的期限为准。

### 第六百二十三条　标的物数量和外观瑕疵检验

当事人对检验期限未作约定，买受人签收的送货单、确认单等载明标的物数量、型号、规格的，推定买受人已经对数量和外观瑕疵进行检验，但是有相关证据足以推翻的除外。

### 第六百二十四条　向第三人履行情形的检验标准

出卖人依照买受人的指示向第三人交付标的物，出卖人和买受人约定的检验标准与买受人和第三人约定的检验标准不一致的，以出卖人和买受人约定的检验标准为准。

### 第六百二十五条　出卖人的回收义务

依照法律、行政法规的规定或者按照当事人的约定，标的物在有效使用年限届满后应予回收的，出卖人负有自行或者委托第三人对标的物予以回收的义务。

● **相关规定**

《最高人民法院关于审理买卖合同纠纷案件适用法律问题的解释》第12条、第13条

### 第六百二十六条　买受人支付价款及方式

买受人应当按照约定的数额和支付方式支付价款。对价款的数额和支付方式没有约定或者约定不明确的，适用本法第五百一十条、第五百一十一条第二项和第五项的规定。

### 第六百二十七条　买受人支付价款的地点

买受人应当按照约定的地点支付价款。对支付地点没有约定或者约定不明确，依据本法第五百一十条的规定仍不能确定的，买受人应当在出卖人的营业地支付；但是，约定支付价款以交付标的物或者交付提取标的物单证为条件的，在交付标的物或者交付提取标的物单证的所在地支付。

### 第六百二十八条　买受人支付价款的时间

买受人应当按照约定的时间支付价款。对支付时间没有约定或者约定不明确，依据本法第五百一十条的规定仍不能确定的，买受人应当在收到标的物或者提取标的物单证的同时支付。

### 第六百二十九条　出卖人多交标的物的处理

出卖人多交标的物的，买受人可以接收或者拒绝接收多交的部分。买受人接收多交部分的，按照约定的价格支付价款；买受人拒绝接收多交部分的，应当及时通知出卖人。

● **典型案例**

**房地产开发公司与邓某商品房销售合同案**　[四川省泸州市中级人民法院（2020）川05民终564号]

邓某、罗某系夫妻关系。2015年5月31日，邓某、罗某作为乙方与作为甲方的房地产开发公司签订第0000547号《某广场认购书》，载明：乙方在充分了解甲方所开发的"某广场"住宅小区户型及配套设施、相关费用缴纳以及建设部现行商品房预售有关规定及现状的前提下，自愿认购"某广场"住宅小区物业1套，双方经平等、自愿商议对认购事宜达成协议并严格遵守相关约定。2015年5月31日，邓某、罗某作为乙方与作为甲方的房地产开发公司还签订了第0000548号《某广场认购书》，载明：乙方认购物业位于龙马潭区，该物业建筑面积约58.85平方米，认购成交单价为18000元/平方米，总价为1059300元。其余约定内容与上述第0000547号《某广场认购书》约定内容一致，后该第0000548号《某广场认购书》未实际履行。

一审法院认为，邓某、罗某与房地产开发公司签订《商品房买卖合同》，旨在双方建立商品房买卖合同关系，合同内容不违反法律法规的强制性规定，应对合同双方产生法律约束力。关于邓某、罗某诉请解除《商品房买卖合同》的问题。邓某、罗某作为普通的善意购房者，邓某、罗某在与房地产开发公司签订《认购书》及预售《商品房买卖合同》之时案涉房屋尚未竣工，故对于最终房地产开发公司实际交付的房屋的终测面积无法预见，而房地产开发公司于2019年3月主张所售案涉房屋实际面积为35.39平方米，较之前预测面积24.33平方米超出了11.06平方米，故要求邓某、罗某按照2万元/平方米的单价补缴房款22.12万元，与《认购书》《商品房买卖合同》中载明的面积、总房款金额相比超额部分比例达到约45.46%，属于"较大差距"而非"合理误差"，在此情况下仍严格使用双方按照交付房屋的终测面积据实结算则必然给邓某、罗某造成较大的经济负担，同时亦非邓某、罗某真实意思表示。邓某、罗某有权对实际交付的房屋超标部分行使处分权，而鉴于本案标的物为房屋，属于不宜分割的整体，故邓某、罗某通过解除合同方式拒绝接收标的物并无不当。

二审法院认为，房地产开发公司与邓某、罗某签订的《商品房买卖合同》为双方真实意思表示，且不违反法律、法规禁止性规定，为有效合同，双方应当按照合同约定行使权利、履行义务。

● *相关规定*

《最高人民法院关于审理买卖合同纠纷案件适用法律问题的解释》第3条

### 第六百三十条　买卖合同标的物孳息的归属

标的物在交付之前产生的孳息，归出卖人所有；交付之后产生的孳息，归买受人所有。但是，当事人另有约定的除外。

● *条文注释*

标的物于合同订立前后所生孳息的归属，即利益承受，与买卖合同的标的物风险负担密切相关，二者遵循同一原则，即权利归谁所有，利益和风险就归谁享有或者负担。

标的物的孳息，是指标的物在合同履行期间产生的增值或者收益，既包括天然孳息，也包括法定孳息。前者如树木的果实、牲畜的幼畜；后者如出租房屋的租金。

利益承受的规则是：（1）交付之前产生的孳息，归出卖人所有，例如买卖牲畜，在交付之前出生的幼畜，归出卖人所有。（2）交付之后产生的孳息，由买受人所有，例如交付之后的出租房屋，收取的租金归买受人所有。（3）合同另有约定的，依其约定，不适用上述规则。

### 第六百三十一条　主物与从物在解除合同时的效力

因标的物的主物不符合约定而解除合同的，解除合同的效力及于从物。因标的物的从物不符合约定被解除的，解除的效力不及于主物。

**第六百三十二条　数物买卖合同的解除**

标的物为数物，其中一物不符合约定的，买受人可以就该物解除。但是，该物与他物分离使标的物的价值显受损害的，买受人可以就数物解除合同。

**第六百三十三条　分批交付标的物的情况下解除合同的情形**

出卖人分批交付标的物的，出卖人对其中一批标的物不交付或者交付不符合约定，致使该批标的物不能实现合同目的的，买受人可以就该批标的物解除。

出卖人不交付其中一批标的物或者交付不符合约定，致使之后其他各批标的物的交付不能实现合同目的的，买受人可以就该批以及之后其他各批标的物解除。

买受人如果就其中一批标的物解除，该批标的物与其他各批标的物相互依存的，可以就已经交付和未交付的各批标的物解除。

**第六百三十四条　分期付款买卖**

分期付款的买受人未支付到期价款的数额达到全部价款的五分之一，经催告后在合理期限内仍未支付到期价款的，出卖人可以请求买受人支付全部价款或者解除合同。

出卖人解除合同的，可以向买受人请求支付该标的物的使用费。

● **典型案例**

**汤某诉周某股权转让纠纷案（最高人民法院指导案例67号）**

原告汤某与被告周某于2013年4月3日签订《股权转让协议》及《股权转让资金分期付款协议》。双方约定：周某将其持有的电器公司6.35%股权转让给汤某。股权合计710万元，分四期付清，即2013年4月3日付150万元；2013年8月2日付150万元；2013年12月2日付200万元；2014年4月2日付210万元。此协议双方签字生效，永不反悔。协议签订后，汤某于2013年4月3日依约向周某支付第一期股权转让款150万元。因汤某逾期未支付约定的第二期股权转让款，周某于同年10月11日以公证方式向汤某送达了《关于解除协议的通知》，以汤某根本违约为由，提出解除双方签订的《股权转让资金分期付款协议》。次日，汤某即向周某转账支付了第二期股权转让款150万元，并按照约定的时间和数额履行了后续第三、四期股权转让款的支付义务。周某以其已经解除合同为由，如数退回汤某支付的4笔股权转让款。汤某遂向人民法院提起诉讼，要求确认周某发出的解除协议通知无效，并责令其继续履行合同。

另查明，2013年11月7日，在电器公司的变更（备案）登记中，周某所持有的6.35%股权已经变更登记至汤某名下。

四川省成都市中级人民法院于2014年4月15日作出（2013）成民初字第1815号民事判决：驳回原告汤某的诉讼请求。汤某不服，提起上诉。四川省高级人民法院于2014年12月19日作出（2014）川民终字第432号民事判决：一、撤销原审判决；二、确认周某要求解除双方签订的《股权转让资金分期付款协议》行为无效；三、汤某于本判决生效后十日内向周某支付股权转让款710万元。周某不服四川省高级人民法院的判决，以二审法院适用法律错误为由，向最高人民法院申请再审。最高人民法院于2015年10月26日作出（2015）民申字第2532号民事裁定，驳回周某的再审申请。

法院生效判决认为：本案争议的焦点问题是周某是否享有《中华人民共和国合同法》（以下简称《合同法》）第一百六十七条规定的合同解除权。

一、《合同法》第一百六十七条第一款规定，"分期付款的买受人未支付到期价款的金额达到全部价款的五分之一的，出卖人可以要求买受人支付全部价款或解除合同"；第二款规定，"出卖人解除合同的，可以向买受人要求支付该标的物的使用费"。最高人民法院《关于审理买卖合同纠纷案件适用法律问题的解释》第三十八条规定，"合同法第一百六十七条第一款规定的'分期付款'，系指买受人将应付的总价款在一定期间内至少分三次向出卖人支付。分期付款买卖合同的约定违反合同法第一百六十七条第一款的规定，损害买受人利益，买受人主张该约定无效的，人民法院应予支持"。依据上述法律和司法解释的规定，分期付款买卖的主要特征为：一是买受人向出卖人支付总价款分三次以上，出卖人交付标的物之后买受人分两次以上向出卖人支付价款；二是多发、常见在经营者和消费者之间，一般是买受人作为消费者为满足生活消费而发生的交易；三是出卖人向买受人授予了一定信用，而作为授信人的出卖人在价款回收上存在一定风险，为保障出卖人剩余价款的回收，出卖人在一定条件下可以行使解除合同的权利。

本案系有限责任公司股东将股权转让给公司股东之外的其他人。尽管案涉股权的转让形式也是分期付款，但由于本案买卖的标的物是股权，因此具有与以消费为目的的一般买卖不同的特点：一是汤某受让股权是为参与公司经营管理并获取经济利益，并非满足生活消费；

二是周某作为有限责任公司的股权出让人，基于其所持股权一直存在于目标公司中的特点，其因分期回收股权转让款而承担的风险，与一般以消费为目的分期付款买卖中出卖人收回价款的风险并不同等；三是双方解除股权转让合同，也不存在向受让人要求支付标的物使用费的情况。综上特点，股权转让分期付款合同，与一般以消费为目的分期付款买卖合同有较大区别。对案涉《股权转让资金分期付款协议》不宜简单适用《合同法》第一百六十七条规定的合同解除权。

二、本案中，双方订立《股权转让资金分期付款协议》的合同目的能够实现。汤某和周某订立《股权转让资金分期付款协议》的目的是转让周某所持电器公司 6.35% 股权给汤某。根据汤某履行股权转让款的情况，除第二期股权转让款 150 万元逾期支付两个月外，其余 3 笔股权转让款均按约支付，周某认为汤某逾期付款构成违约要求解除合同，退回了汤某所付 710 万元，不影响汤某按约支付剩余 3 笔股权转让款的事实的成立，且本案一、二审审理过程中，汤某明确表示愿意履行付款义务。因此，周某签订案涉《股权转让资金分期付款协议》的合同目的能够实现。另查明，2013 年 11 月 7 日，电器公司的变更（备案）登记中，周某所持有的 6.35% 股权已经变更登记至汤某名下。

三、从诚实信用的角度看，《合同法》第六十条规定，"当事人应当按照约定全面履行自己的义务。当事人应当遵循诚实信用原则，根据合同的性质、目的和交易习惯履行通知、协助、保密等义务"。鉴于双方在股权转让合同上明确约定"此协议一式两份，双方签字生效，永不反悔"，因此周某即使依据《合同法》第一百六十七条的规定，也应当首先选择要求汤某支付全部价款，而不是解除合同。

四、从维护交易安全的角度看，一项有限责任公司的股权交易，关涉诸多方面，如其他股东对受让人汤某的接受和信任（过半数同意股权转让），记载到股东名册和在工商部门登记股权，社会成本和影响已经倾注其中。本案中，汤某受让股权后已实际参与公司经营管理、股权也已过户登记到其名下，如果不是汤某有根本违约行为，动辄撤销合同可能会对公司经营管理的稳定产生不利影响。

综上所述，本案中，汤某主张的周某依据《合同法》第一百六十七条之规定要求解除合同依据不足的理由，于法有据，应当予以支持。

● **相关规定**

《最高人民法院关于审理买卖合同纠纷案件适用法律问题的解释》第27条

### 第六百三十五条　凭样品买卖合同

凭样品买卖的当事人应当封存样品，并可以对样品质量予以说明。出卖人交付的标的物应当与样品及其说明的质量相同。

● **相关规定**

《最高人民法院关于审理买卖合同纠纷案件适用法律问题的解释》第27条

### 第六百三十六条　凭样品买卖合同样品存在隐蔽瑕疵的处理

凭样品买卖的买受人不知道样品有隐蔽瑕疵的，即使交付的标的物与样品相同，出卖人交付的标的物的质量仍然应当符合同种物的通常标准。

**第六百三十七条** 试用买卖的试用期限

试用买卖的当事人可以约定标的物的试用期限。对试用期限没有约定或者约定不明确，依据本法第五百一十条的规定仍不能确定的，由出卖人确定。

● *条文注释*

试用买卖合同，是指当事人双方约定于合同成立时，出卖人将标的物交付买受人试验或者检验，并以买受人在约定期限内对标的物的认可为生效要件的买卖合同。其特征是：(1) 试用买卖约定由买受人试验或者检验标的物；(2) 试用买卖是以买受人对标的物的认可为生效条件的买卖合同。

**第六百三十八条** 试用买卖合同买受人对标的物购买选择权

试用买卖的买受人在试用期内可以购买标的物，也可以拒绝购买。试用期限届满，买受人对是否购买标的物未作表示的，视为购买。

试用买卖的买受人在试用期内已经支付部分价款或者对标的物实施出卖、出租、设立担保物权等行为的，视为同意购买。

**第六百三十九条** 试用买卖使用费

试用买卖的当事人对标的物使用费没有约定或者约定不明确的，出卖人无权请求买受人支付。

**第六百四十条** 试用买卖中的风险承担

标的物在试用期内毁损、灭失的风险由出卖人承担。

### 第六百四十一条  标的物所有权保留条款

当事人可以在买卖合同中约定买受人未履行支付价款或者其他义务的,标的物的所有权属于出卖人。

出卖人对标的物保留的所有权,未经登记,不得对抗善意第三人。

● **条文注释**

买卖合同中的所有权保留,是指买受人虽先占有、使用标的物,但在双方当事人约定的特定条件(通常是价款的一部或者全部清偿)成就之前,出卖人保留标的物的所有权,待条件成就后,再将所有权转移给买受人的特别约定。这种合同类型一般适用于动产买卖。所有权保留的担保物权,可以进行担保物权的登记。出卖人对标的物保留的所有权未经登记的,不得对抗善意第三人。

### 第六百四十二条  所有权保留中出卖人的取回权

当事人约定出卖人保留合同标的物的所有权,在标的物所有权转移前,买受人有下列情形之一,造成出卖人损害的,除当事人另有约定外,出卖人有权取回标的物:

(一)未按照约定支付价款,经催告后在合理期限内仍未支付;

(二)未按照约定完成特定条件;

(三)将标的物出卖、出质或者作出其他不当处分。

出卖人可以与买受人协商取回标的物;协商不成的,可以参照适用担保物权的实现程序。

● *条文注释*

所有权保留作为担保物权的一种,最重要的担保价值,就在于出卖人将分期付款的标的物交付买受人后,还保留自己对标的物的所有权,正是基于该所有权保留,出卖人享有买卖合同标的物的取回权。当出现危及其价款债权的情形时,出卖人行使取回权,追回交付买受人占有的买卖标的物。

故本条规定的出卖人取回权的规则是,当事人约定出卖人保留合同标的物的所有权,在标的物所有权转移前,买受人有下列情形之一,对出卖人造成损害的,除法律另有规定或者当事人另有约定外,出卖人有权取回标的物。产生取回权的原因是:(1)买受人未按照约定支付价款,经催告后在合理期限内仍未支付;(2)买受人未按照约定完成特定条件;(3)买受人将标的物出卖、出质或者作出其他不当处分。

实现取回权的方法是:(1)出卖人行使取回权,取回标的物;(2)协商确定,出卖人可以与买受人协商实现取回权的办法;(3)当事人协商不成的,参照适用担保物权的实现程序,例如拍卖或者变卖标的物,用价款优先偿还未支付的价金等;(4)取回的标的物价值明显减少的,出卖人有权要求买受人赔偿损失,买受人承担损害赔偿责任。

## 第六百四十三条 买受人回赎权及出卖人再出卖权

出卖人依据前条第一款的规定取回标的物后,买受人在双方约定或者出卖人指定的合理回赎期限内,消除出卖人取回标的物的事由的,可以请求回赎标的物。

买受人在回赎期限内没有回赎标的物，出卖人可以以合理价格将标的物出卖给第三人，出卖所得价款扣除买受人未支付的价款以及必要费用后仍有剩余的，应当返还买受人；不足部分由买受人清偿。

**第六百四十四条  招标投标买卖的法律适用**

招标投标买卖的当事人的权利和义务以及招标投标程序等，依照有关法律、行政法规的规定。

**第六百四十五条  拍卖的法律适用**

拍卖的当事人的权利和义务以及拍卖程序等，依照有关法律、行政法规的规定。

● *典型案例*

**投资发展公司与拍卖行公司委托拍卖执行复议案（最高人民法院指导案例35号）**

实业公司与建设公司、房地产公司、房产建设公司非法借贷纠纷一案，广东省高级人民法院（以下简称广东高院）于1997年5月20日作出（1996）粤法经一初字第4号民事判决，判令建设公司、房地产公司共同清偿实业公司借款160647776.07元及利息，房产建设公司承担连带赔偿责任。

广东高院在执行前述判决过程中，于1998年2月11日裁定查封了建设公司名下的某大厦未售出部分，面积18851.86平方米。次日，拍卖行公司进行拍卖。同年6月，该院委托的广东粤财房地产评估所出具评估报告，结论为：某大厦该部分物业在1998年6月12日的拍卖价格为102493594元。后该案因故暂停处置。

2001年初，广东高院重新启动处置程序，于同年4月4日委托拍卖行公司对某大厦整栋进行拍卖。同年11月初，广东高院在报纸上刊登拟拍卖整栋某大厦的公告，要求涉及某大厦的所有权利人或购房业主，于2001年11月30日前向拍卖行公司申报权利和登记，待广东高院处理。根据公告要求，向拍卖行公司申报的权利有申请交付某大厦预售房屋、回迁房屋和申请返还购房款、工程款、银行借款等，金额高达15亿多元，其中，购房人缴纳的购房款逾2亿元。

2003年8月26日，广东高院委托资产评估公司（即原广东粤财房地产评估所）对某大厦整栋进行评估。同年9月10日，该所出具评估报告，结论为：整栋某大厦（用地面积3009平方米，建筑面积34840平方米）市值为3445万元，建议拍卖保留价为市值的70%即2412万元。同年10月17日，拍卖行公司以2412万元将某大厦整栋拍卖给投资公司。广东高院于同年10月28日作出（1997）粤高法执字第7号民事裁定，确认将某大厦整栋以2412万元转让给投资公司所有。2004年1月5日，该院向广州市国土房管部门发出协助执行通知书，要求将某大厦整栋产权过户给买受人投资公司，并声明原某大厦的所有权利人，包括购房人、受让人、抵押权人、被拆迁人或拆迁户等的权益，由该院依法处理。投资公司取得某大厦后，在原主体框架结构基础上继续投入资金进行建设，续建完成后更名为"时代国际大厦"。

2011年6月2日，广东高院根据有关部门的意见对该案复查后，作出（1997）粤高法执字第7-1号执行裁定，认定拍卖行公司和买受人投资公司的股东系亲属，存在关联关系。某大厦两次评估价格差额巨大，第一次评估了某大厦约一半面积的房产，第二次评估了该大厦整栋房产，但第二次评估价格仅为第一次评估价格的35%，即使考虑市场变化因素，其价格变化也明显不正常。根据拍卖行公司报告，拍卖时有三个竞买人参加竞买，另外两个竞买人均未举牌竞价，投资公司因而一次举牌即以起拍价2412万元竞买成功。但经该院协调有关司法机关无法找到该两人，后书面通知拍卖行公司提供该两人的竞买资料，拍卖行公司未能按要求提供；拍卖行公司也未按照《拍卖监督管理暂行办法》第四条"拍卖企业举办拍卖活动，应当于拍卖日前七天内到拍卖活动所在地工商行政管理局备案……拍卖企业应当在拍卖活动结束后7天内，将竞买人名单、身份证明复印件送拍卖活动所在地工商行政管理局备案"的规定，向工商管理部门备案。现有证据不能证实另外两个竞买人参加了竞买。综上，可以认定拍卖人拍卖行公司和竞买人投资公司在拍卖某大厦过程中存在恶意串通行为，导致某大厦拍卖不能公平竞价、损害了购房人和其他债权人的利益。根据《中华人民共和国民法通则》（以下简称《民法通则》）第五十八条、《中华人民共和国拍卖法》（以下简称《拍卖法》）第六十五条的规定，裁定拍卖无效，撤销该院于2003年10月28日作出的（1997）粤高法执字第7号民事裁定。对此，买受人投资公司和拍卖行公司分别向广东高院提出异议。

投资公司和拍卖行公司异议被驳回后，又向最高人民法院申请复议。主要复议理由为：对某大厦前后两次评估的价值相差巨大的原因存在合理性，评估结果与拍卖行和买受人无关；拍卖保留价也是根据当时实际情况决定的，拍卖成交价是由当时市场客观因素造成的；拍卖行公司不能提供另外两个竞买人的资料，不违反《拍卖法》第五十四条第二款关于"拍卖资料保管期限自委托拍卖合同终止之日起计算，不得少于五年"的规定；拍卖某大厦的过程公开、合法，拍卖前曾四次在报纸上刊出拍卖公告,法律没有禁止拍卖行股东亲属的公司参与竞买。故不存在拍卖行与买受人恶意串通、损害购房人和其他债权人利益的事实。广东高院推定竞买人与拍卖行存在恶意串通行为是错误的。

广东高院于2011年10月9日作出(2011)粤高法执异字第1号执行裁定:维持(1997)粤高法执字第7-1号执行裁定意见,驳回异议。裁定送达后,投资公司和拍卖行公司向最高人民法院申请复议。最高人民法院于2012年6月15日作出(2012)执复字第6号执行裁定:驳回投资公司和拍卖行公司的复议请求。

最高人民法院认为:受人民法院委托进行的拍卖属于司法强制拍卖,其与公民、法人和其他组织自行委托拍卖机构进行的拍卖不同,人民法院有权对拍卖程序及拍卖结果的合法性进行审查。因此,即使拍卖已经成交,人民法院发现其所委托的拍卖行为违法,仍可以根据《民法通则》第五十八条、《拍卖法》第六十五条等法律规定,对在拍卖过程中恶意串通,导致拍卖不能公平竞价、损害他人合法权益的,裁定该拍卖无效。

买受人在拍卖过程中与拍卖机构是否存在恶意串通行为,应从拍卖过程、拍卖结果等方面综合考察。如果买受人与拍卖机构存在关联关系,拍卖过程没有进行充分竞价,而买受人和拍卖机构明知标的物评估价和成交价明显过低,仍以该低价成交,损害标的物相关权利人合法权益的,可以认定双方存在恶意串通行为。

本案中,在拍卖行公司与买受人之间因股东的亲属关系而存在关联关系的情况下,除非能够证明拍卖过程中有其他无关联关系的竞买人参与竞买,且进行了充分的竞价,否则可以推定拍卖行公司与买受人之间存在恶意串通行为。该竞价充分的举证责任应由拍卖行公司和与其有关联关系的买受人承担。2003年拍卖结束后，拍卖行公司给广东高院的拍卖报告中指出，还有另外两个自然人参加竞买，现场没有举牌竞价，拍卖中仅一次叫价即以保留价成交，并无竞价。而买受人投资公司和拍卖行公司不能提供其他两个竞买人的资料。经审核，其复议中提供的向工商管理部门备案的材料中，并无另外两个竞买人参加竞买的资料。拍卖资料经过了保存期，不是其不能提供竞买人资料的理由。据此，不能认定有其他竞买人参加了竞买，可以认定拍卖行公司与买受人投资公司之间存在恶意串通行为。

鉴于本案拍卖系直接以评估机构确定的市场价的70%之保留价成交的，故评估价是否合理对于拍卖结果是否公正合理有直接关系。之前对一半房产的评估价已达1亿多元，但是本次对全部房产的评估价格却只有原来一半房产评估价格的35%。拍卖行明知价格过低，却通过亲属来购买房产，未经多轮竞价，严重侵犯了他人的利益。拍卖整栋楼的价格与评估部分房产时的价格相差悬殊，拍卖行和买受人的解释不能让人信服，可以认定两者间存在恶意串通行为。同时，与某大厦相关的权利有申请交付某大厦预售房屋、回迁房屋和申请返还购房款、工程款、银行借款等，总额达15亿多元，仅购房人登记所交购房款即超过2亿元。而本案拍卖价款仅为2412万元，对于没有优先受偿权的本案申请执行人毫无利益可言，明显属于无益拍卖。鉴于拍卖行公司负责与某大厦相关的权利的申报工作，且买受人与其存在关联关系，可认定拍卖行公司与买受人对上述问题也应属明知。因此，对于此案拍卖导致与某大厦相关的权利人的权益受侵害，拍卖行公司与买受人投资公司之间构成恶意串通。

综上，广东高院认定拍卖人拍卖行公司和买受人投资公司在拍卖某大厦过程中存在恶意串通行为，导致某大厦拍卖不能公平竞价、损害了购房人和其他债权人的利益,是正确的。故(1997)粤高法执字第7-1号及(2011)粤高法执异字第1号执行裁定并无不当,拍卖行公司与投资公司申请复议的理由不能成立。

● *相关案例索引*

**曾某与拍卖公司、某银行上饶市分行、徐某拍卖纠纷案(《最高人民法院公报》2006年第1期)**

根据合同法、拍卖法的有关规定,拍卖是以公开竞价的形式,将特定物品或者财产权利转让给最高应价者的买卖方式,拍卖活动必须遵守法律规定和行业惯例,必须符合公平、公正的原则。在拍卖活动中,拍卖师的拍卖行为违反法律规定和行业习惯做法,侵害有关竞买人的合法权益的,应认定其拍卖行为无效。

### 第六百四十六条　买卖合同准用于有偿合同

法律对其他有偿合同有规定的,依照其规定;没有规定的,参照适用买卖合同的有关规定。

### 第六百四十七条　易货交易的法律适用

当事人约定易货交易,转移标的物的所有权的,参照适用买卖合同的有关规定。

● *相关规定*

《最高人民法院关于审理买卖合同纠纷案件适用法律问题的解释》第32条

# 第十章 供用电、水、气、热力合同

### 第六百四十八条 供用电合同概念及强制缔约义务

供用电合同是供电人向用电人供电,用电人支付电费的合同。

向社会公众供电的供电人,不得拒绝用电人合理的订立合同要求。

### 第六百四十九条 供用电合同的内容

供用电合同的内容一般包括供电的方式、质量、时间,用电容量、地址、性质,计量方式,电价、电费的结算方式,供用电设施的维护责任等条款。

● 相关规定

《电力法》第35~40条

### 第六百五十条 供用电合同的履行地点

供用电合同的履行地点,按照当事人约定;当事人没有约定或者约定不明确的,供电设施的产权分界处为履行地点。

### 第六百五十一条 供电人的安全供电义务

供电人应当按照国家规定的供电质量标准和约定安全供电。供电人未按照国家规定的供电质量标准和约定安全供电,造成用电人损失的,应当承担赔偿责任。

● *相关规定*

《电力法》第 28 条、第 59 条、第 60 条

**第六百五十二条　供电人中断供电时的通知义务**

供电人因供电设施计划检修、临时检修、依法限电或者用电人违法用电等原因，需要中断供电时，应当按照国家有关规定事先通知用电人；未事先通知用电人中断供电，造成用电人损失的，应当承担赔偿责任。

● *相关规定*

《电力法》第 29 条；《电力供应与使用条例》第 28 条

**第六百五十三条　供电人抢修义务**

因自然灾害等原因断电，供电人应当按照国家有关规定及时抢修；未及时抢修，造成用电人损失的，应当承担赔偿责任。

● *典型案例*

**赵某与电力公司合同纠纷案**［辽宁省营口市中级人民法院(2020) 辽 08 民终 2019 号］

2018 年 4 月 1 日，原告赵某分别同大石桥市沟沿镇外林村村民田某荣、安某富签订《鱼池承包合同》各一份。合同约定，田某荣将名下所属鱼池，安某富将名下所属鱼池，承包给原告赵某，承包期限 4 年，自 2018 年 4 月 1 日起至 2022 年 4 月 1 日止，承包费每亩每年 800 元，于 2018 年 4 月 1 日前付清。2019 年 6 月 12 日，原、被告间签订《高压供用电合同》一份。供电人由沟沿变电站以交流 10 千伏电压，经出口开关送出的外林线向用电人外林十三队鱼池受电点供电。用电

人自备发电机1千瓦、不间断电源1千瓦，确保电网意外断电不影响用电安全。电费支付时间为用电当月1日前，支付方式为负控购电。中止供电程序约定，供电设施计划检修供电人应当提前7日公告停电区域、停电线路、停电时间，临时检修供电人应当提前24小时公告停电区域、停电线路、停电时间，停电前30分钟，将停电时间再通知用电人一次。供用电合同违约责任约定，供电人违反本合同电能质量义务给用电人造成损失的，应赔偿用电人实际损失，最高赔偿限额为用电人在电能质量不合格的时间段内实际用电量和对应时段的平均电价乘积的20%，用电人未按合同约定安装自备应急电源或采取非电保安措施，或者对自备应急电源和非电保安措施维护管理不当，导致损失扩大部分，供电人不承担违约责任。另外，自然生长的鱼不需要增氧，养殖的鱼因为养殖的密度大、耗氧量大需要人工增氧，8月份随着温度升高，代谢增强，耗氧量增大，水中的微生物在温度高的季节增加，更需要人工增氧，在七八月份浓氧度100%的情况下，两三个小时能达到警戒值，警戒值后半个小时鱼就会死亡。鱼刚死是沉到水底，腐败后漂到水面。鱼死后会造成腐坏，造成水质恶化，造成缺氧。疾病死亡是陆续发生的，陆续死亡，不会在短时间内大面积死亡，微生物和疾病是一回事，饲料霉变除非是直接投毒能造成鱼大面积死亡，霉变会影响鱼的生长。打泥浆是处理池塘必需的手段，这个案件业主没有给我们提供材料，鱼池发生这种大面积死亡，要么用推土机把鱼池重新推一遍，要么采取打泥浆的方式处理。

法院生效裁判认为，上诉人电力公司应提供此次停电是因为不可抗力或者突发事件造成且电力公司是依法可以免责的，才能不承担法律责任。在本案诉讼中，一审期间电力公司没有提供相应的证据。在二审期间，电力公司提供了自己内部书写的材料，也未经自己公司上级主管部门加以确认，且并无其他证据佐证。根据上诉人电力公司所陈述的故障原因是天气恶劣，持续阵雨、阵风天气，导线受天气影响，受阵风摆动、震动等影响，导线接头磨损，最终导致断线。根据已知的事实和日常生活经验、自然规律，风是地球上人们天天感知的，阵风是天天存在的，只是大小不同。阵雨并不能增加导线接头的磨损。所以上诉人提出的上述故障原因并不能成为其免责的法律依据。而恰恰证明了是因为导线接头磨损，最终导致断电。导线接头磨损断线属于正常应当检查维修范围内的情形，不属于不可抗力或者突发事件。停电会造成饲养鱼的死亡是根据已知的事实和日常生活经验、自然规律，人们日常所掌握的知识可以确认的。且上诉人电力公司二审提供的新证据证明在鱼大量死亡后，上述鱼塘仍在使用电，说明必须用电供氧鱼才能生存。上诉人电力公司应举证证明停电不供氧，不会造成饲养鱼的死亡。现上诉人电力公司无证据证明，故其上诉人电力公司该上诉请求不成立。

### 第六百五十四条　用电人支付电费的义务

用电人应当按照国家有关规定和当事人的约定及时支付电费。用电人逾期不支付电费的，应当按照约定支付违约金。经催告用电人在合理期限内仍不支付电费和违约金的，供电人可以按照国家规定的程序中止供电。

供电人依据前款规定中止供电的，应当事先通知用电人。

● *相关规定*

《电力法》第31条、第33条；《电力供应与使用条例》第39条

## 第六百五十五条　用电人安全用电义务

用电人应当按照国家有关规定和当事人的约定安全、节约和计划用电。用电人未按照国家有关规定和当事人的约定用电，造成供电人损失的，应当承担赔偿责任。

## 第六百五十六条　供用水、气、热力合同参照适用供用电合同

供用水、供用气、供用热力合同，参照适用供用电合同的有关规定。

● **典型案例**

**孙某与集团公司供用电、水、热力合同案**［吉林省松原市中级人民法院（2020）吉07民终1046号］

孙某家居住在某小区，其原为集团公司的职工，后因故双方解除劳动关系。集团公司对其职工统一供应水电暖和物业服务，并按内部规定收取相关的费用。自2016年7月起至2018年6月，孙某使用1508.58度电，应交电费792元。孙某2016年7月至2018年8月，应交水费574.71元。孙某2016年度、2017年度应交取暖费3135元。在此期间孙某曾请求部分交纳相关费用，双方未达成协议。后因为孙某欠费，经催要仍未交纳。集团公司于2017年11月22日对孙某的住所的供电采取断电措施。孙某曾到多部门反映停止供电事情。现集团公司已经将其"三供一业"转交给第三方，孙某业已恢复供电。双方因为所欠费用协商达不成一致意见，因而成诉。

法院生效裁判认为，上诉人孙某与被上诉人集团公司形成了供用电合同。上诉人孙某应履行合同义务并向被上诉人集团公司交纳电费，上诉人孙某存在违约行为。尽管上诉人孙某存在拖欠电费违约事

实，但就双方合同履行的实际情况分析，上诉人孙某不足以认定为根本性违约。被上诉人集团公司虽在一审提交了催缴电费通知，但应采取合理递进的方式进行催缴，而其却直接采取停止供电措施。本案中，上诉人孙某就停电要求赔偿损失，庭审中其对于损失数额的产生由来虽然作了具体陈述，但没有提供相应的佐证证据，不予支持。

## 第十一章　赠与合同

### 第六百五十七条　赠与合同的概念

赠与合同是赠与人将自己的财产无偿给予受赠人，受赠人表示接受赠与的合同。

● *典型案例*

**伊某与徐某所有权确认案**［辽宁省营口市中级人民法院（2020）辽08民终1229号］

原告伊某与被告徐某于2006年1月5日婚生一女伊某某。2013年5月3日，双方以伊某某的名义与营口亚田房地产开发有限公司签订商品房买卖合同，购买了某车库，当时仅开具了购房发票，并未办理房屋产权证。此后，原、被告及原告的父母在上述房屋使用居住。后因发生矛盾，原告的父母搬离。又查，2014年4月8日，原告与被告徐某在婚姻登记机关协议离婚，约定伊某某由徐某抚养，原告不支付抚养费，位于营口市鲅鱼圈区46平方米的车库归徐某所有。同日，原告与徐某私下又签订一份手写离婚协议，内容为：经协商一致，伊某某名下所有房产归伊某所有。被告徐某不认可该手写离婚协议是其本人签字。

一审法院认为，关于购买案涉房屋及车库的资金来源问题，原告虽称购房款中的部分款项由伊某利所出并为其父母购买的上述房屋，但案涉房屋和车库是原告伊某、被告徐某以被告伊某某的名义购买的，购房合同、发票均是被告伊某某的名义，即使认定是伊某利出资，但伊某利将资金汇入原告伊某的账户，由伊某以伊某某的名义购买上述房屋，也应视为伊某利对原、被告的赠与。关于购房合同买受人一栏为被告伊某某的名字，原告在起诉状中已经明确"购房时考虑如果登记在原告父母名下，在老人去世后涉及继承问题，于是签订购房合同用的被告伊某某的名字"。故原告与被告徐某以其女儿伊某某的名义购买房屋的行为，依法应视为其两人对伊某某的赠与。

法院生效裁判认为，上诉人伊某与被上诉人徐某均认可案涉的房屋系以被上诉人伊某某的名义所购买的事实，故本案争议的焦点为：上诉人伊某主张撤销赠与的请求是否应予支持。被上诉人伊某某于2006年1月5日出生，案涉某车库的购买时间为2013年5月3日，上诉人伊某与被上诉人徐某虽以被上诉人伊某某的名义与营口亚田房地产开发有限公司签订了商品房买卖合同，但被上诉人伊某某年仅7周岁，且案涉的上述房屋购买后一直由上诉人伊某、被上诉人徐某、被上诉人伊某某及上诉人伊某的父母共同居住与使用，并未实际交付被上诉人伊某某，其实际购买人应为上诉人伊某与被上诉人徐某。案涉的房屋产权现虽已登记在被上诉人伊某某名下，但该登记行为系被上诉人徐某明知房款收据等手续在上诉人伊某手中而采取在报纸上刊登挂失广告的形式补办所致，并未取得上诉人伊某同意，亦未真正完成法律意义上的登记。案涉的房屋应属上诉人伊某、被上诉人徐某的夫妻共同财产，现上诉人伊某主张撤销赠与的请求于法有据，但应限于属于其个人的部分，被上诉人徐某以被上诉人伊某某名义补办登记等行为表明其仍认可属于其个人部分的赠与。因该三套房屋已登记在被上诉人伊某某名下及被上诉人徐某认可属于其个人部分的赠与，可由被上诉人徐某、被上诉人伊某某按现价值的50%返还给上诉人伊某，或由被上诉人徐某、被上诉人伊某某协助上诉人伊某办理过户转移手续后，由上诉人伊某按现价值的50%返还给被上诉人徐某、被上诉人伊某某。

### 第六百五十八条　赠与的任意撤销及限制

赠与人在赠与财产的权利转移之前可以撤销赠与。

经过公证的赠与合同或者依法不得撤销的具有救灾、扶贫、助残等公益、道德义务性质的赠与合同，不适用前款规定。

● 条文注释

婚前或者婚姻关系存续期间，当事人约定将一方所有的房产赠与另一方或者共有，赠与方在赠与房产变更登记之前撤销赠与，另一方请求判令继续履行的，人民法院可以按照本条的规定处理。

### 第六百五十九条　赠与特殊财产需要办理有关法律手续

赠与的财产依法需要办理登记或者其他手续的，应当办理有关手续。

### 第六百六十条　法定不得撤销赠与的赠与人不交付赠与财产的责任

经过公证的赠与合同或者依法不得撤销的具有救灾、扶贫、助残等公益、道德义务性质的赠与合同，赠与人不交付赠与财产的，受赠人可以请求交付。

依据前款规定应当交付的赠与财产因赠与人故意或者重大过失致使毁损、灭失的，赠与人应当承担赔偿责任。

### 第六百六十一条 附义务的赠与合同

赠与可以附义务。

赠与附义务的，受赠人应当按照约定履行义务。

● *典型案例*

**田某与薛某不当得利纠纷案** [山东省烟台市中级人民法院（2020）鲁06民终3346号]

2017年9月25日原、被告经朋友介绍认识，一个月左右确立恋爱关系，2018年11月5日，原告交付被告彩礼款，双方定于2019年1月11日举办婚礼。2019年1月双方分手。原、被告因婚约财产纠纷诉至法院，法院于2019年10月10日作出（2019）鲁0684民初1102号民事判决，判决被告及其母亲支付原告彩礼款31800元，对原告在该案中主张的案涉款项等，认为不属于该案审理范围，原告可另行主张，驳回了原告的其他诉讼请求。2018年12月被告称住院让原告转钱，原告通过微信转账给被告共16257元；原告称恋爱期间，因被告信用卡被盗刷，其通过向朋友借款加上自有的现金于2018年5月19日给付被告现金31500元，双方分手后，其向被告索要，被告同意偿还，但以资金紧张为由一直拖延。

一审法院认为，当事人对自己提出的诉讼请求所依据的事实或者反驳对方诉讼请求所依据的事实有责任提供证据加以证明；没有证据或者证据不足以证明当事人的事实主张的，由负有举证责任的当事人承担不利后果。因他人没有法律依据，取得不当利益，受损失的一方

201

有权请求返还不当利益。本案争执的焦点系被告对收到原告的款项16257元、31500元是否构成不当得利。无合法根据既包括取得利益时没有合法依据，也包括事后丧失合法依据。被告没有提供证据证明其于恋爱关系结束后对上述款项利益占有的合法性或将款项用于双方共同生活、共同消费，也没有证据证明原告将款项赠与被告，故应当认定在双方恋爱关系结束后，被告丧失了继续占有该款项利益的合法根据，其已构成不当得利，依法应当予以返还。

二审法院认为，上诉人在与被上诉人恋爱期间收到被上诉人转款16257元、31500元是客观事实。从双方间关于该两笔款项的微信聊天记录及各自陈述看，现有证据和事实不足以证实该两笔款项是被上诉人赠与上诉人的，上诉人以赠与为由占有该两笔款项证据不足、理由不当，不予支持。上诉人继续占有该两笔款项没有合法依据。

### 第六百六十二条　赠与财产的瑕疵担保责任

赠与的财产有瑕疵的，赠与人不承担责任。附义务的赠与，赠与的财产有瑕疵的，赠与人在附义务的限度内承担与出卖人相同的责任。

赠与人故意不告知瑕疵或者保证无瑕疵，造成受赠人损失的，应当承担赔偿责任。

### 第六百六十三条　赠与人的法定撤销情形及撤销权行使期间

受赠人有下列情形之一的，赠与人可以撤销赠与：

（一）严重侵害赠与人或者赠与人近亲属的合法权益；

（二）对赠与人有扶养义务而不履行；

（三）不履行赠与合同约定的义务。

> 赠与人的撤销权，自知道或者应当知道撤销事由之日起一年内行使。

## ● 典型案例

**张某与宋某赠与合同案**［辽宁省葫芦岛市中级人民法院（2020）辽14民终1188号］

2014年2月18日，宋某与儿子张某、女儿张某娟签订了《关于对家庭财产等有关问题的处理协议》，协议第二条约定："已故父亲张某山和母亲宋某现有一处产权房址，总面积87.5平方米，楼层一楼（按房屋产权证为准）。如母亲宋某离世之后对此处产权房转至长子张某、女儿张某娟名下，并按房屋的总面积各分得张某、张某娟各一半产权"；第四条约定："作为儿女及家庭成员都要积极主动在日常生活中对老人饮食起居等做好经常性的关怀、照顾，并做好儿女子孙对老人关爱的应尽义务。2017年3月1日，宋某与张某、张某娟签订了《存量房买卖协议》，以240000元的价格将案涉房屋转让给张某和张某娟，并于同日办理了房屋产权变更登记手续，现房屋权利人处载明：张某娟、张某，共有情况处载明：按份共有。房屋产权变更登记后，张某并没有按照协议约定按时看望宋某，且在宋某住院期间亦未进行照顾。直至宋某起诉后，张某才开始关心宋某的生活。

一审法院认为，双方当事人虽然签订的是买卖合同，但实际是一种附条件的赠与行为，本案是赠与合同纠纷。张某并未尽到协议约定的扶养义务，在宋某患病住院期间，张某从未去医院看望过宋某，且自房屋变更登记后一直未联系和看望过宋某，故张某的上述行为属于可撤销赠与的情形，宋某主张撤销对张某的赠与行为的诉讼请求，予以支持。关于房屋办理变更登记时所需要的费用酌情由宋某承担。

二审法院认为，宋某对张某的赠与行为成立。根据2014年2月18日，宋某与儿子张某、女儿张某娟签订的《关于对家庭财产等有关问题的处理协议》第四条的约定，宋某的赠与行为属于附条件民事赠与行为。

**第六百六十四条　赠与人的继承人或法定代理人的撤销权**

因受赠人的违法行为致使赠与人死亡或者丧失民事行为能力的，赠与人的继承人或者法定代理人可以撤销赠与。

赠与人的继承人或者法定代理人的撤销权，自知道或者应当知道撤销事由之日起六个月内行使。

**第六百六十五条　撤销赠与的效力**

撤销权人撤销赠与的，可以向受赠人请求返还赠与的财产。

**第六百六十六条　赠与义务的免除**

赠与人的经济状况显著恶化，严重影响其生产经营或者家庭生活的，可以不再履行赠与义务。

## 第十二章　借款合同

**第六百六十七条　借款合同的定义**

借款合同是借款人向贷款人借款，到期返还借款并支付利息的合同。

● **典型案例**

**某银行五一支行诉污水处理公司、市政工程公司金融借款合同纠纷案**（最高人民法院指导案例 53 号）

原告某银行五一支行诉称：原告与被告污水处理公司签订单位借款合同后向被告贷款 3000 万元。被告市政工程公司为上述借款提供连带责任保证。原告某银行五一支行、被告污水处理公司、市政工程公司、案外人某建设局四方签订了《特许经营权质押担保协议》，市政工程公司以长乐市污水处理项目的特许经营权提供质押担保。因污水处理公司未能按期偿还贷款本金和利息，故诉请法院判令：污水处理公司偿还原告借款本金和利息；确认《特许经营权质押担保协议》合法有效，拍卖、变卖该协议项下的质物，原告有优先受偿权；将某建设局支付两被告的污水处理服务费优先用于清偿应偿还原告的所有款项；市政工程公司承担连带清偿责任。

被告污水处理公司和市政工程公司辩称：长乐市城区污水处理厂特许经营权，并非法定的可以质押的权利，且该特许经营权并未办理质押登记，故原告诉请拍卖、变卖长乐市城区污水处理厂特许经营权，于法无据。

法院经审理查明：2003 年，某建设局为让与方、市政工程公司为受让方、长乐市财政局为见证方，三方签订《长乐市城区污水处理厂特许建设经营合同》，约定：某建设局授予市政工程公司负责投资、建设、运营和维护长乐市城区污水处理厂项目及其附属设施的特许权，并就合同双方权利义务进行了详细约定。2004 年 10 月 22 日，污水处理公司成立。该公司系市政工程公司为履行《长乐市城区污水处理厂特许建设经营合同》而设立的项目公司。

2005 年 3 月 24 日，福州市商业银行五一支行与污水处理公司签订《单位借款合同》,约定:污水处理公司向福州市商业银行五一支行借款3000万元;借款用途为长乐市城区污水处理厂项目;借款期限为13年,自2005年3月25日至2018年3月25日;还就利息及逾期罚息的计算方式作了明确约定。市政工程公司为污水处理公司的上述借款承担连带责任保证。

同日,福州市商业银行五一支行与污水处理公司、市政工程公司、某建设局共同签订《特许经营权质押担保协议》,约定:市政工程公司以《长乐市城区污水处理厂特许建设经营协议》授予的特许经营权为污水处理公司向福州市商业银行五一支行的借款提供质押担保,某建设局同意该担保;市政工程公司同意将特许经营权收益优先用于清偿借款合同项下污水处理公司的债务,某建设局和市政工程公司同意将污水处理费优先用于清偿借款合同项下的污水处理公司的债务;福州市商业银行五一支行未受清偿的,有权依法通过拍卖等方式实现质押权利等。

上述合同签订后,福州市商业银行五一支行依约向污水处理公司发放贷款3000万元。污水处理公司自2007年10月21日起未依约按期足额还本付息。

另查明,福州市商业银行五一支行于2007年4月28日将其名称变更为福州市商业银行股份有限公司五一支行;2009年12月1日其名称再次变更为某银行五一支行。

福建省福州市中级人民法院于2013年5月16日作出(2012)榕民初字第661号民事判决:一、污水处理公司应于本判决生效之日起十日内向某银行五一支行偿还借款本金28714764.43元及利息(暂计至2012年8月21日为2142597.6元,此后利息按《单位借款合同》的约定计至借款本息还清之日止);二、污水处理公司应于本判决生效之日起十日内向某银行五一支行支付律师代理费人民币123640元；三、某银行五一支行于本判决生效之日起有权直接向某建设局收取应由某建设局支付给污水处理公司、市政工程公司的污水处理服务费，并对该污水处理服务费就本判决第一、二项所确定的债务行使优先受偿权；四、市政工程公司对本判决第一、二项确定的债务承担连带清偿责任；五、驳回某银行五一支行的其他诉讼请求。宣判后，两被告均提起上诉。福建省高级人民法院于2013年9月17日作出福建省高级人民法院（2013）闽民终字第870号民事判决：驳回上诉，维持原判。

法院生效裁判认为：被告污水处理公司未依约偿还原告借款本金及利息，已构成违约，其应向原告偿还借款本金，并支付利息及实现债权的费用。市政工程公司作为连带责任保证人，应对讼争债务承担连带清偿责任。本案争议焦点主要涉及污水处理项目特许经营权质押是否有效以及该质权如何实现问题。

一、关于污水处理项目特许经营权能否出质问题

污水处理项目特许经营权是对污水处理厂进行运营和维护，并获得相应收益的权利。污水处理厂的运营和维护，属于经营者的义务，而其收益权，则属于经营者的权利。由于对污水处理厂的运营和维护，并不属于可转让的财产权利，故讼争的污水处理项目特许经营权质押，实质上系污水处理项目收益权的质押。

关于污水处理项目等特许经营的收益权能否出质问题，应当考虑以下方面：其一，本案讼争污水处理项目《特许经营权质押担保协议》签订于2005年，尽管当时法律、行政法规及相关司法解释并未规定污水处理项目收益权可质押，但污水处理项目收益权与公路收益权性质上相类似。《最高人民法院关于适用〈中华人民共和国担保

法〉若干问题的解释》第九十七条规定,"以公路桥梁、公路隧道或者公路渡口等不动产收益权出质的,按照担保法第七十五条第(四)项的规定处理",明确公路收益权属于依法可质押的其他权利,与其类似的污水处理收益权亦应允许出质。其二,国务院办公厅于2001年9月29日转发的《国务院西部开发办〈关于西部大开发若干政策措施的实施意见〉》(国办发〔2001〕73号)中提出,"对具有一定还贷能力的水利开发项目和城市环保项目(如城市污水处理和垃圾处理等),探索逐步开办以项目收益权或收费权为质押发放贷款的业务",首次明确可试行将污水处理项目的收益权进行质押。其三,污水处理项目收益权虽系将来金钱债权,但其行使期间及收益金额均可确定,其属于确定的财产权利。其四,在《中华人民共和国物权法》(以下简称《物权法》)颁布实施后,因污水处理项目收益权系基于提供污水处理服务而产生的将来金钱债权,依其性质亦可纳入依法可出质的"应收账款"范畴。因此,讼争污水处理项目收益权作为特定化的财产权利,可以允许其出质。

二、关于污水处理项目收益权的质权公示问题

对于污水处理项目收益权的质权公示问题,在《物权法》自2007年10月1日起施行后,因收益权已纳入该法第二百二十三条第六项的"应收账款"范畴,故应当在中国人民银行征信中心的应收账款质押登记公示系统进行出质登记,质权才能依法成立。由于本案的质押担保协议签订于2005年,在《物权法》施行之前,故不适用《物权法》关于应收账款的统一登记制度。因当时并未有统一的登记公示的规定,故参照当时公路收费权质押登记的规定,由其主管部门进行备案登记,有关利害关系人可通过其主管部门了解该收益权是否存在质押之情况,该权利即具备物权公示的效果。

本案中，某建设局在《特许经营权质押担保协议》上盖章，且协议第七条明确约定"某建设局同意为原告和市政工程公司办理质押登记、出质登记手续"，故可认定讼争污水处理项目的主管部门已知晓并认可该权利质押情况，有关利害关系人亦可通过某建设局查询了解讼争污水处理厂的有关权利质押的情况。因此，本案讼争的权利质押已具备公示之要件，质权已设立。

三、关于污水处理项目收益权的质权实现方式问题

我国担保法和《物权法》均未具体规定权利质权的具体实现方式，仅就质权的实现作出一般性的规定，即质权人在行使质权时，可与出质人协议以质押财产折价，或就拍卖、变卖质押财产所得的价款优先受偿。但污水处理项目收益权属于将来金钱债权，质权人可请求法院判令其直接向出质人的债务人收取金钱并对该金钱行使优先受偿权，故无须采取折价或拍卖、变卖之方式。况且收益权均附有一定之负担，且其经营主体具有特定性，故依其性质亦不宜拍卖、变卖。因此，原告请求将《特许经营权质押担保协议》项下的质物予以拍卖、变卖并行使优先受偿权，不予支持。

根据协议约定，原告某银行五一支行有权直接向某建设局收取污水处理服务费，并对所收取的污水处理服务费行使优先受偿权。由于被告仍应依约对污水处理厂进行正常运营和维护，若无法正常运营，则将影响到长乐市城区污水的处理，亦将影响原告对污水处理费的收取，故原告在向某建设局收取污水处理服务费时，应当合理行使权利，为被告预留经营污水处理厂的必要合理费用。

### 第六百六十八条  借款合同的形式和内容

借款合同应当采用书面形式，但是自然人之间借款另有约定的除外。

借款合同的内容一般包括借款种类、币种、用途、数额、利率、期限和还款方式等条款。

● *相关规定*

《商业银行法》第36条、第86条

### 第六百六十九条  借款合同借款人的告知义务

订立借款合同，借款人应当按照贷款人的要求提供与借款有关的业务活动和财务状况的真实情况。

### 第六百七十条  借款利息不得预先扣除

借款的利息不得预先在本金中扣除。利息预先在本金中扣除的，应当按照实际借款数额返还借款并计算利息。

● *条文注释*

一方以欺诈、胁迫等手段或者乘人之危，使对方在违背真实意思的情况下所形成的借贷关系，应认定为无效。借贷关系无效由债权人的行为引起的，只返还本金；借贷关系无效由债务人的行为引起的，除返还本金外，还应参照银行同类贷款利率给付利息。

## ● 典型案例

**邹德某与张某军民间借贷纠纷案** [北京市第三中级人民法院（2020）京03民终6029号]

2014年1月6日，邹德某作为借款人、王某1作为出借人签订《借款合同》，约定邹德某向王某1借款172万元，借款期限为2个月，借款利息按照同期银行贷款利率四倍计算等条款。双方在《借款合同》中明确约定同意向北京市中信公证处申请对该合同办理具有强制执行效力的债权文书公证。双方在《借款合同》中约定，公证处对借款人是否履行还款义务的核实方式为电话核实。

一审法院认为，根据我国民事诉讼法的规定，当事人有答辩并对对方当事人提交的证据进行质证的权利。张某军经一审法院合法传唤，无正当理由拒不出庭应诉，视为其放弃了答辩和质证的权利。同时，一审法院认为追偿权纠纷包含两种情况即担保责任追偿权和合伙债务追偿权，经一审法院释明，邹德某亦同意将本案案由确定为民间借贷纠纷。本案中，邹德某虽主张张某军系实际用款人，并称张某军利用其善良和同情心向他人借款。但一审法院认为，邹德某系具有完全民事行为能力的民事主体，其需要对其作出的民事法律行为负责。同时，邹德某作为涉诉《借款合同》借款人的地位已经生效判决予以确认，且根据合同的相对性原则，邹德某与张某军之间的民间借贷关系应依据法律规定及双方之间的约定解决。邹德某实际交付张某军借款本金为1663240元，虽然邹德某主张双方之间约定的借款利率参照涉诉《借款合同》的约定，但并未提交证据予以证明，故一审法院认定双方之间对借款利率约定不明。

二审法院认为，一审时邹德某虽以追偿权案由提起本案诉讼，但根据其诉讼理由，显然不属于追偿权的法律关系。邹德某表示其提起本案诉讼系基于邹德某向王某1借款，但实际上借款是给张某军使用，因此要求张某军向邹德某还款，再由邹德某向王某1还款。根据邹德某的上述陈述及在案证据，邹德某存在将款项出借给张某军的意思表示，且其已将款项向张某军实际交付，现要求张某军还款。张某军在一审时经法院合法传唤，无正当理由拒不出庭应诉，视为其放弃了答辩和质证的权利，二审期间经庭审询问，张某军认可其借款，且收到转账款项，但具体是谁的账户转账、金额是多少记不清了，故邹德某与张某军之间应成立民间借贷的法律关系。

### 第六百七十一条　提供及收取借款迟延责任

贷款人未按照约定的日期、数额提供借款，造成借款人损失的，应当赔偿损失。

借款人未按照约定的日期、数额收取借款的，应当按照约定的日期、数额支付利息。

### 第六百七十二条　贷款人对借款使用情况检查、监督的权利

贷款人按照约定可以检查、监督借款的使用情况。借款人应当按照约定向贷款人定期提供有关财务会计报表或者其他资料。

### 第六百七十三条　借款人违约使用借款的后果

借款人未按照约定的借款用途使用借款的，贷款人可以停止发放借款、提前收回借款或者解除合同。

### 第六百七十四条　借款利息支付期限的确定

借款人应当按照约定的期限支付利息。对支付利息的期限没有约定或者约定不明确，依据本法第五百一十条的规定仍不能确定，借款期间不满一年的，应当在返还借款时一并支付；借款期间一年以上的，应当在每届满一年时支付，剩余期间不满一年的，应当在返还借款时一并支付。

### 第六百七十五条　还款期限的确定

借款人应当按照约定的期限返还借款。对借款期限没有约定或者约定不明确，依据本法第五百一十条的规定仍不能确定的，借款人可以随时返还；贷款人可以催告借款人在合理期限内返还。

● **典型案例**

**宋某娟与潘某民间借贷纠纷案**［辽宁省大连市中级人民法院(2020) 辽02民终4432号］

两被告系母女关系。被告宋某娟于2017年经营饭店，原告通过其姐姐姜某某向被告宋某娟出借35万元。因经营不善饭店于2019年关闭。两被告为原告出具欠条一份：宋某娟今欠姜某某叁拾伍万元，还款日期2019年3月31日。逾期未还，按1分计息。欠款人：宋某娟。其中5万元于1月27日前还。欠款人：潘某。该欠条由二被告签字并。欠条出具后，两被告于2019年1月27日前按照欠条的约定分两次偿还原告5万元（第一次给付4万元，第二次给付1万元），尚欠原告30万元未偿还。

一审法院认为，民事主体从事民事活动，应当遵循诚信原则。被告宋某娟向原告借款35万元用于经营，并向原告出具欠条一份，被告宋某娟、潘某均在该欠条上签字、画押，同时两被告将房产证交由原告作为抵押（未办理抵押登记手续），两被告理应按约定偿还借款及利息。

二审法院认为，当事人对自己提出的诉讼请求所依据的事实或者反驳对方诉讼请求所依据的事实，应当提供证据加以证明。当事人未提供证据或者证据不足以证明其事实主张的，由负有举证证明责任的当事人承担不利后果。

### 第六百七十六条　借款合同违约责任承担

借款人未按照约定的期限返还借款的，应当按照约定或者国家有关规定支付逾期利息。

### 第六百七十七条　提前偿还借款

借款人提前返还借款的，除当事人另有约定外，应当按照实际借款的期间计算利息。

### 第六百七十八条　借款展期

借款人可以在还款期限届满前向贷款人申请展期；贷款人同意的，可以展期。

### 第六百七十九条　自然人之间借款合同的成立

自然人之间的借款合同，自贷款人提供借款时成立。

> **第六百八十条　借款利率和利息**
>
> 禁止高利放贷，借款的利率不得违反国家有关规定。
>
> 借款合同对支付利息没有约定的，视为没有利息。
>
> 借款合同对支付利息约定不明确，当事人不能达成补充协议的，按照当地或者当事人的交易方式、交易习惯、市场利率等因素确定利息；自然人之间借款的，视为没有利息。

## 第十三章　保证合同

### 第一节　一般规定

> **第六百八十一条　保证合同的概念**
>
> 保证合同是为保障债权的实现，保证人和债权人约定，当债务人不履行到期债务或者发生当事人约定的情形时，保证人履行债务或者承担责任的合同。

● **典型案例**

**某银行诉电器公司等金融借款合同纠纷案**（最高人民法院指导案例 57 号）

原告某银行诉称：其与被告电子公司、岑某、塑模公司分别签订了《最高额保证合同》，约定三被告为电器公司在一定时期和最高额度内借款提供连带责任担保。电器公司从某银行借款后，不能按期归还部分贷款，故诉请判令被告电器公司归还原告借款本金 250 万元，支付利息、罚息和律师费用；岑某、塑模公司、电子公司对上述债务承担连带保证责任。

215

被告电器公司、岑某未作答辩。

被告塑模公司辩称：原告诉请的律师费用不应支持。

被告电子公司辩称：其与某银行签订的《最高额保证合同》，并未被列入借款合同所约定的担保合同范围，故其不应承担保证责任。

法院经审理查明：2010年9月10日，某银行与电子公司、岑某分别签订了编号为某银9022010年高保字01003号、01004号的《最高额保证合同》，约定电子公司、岑某自愿为电器公司在2010年9月10日至2011年10月18日发生的余额不超过1100万元的债务本金及利息、罚息等提供连带责任担保。

2011年10月12日，某银行与岑某、塑模公司分别签署了编号为某银9022011年高保字00808号、00809号《最高额保证合同》，岑某、塑模公司自愿为电器公司在2010年9月10日至2011年10月18日发生的余额不超过550万元的债务本金及利息、罚息等提供连带责任担保。

2011年10月14日，某银行与电器公司签署了编号为某银9022011企贷字00542号借款合同，约定某银行向电器公司发放贷款500万元，到期日为2012年10月13日，并列明担保合同编号分别为某银9022011年高保字00808号、00809号。贷款发放后，电器公司于2012年8月6日归还了借款本金250万元，电子公司于2012年6月29日、10月31日、11月30日先后支付了贷款利息31115.3元、53693.71元、21312.59元。截至2013年4月24日，电器公司尚欠借款本金250万元、利息141509.01元。另查明，某银行为实现本案债权而产生律师费用95200元。

浙江省宁波市江东区人民法院于2013年12月12日作出（2013）甬东商初字第1261号民事判决：一、电器公司于本判决生效之日起十日内归还某银行借款本金250万元,支付利息141509.01元,并支付自2013年4月25日起至本判决确定的履行之日止按借款合同约定计算的利息、罚息;二、电器公司于本判决生效之日起十日内赔偿某银行为实现债权而产生的律师费用95200元;三、岑某、塑模公司、电子公司对上述第一、二项款项承担连带清偿责任,其承担保证责任后,有权向电器公司追偿。宣判后,电子公司以其未被列入借款合同,不应承担保证责任为由,提起上诉。浙江省宁波市中级人民法院于2014年5月14日作出(2014)浙甬商终字第369号民事判决:驳回上诉,维持原判。

法院生效裁判认为:某银行与电器公司之间签订的编号为某银9022011企贷字00542号借款合同合法有效,某银行发放贷款后,电器公司未按约还本付息,已经构成违约。原告要求电器公司归还贷款本金250万元,支付按合同约定方式计算的利息、罚息,并支付原告为实现债权而产生的律师费用95200元,应予支持。岑某、塑模公司自愿为上述债务提供最高额保证担保,应承担连带清偿责任,其承担保证责任后,有权向电器公司追偿。

本案的争议焦点为,电子公司签订的某银9022010年高保字01003号《最高额保证合同》未被选择列入某银9022011企贷字00542号借款合同所约定的担保合同范围,电子公司是否应当对某银9022011企贷字00542号借款合同项下债务承担保证责任。对此,法院经审理认为,电子公司应当承担保证责任。理由如下:第一,民事权利的放弃必须采取明示的意思表示才能发生法律效力,默示的意思表示只有在法律有明确规定及当事人有特别约定的情况下才能发生法律效力,不宜在无明确约定或者法律无特别规定的情况下,推定当事人对权利进行放弃。具体到本案,某银行与电器公司签订的某银

9022011企贷字00542号借款合同虽未将电子公司签订的《最高额保证合同》列入，但原告未以明示方式放弃电子公司提供的最高额保证，故电子公司仍是该诉争借款合同的最高额保证人。第二，本案诉争借款合同签订时间及贷款发放时间均在电子公司签订的编号某银9022010年高保字01003号《最高额保证合同》约定的决算期内（2010年9月10日至2011年10月18日），某银行向电子公司主张权利并未超过合同约定的保证期间，故电子公司应依约在其承诺的最高债权限额内为电器公司对某银行的欠债承担连带保证责任。第三，最高额担保合同是债权人和担保人之间约定担保法律关系和相关权利义务关系的直接合同依据，不能以主合同内容取代从合同的内容。具体到本案，某银行与电子公司签订了《最高额保证合同》，双方的担保权利义务应以该合同为准，不受某银行与电器公司之间签订的某银行非自然人借款合同约束或变更。第四，电子公司曾于2012年6月、10月、11月三次归还过本案借款利息，上述行为也是电子公司对本案借款履行保证责任的行为表征。综上，电子公司应对电器公司的上述债务承担连带清偿责任，其承担保证责任后，有权向电器公司追偿。

### 第六百八十二条　保证合同的附从性及被确认无效后的责任分配

保证合同是主债权债务合同的从合同。主债权债务合同无效的，保证合同无效，但是法律另有规定的除外。

保证合同被确认无效后，债务人、保证人、债权人有过错的，应当根据其过错各自承担相应的民事责任。

**第六百八十三条　保证人的资格**

机关法人不得为保证人,但是经国务院批准为使用外国政府或者国际经济组织贷款进行转贷的除外。

以公益为目的的非营利法人、非法人组织不得为保证人。

**第六百八十四条　保证合同的一般内容**

保证合同的内容一般包括被保证的主债权的种类、数额,债务人履行债务的期限,保证的方式、范围和期间等条款。

**第六百八十五条　保证合同的订立**

保证合同可以是单独订立的书面合同,也可以是主债权债务合同中的保证条款。

第三人单方以书面形式向债权人作出保证,债权人接收且未提出异议的,保证合同成立。

**第六百八十六条　保证方式**

保证的方式包括一般保证和连带责任保证。

当事人在保证合同中对保证方式没有约定或者约定不明确的,按照一般保证承担保证责任。

**第六百八十七条　一般保证及先诉抗辩权**

当事人在保证合同中约定,债务人不能履行债务时,由保证人承担保证责任的,为一般保证。

一般保证的保证人在主合同纠纷未经审判或者仲裁,并就债务人财产依法强制执行仍不能履行债务前，有权拒绝向债权人承担保证责任，但是有下列情形之一的除外：

（一）债务人下落不明，且无财产可供执行；

（二）人民法院已经受理债务人破产案件；

（三）债权人有证据证明债务人的财产不足以履行全部债务或者丧失履行债务能力；

（四）保证人书面表示放弃本款规定的权利。

### 第六百八十八条　连带责任保证

当事人在保证合同中约定保证人和债务人对债务承担连带责任的，为连带责任保证。

连带责任保证的债务人不履行到期债务或者发生当事人约定的情形时，债权人可以请求债务人履行债务，也可以请求保证人在其保证范围内承担保证责任。

### 第六百八十九条　反担保

保证人可以要求债务人提供反担保。

### 第六百九十条　最高额保证合同

保证人与债权人可以协商订立最高额保证的合同，约定在最高债权额限度内就一定期间连续发生的债权提供保证。

最高额保证除适用本章规定外，参照适用本法第二编最高额抵押权的有关规定。

## 第二节　保证责任

**第六百九十一条　保证责任的范围**

保证的范围包括主债权及其利息、违约金、损害赔偿金和实现债权的费用。当事人另有约定的，按照其约定。

● *典型案例*

**担保公司与工程建设公司、置业公司执行复议案**（最高人民法院指导案例120号）

青海省高级人民法院（以下简称青海高院）在审理工程建设公司与置业公司建设工程施工合同纠纷一案期间，依工程建设公司申请采取财产保全措施，冻结置业公司账户存款1500万元（账户实有存款余额23万余元），并查封该公司32438.8平方米土地使用权。之后，置业公司以需要办理银行贷款为由，申请对账户予以解封，并由担保人宋某以银行存款1500万元提供担保。青海高院冻结宋某存款1500万元后，解除对置业公司账户的冻结措施。2014年5月22日，担保公司向青海高院提供担保书，承诺置业公司无力承担责任时，愿承担置业公司应承担的责任，担保最高限额1500万元，并申请解除对宋某担保存款的冻结措施。青海高院据此解除对宋某1500万元担保存款的冻结措施。案件进入执行程序后，经青海高院调查，被执行人置业公司（原青海海西家禾酒店管理有限公司）除已经抵押的土地使用权及在建工程（在建工程价值4亿余元）外，无其他可供执行财产。保全阶段冻结的账户，因提供担保解除冻结后，进出款8900余万元。执行中，青海高院作出执行裁定，要求担保公司在三日内清偿工程建设公司债务1500万元，并扣划担保公司银行存款820万元。担保公司对此提出异议称，被执行人置业公司尚有在建工程及相应的土地使用权，请求返还已扣划的资金。

青海高院于2017年5月11日作出（2017）青执异12号执行裁定：驳回担保公司的异议。担保公司不服，向最高人民法院提出复议申请。最高人民法院于2017年12月21日作出（2017）最高法执复38号执行裁定：驳回担保公司的复议申请，维持青海高院（2017）青执异12号执行裁定。

最高人民法院认为，《最高人民法院关于人民法院执行工作若干问题的规定（试行）》规定："人民法院在审理案件期间，保证人为被执行人提供保证，人民法院据此未对被执行人的财产采取保全措施或解除保全措施的，案件审结后如果被执行人无财产可供执行或其财产不足清偿债务时，即使生效法律文书中未确定保证人承担责任，人民法院有权裁定执行保证人在保证责任范围内的财产。"上述规定中的保证责任及担保公司所做承诺，类似于担保法规定的一般保证责任。《中华人民共和国担保法》第十七条第一款及第二款规定："当事人在保证合同中约定，债务人不能履行债务时，由保证人承担保证责任的，为一般保证。一般保证的保证人在主合同纠纷未经审判或者仲裁，并就债务人财产依法强制执行仍不能履行债务前，对债权人可以拒绝承担保证责任。"《最高人民法院关于适用〈中华人民共和国担保法〉若干问题的解释》第一百三十一条规定："本解释所称'不能清偿'，指对债务人的存款、现金、有价证券、成品、半成品、原材料、交通工具等可以执行的动产和其他方便执行的财产执行完毕后，债务仍未能得到清偿的状态。"依据上述规定，在一般保证情形，并非只有在债务人没有任何财产可供执行的情形下，才可以要求一般保证人承担责任，即债务人虽有财产，但其财产严重不方便执行时，可以执行一般保证人的财产。参照上述规定精神，由于置业公司仅有在建工程及相应的土地使用权可供执行，既不经济也不方便，在这种情况下，人民法院可以直接执行担保公司的财产。

### 第六百九十二条　保证期间

保证期间是确定保证人承担保证责任的期间，不发生中止、中断和延长。

债权人与保证人可以约定保证期间，但是约定的保证期间早于主债务履行期限或者与主债务履行期限同时届满的，视为没有约定；没有约定或者约定不明确的，保证期间为主债务履行期限届满之日起六个月。

债权人与债务人对主债务履行期限没有约定或者约定不明确的，保证期间自债权人请求债务人履行债务的宽限期届满之日起计算。

### 第六百九十三条　保证期间届满的法律效果

一般保证的债权人未在保证期间对债务人提起诉讼或者申请仲裁的，保证人不再承担保证责任。

连带责任保证的债权人未在保证期间请求保证人承担保证责任的，保证人不再承担保证责任。

### 第六百九十四条　保证债务的诉讼时效

一般保证的债权人在保证期间届满前对债务人提起诉讼或者申请仲裁的，从保证人拒绝承担保证责任的权利消灭之日起，开始计算保证债务的诉讼时效。

连带责任保证的债权人在保证期间届满前请求保证人承担保证责任的，从债权人请求保证人承担保证责任之日起，开始计算保证债务的诉讼时效。

### 第六百九十五条　主合同变更对保证责任影响

债权人和债务人未经保证人书面同意，协商变更主债权债务合同内容，减轻债务的，保证人仍对变更后的债务承担保证责任；加重债务的，保证人对加重的部分不承担保证责任。

债权人和债务人变更主债权债务合同的履行期限，未经保证人书面同意的，保证期间不受影响。

### 第六百九十六条　债权转让时保证人的保证责任

债权人转让全部或者部分债权，未通知保证人的，该转让对保证人不发生效力。

保证人与债权人约定禁止债权转让，债权人未经保证人书面同意转让债权的，保证人对受让人不再承担保证责任。

### 第六百九十七条　债务承担对保证责任的影响

债权人未经保证人书面同意，允许债务人转移全部或者部分债务，保证人对未经其同意转移的债务不再承担保证责任，但是债权人和保证人另有约定的除外。

第三人加入债务的，保证人的保证责任不受影响。

### 第六百九十八条 一般保证人免责

一般保证的保证人在主债务履行期限届满后,向债权人提供债务人可供执行财产的真实情况,债权人放弃或者怠于行使权利致使该财产不能被执行的,保证人在其提供可供执行财产的价值范围内不再承担保证责任。

### 第六百九十九条 共同保证

同一债务有两个以上保证人的,保证人应当按照保证合同约定的保证份额,承担保证责任;没有约定保证份额的,债权人可以请求任何一个保证人在其保证范围内承担保证责任。

### 第七百条 保证人的追偿权

保证人承担保证责任后,除当事人另有约定外,有权在其承担保证责任的范围内向债务人追偿,享有债权人对债务人的权利,但是不得损害债权人的利益。

### 第七百零一条 保证人的抗辩权

保证人可以主张债务人对债权人的抗辩。债务人放弃抗辩的,保证人仍有权向债权人主张抗辩。

### 第七百零二条 抵销权或撤销权范围内的免责

债务人对债权人享有抵销权或者撤销权的,保证人可以在相应范围内拒绝承担保证责任。

# 第十四章　租赁合同

**第七百零三条**　租赁合同的概念

租赁合同是出租人将租赁物交付承租人使用、收益，承租人支付租金的合同。

**第七百零四条**　租赁合同的内容

租赁合同的内容一般包括租赁物的名称、数量、用途、租赁期限、租金及其支付期限和方式、租赁物维修等条款。

● *典型案例*

**饶某诉某物资供应站等房屋租赁合同纠纷案（最高人民法院指导案例170号)**

某酒店组织形式为个人经营，经营者系饶某，经营范围及方式为宾馆服务。2011年7月27日，某酒店通过公开招标的方式中标获得租赁某物资供应站所有的南昌市青山南路×号办公大楼的权利，并向物资供应站出具《承诺书》，承诺中标以后严格按照加固设计单位和江西省建设工程安全质量监督管理局等权威部门出具的加固改造方案，对青山南路×号办公大楼进行科学、安全的加固，并在取得具有法律效力的书面文件后，再使用该大楼。同年8月29日，某酒店与物资供应站签订《租赁合同》，约定：物资供应站将南昌市青山南路×号（包含房产证记载的南昌市东湖区青山南路×号和东湖区青山南路×号）办公楼4120平方米建筑出租给某酒店，用于经营商务宾馆。租赁期限为十五年，自2011年9月1日起至2026年8月31日止。除约定租金和其他费用标准、支付方式、违约赔偿责任外,还在第五条特别约定:1.租赁物经有关部门鉴定为危楼,需加固后方能使用。某酒店对租赁物的前述问题及瑕疵已充分了解。某酒店承诺对租赁物进行加固,确保租赁物达到商业房产使用标准,某酒店承担全部费用。2.加固工程方案的报批、建设、验收(验收部门为江西省建设工程安全质量监督管理局或同等资质的部门)均由某酒店负责,物资供应站根据需要提供协助。3.某酒店如未经加固合格即擅自使用租赁物,应承担全部责任。合同签订后,物资供应站依照约定交付了租赁房屋。某酒店向物资供应站给付20万元履约保证金,1000万元投标保证金。某酒店中标后物资供应站退还了其800万元投标保证金。

2011年10月26日,某酒店与上海永祥加固技术工程有限公司签订加固改造工程《协议书》,某酒店将租赁的房屋以包工包料一次包干(图纸内的全部土建部分)的方式发包给上海永祥加固技术工程有限公司加固改造,改造范围为主要承重柱、墙、梁板结构加固新增墙体全部内粉刷。开工时间为2011年10月26日,竣工时间为2012年1月26日。2012年1月3日,在加固施工过程中,案涉建筑物大部分垮塌。

江西省建设业安全生产监督管理站于2007年6月18日出具《房屋安全鉴定意见》,鉴定结果和建议是:1.该大楼主要结构受力构件设计与施工均不能满足现行国家设计和施工规范的要求,其强度不能满足上部结构承载力的要求,存在较严重的结构隐患。2.该大楼未进行抗震设计,没有抗震构造措施,不符合《建筑抗震设计规范》的要求。遇有地震或其他意外情况发生,将造成重大安全事故。3.根据《危险房屋鉴定标准》,该大楼按房屋危险性等级划分,属D级危房,应予以拆除。4.建议:(1)应立即对大楼进行减载。(2)对有问题的结构构件进行加固处理。（3）目前，应对大楼加强观察，并应采取措施，确保大楼安全过渡至拆除。如发现有异常现象，应立即撤出大楼的全部人员，并向有关部门报告。（4）建议尽快拆除全部结构。

饶某向一审法院提出诉请：一、解除其与物资供应站于2011年8月29日签订的《租赁合同》；二、物资供应站返还其保证金220万元；三、物资供应站赔偿其各项经济损失共计281万元；四、本案诉讼费用由物资供应站承担。

物资供应站向一审法院提出反诉诉请：一、判令饶某承担侵权责任，赔偿其2463.5万元；二、判令饶某承担全部诉讼费用。

再审中，饶某将其上述第一项诉讼请求变更为：确认案涉《租赁合同》无效。物资供应站亦将其诉讼请求变更为：饶某赔偿物资供应站损失418.7万元。

江西省南昌市中级人民法院于2017年9月1日作出（2013）洪民一初字第2号民事判决：一、解除饶某经营的某酒店与物资供应站于2011年8月29日签订的《租赁合同》；二、物资供应站应返还饶某投标保证金200万元；三、饶某赔偿物资供应站804.3万元，抵扣本判决第二项物资供应站返还饶某的200万元保证金后，饶某还应于本判决生效后15日内给付物资供应站604.3万元；四、驳回饶某其他诉讼请求；五、驳回物资供应站其他诉讼请求。一审判决后，饶某提出上诉。江西省高级人民法院于2018年4月24日作出（2018）赣民终173号民事判决：一、维持江西省南昌市中级人民法院（2013）洪民一初字第2号民事判决第一项、第二项；二、撤销江西省南昌市中级人民法院（2013）洪民一初字第2号民事判决第三项、第四项、第五项；三、物资供应站返还饶某履约保证金20万元；四、饶某赔偿物资供应站经济损失182.4万元；五、本判决第一项、第三项、第四项确定的金额相互抵扣后，物资供应站应返还饶某375.7万元，该款项限物资供应站于本判决生效后10日内支付；六、驳回饶某的其他诉讼请求；七、驳回物资供应站的其他诉讼请求。饶某、物资供应站均不服二审判决，向最高人民法院申请再审。最高人民法院于2018年9月27日作出（2018）最高法民申4268号民事裁定提审本案。2019年12月19日，最高人民法院作出（2019）最高法民再97号民事判决：一、撤销江西省高级人民法院（2018）赣民终173号民事判决、江西省南昌市中级人民法院（2013）洪民一初字第2号民事判决；二、确认饶某经营的某酒店与物资供应站签订的《租赁合同》无效；三、物资供应站自本判决发生法律效力之日起10日内向饶某返还保证金220万元；四、驳回饶某的其他诉讼请求；五、驳回物资供应站的诉讼请求。

最高人民法院认为：根据江西省建设业安全生产监督管理站于2007年6月18日出具的《房屋安全鉴定意见》，案涉《租赁合同》签订前，该合同项下的房屋存在以下安全隐患：一是主要结构受力构件设计与施工均不能满足现行国家设计和施工规范的要求，其强度不能满足上部结构承载力的要求，存在较严重的结构隐患；二是该房屋未进行抗震设计，没有抗震构造措施，不符合《建筑抗震设计规范》国家标准，遇有地震或其他意外情况发生，将造成重大安全事故。《房屋安全鉴定意见》同时就此前当地发生的地震对案涉房屋的结构造成了一定破坏、应引起业主及其上级部门足够重视等提出了警示。在上述认定基础上，江西省建设业安全生产监督管理站对案涉房屋的鉴定结果和建议是，案涉租赁房屋属于应尽快拆除全部结构的D级危房。根据中华人民共和国住房和城乡建设部《危险房屋鉴定标准》第6.1条规定，房屋危险性鉴定属D级危房的，系指承重结构已不能满足安全使用要求，房屋整体处于危险状态，构成整幢危房。尽管《危险房屋鉴定标准》规定，对评定为局部危房或整幢危房的房屋可按下列方式进行处理：1. 观察使用；2. 处理使用；3. 停止使用；4. 整体拆除；5. 按相关规定处理。但本案中，有权鉴定机构已经明确案涉房屋应予拆除，并建议尽快拆除该危房的全部结构。因此，案涉危房并不具有可在加固后继续使用的情形。《商品房屋租赁管理办法》第六条规定，不符合安全、防灾等工程建设强制性标准的房屋不得出租。《商品房屋租赁管理办法》虽在效力等级上属部门规章，但是，该办法第六条规定体现的是对社会公共安全的保护以及对公序良俗的维护。结合本案事实，在案涉房屋已被确定属于存在严重结构隐患、或将造成重大安全事故、应当尽快拆除的D级危房的情形下，双方当事人仍签订《租赁合同》，约定将该房屋出租用于经营可能危及不特定公众人身及财产安全的商务酒店，明显损害了社会公共利益、违背了公序良俗。从维护公共安全及确立正确的社会价值导向的角度出发，对本案情形下合同效力的认定应从严把握，司法不应支持、鼓励这种为追求经济利益而忽视公共安全的有违社会公共利益和公序良俗的行为。故依照《中华人民共和国民法总则》第一百五十三条第二款关于违背公序良俗的民事法律行为无效的规定，以及《中华人民共和国合同法》第五十二条第四项关于损害社会公共利益的合同无效的规定，确认《租赁合同》无效。关于案涉房屋倒塌后物资供应站支付给他人的补偿费用问题，因物资供应站应对《租赁合同》的无效承担主要责任，根据《中华人民共和国合同法》第五十八条"合同无效后，双方都有过错的，应当各自承担相应的责任"的规定，上述费用应由物资供应站自行承担。因饶某对于《租赁合同》无效亦有过错，故对饶某的损失依照《中华人民共和国合同法》第五十八条的规定，亦应由其自行承担。饶某向物资供应站支付的220万元保证金，因《租赁合同》系无效合同，物资供应站基于该合同取得的该款项依法应当退还给饶某。

### 第七百零五条　租赁期限的最高限制

租赁期限不得超过二十年。超过二十年的，超过部分无效。

租赁期限届满，当事人可以续订租赁合同；但是，约定的租赁期限自续订之日起不得超过二十年。

### 第七百零六条　租赁合同登记对合同效力影响

当事人未依照法律、行政法规规定办理租赁合同登记备案手续的，不影响合同的效力。

### 第七百零七条　租赁合同形式

租赁期限六个月以上的，应当采用书面形式。当事人未采用书面形式，无法确定租赁期限的，视为不定期租赁。

● 条文注释

本条对租赁合同的形式作了三个层次的规定：（1）租赁期限不满6个月的租赁合同，既可以采用口头形式也可以采用书面形式。（2）租赁期限在6个月以上的应当采用书面形式。（3）租赁期限在6个月以上的，当事人没有采用书面形式，双方又对租赁期限有争议的，如果双方已经履行合同的主要义务，合同还是有效的。如果没有履行主要义务，当事人对其他问题没有争议，只是对租赁期限有争议的，依本条规定，视为不定期租赁，其租赁合同还是有效的，不定期租赁合同双方当事人随时可以解除合同。

### 第七百零八条　出租人义务

出租人应当按照约定将租赁物交付承租人,并在租赁期限内保持租赁物符合约定的用途。

### 第七百零九条　承租人义务

承租人应当按照约定的方法使用租赁物。对租赁物的使用方法没有约定或者约定不明确,依据本法第五百一十条的规定仍不能确定的,应当根据租赁物的性质使用。

### 第七百一十条　承租人合理使用租赁物的免责

承租人按照约定的方法或者根据租赁物的性质使用租赁物,致使租赁物受到损耗的,不承担赔偿责任。

### 第七百一十一条　承租人未合理使用租赁物的责任

承租人未按照约定的方法或者未根据租赁物的性质使用租赁物,致使租赁物受到损失的,出租人可以解除合同并请求赔偿损失。

### 第七百一十二条　出租人的维修义务

出租人应当履行租赁物的维修义务,但是当事人另有约定的除外。

## 第七百一十三条　租赁物的维修和维修费负担

承租人在租赁物需要维修时可以请求出租人在合理期限内维修。出租人未履行维修义务的，承租人可以自行维修，维修费用由出租人负担。因维修租赁物影响承租人使用的，应当相应减少租金或者延长租期。

因承租人的过错致使租赁物需要维修的，出租人不承担前款规定的维修义务。

### ● 典型案例

**刘某乾与某大学房屋租赁合同案**［北京市第一中级人民法院（2020）京01民终4699号］

涉案房屋系某大学分配给刘某乾租住，刘某乾亦向某大学交纳了2018年1月至12月的房租1689元。2018年3月、4月、11月，涉案房屋的马桶存在三次堵塞现象，其中前两次某大学派员到场，11月由刘某乾外聘维修人员进行维修，花费维修费300元。

一审法院认为，当事人对自己的主张有责任提供证据。本案中，某大学作为产权单位，将其单位所有的房屋租住给刘某乾，刘某乾交纳房屋租金，双方存在的房屋租赁关系合法有效，对双方均有约束力。现刘某乾未提交证据证明马桶堵塞系某大学提供房屋的设施、设备存在问题所导致，故该院对其依照合同要求某大学承担出租人之房屋修缮义务，缺乏事实和法律依据。

二审法院认为，刘某乾与某大学之间基于房屋租赁所形成的法律关系真实有效，本院予以确认。当事人对自己诉讼请求所依据的事实负有提供证据予以证明的义务。本案中，因刘某乾未提交证据证明马桶堵塞是某大学提供的房屋设备存在问题所导致，且现有证据无法显示某大学拒绝履行出租人对房屋的维修义务,故刘某乾关于一审法院认定事实不清、适用法律不当的上诉理由不能成立。

### 第七百一十四条 承租人的租赁物妥善保管义务

承租人应当妥善保管租赁物,因保管不善造成租赁物毁损、灭失的,应当承担赔偿责任。

### 第七百一十五条 承租人对租赁物进行改善或增设他物

承租人经出租人同意,可以对租赁物进行改善或者增设他物。

承租人未经出租人同意,对租赁物进行改善或者增设他物的,出租人可以请求承租人恢复原状或者赔偿损失。

### 第七百一十六条 转租

承租人经出租人同意,可以将租赁物转租给第三人。承租人转租的,承租人与出租人之间的租赁合同继续有效;第三人造成租赁物损失的,承租人应当赔偿损失。

承租人未经出租人同意转租的,出租人可以解除合同。

### 第七百一十七条 转租期限

承租人经出租人同意将租赁物转租给第三人,转租期限超过承租人剩余租赁期限的,超过部分的约定对出租人不具有法律约束力,但是出租人与承租人另有约定的除外。

### 第七百一十八条　出租人同意转租的推定

出租人知道或者应当知道承租人转租,但是在六个月内未提出异议的,视为出租人同意转租。

### 第七百一十九条　次承租人的代为清偿权

承租人拖欠租金的,次承租人可以代承租人支付其欠付的租金和违约金,但是转租合同对出租人不具有法律约束力的除外。

次承租人代为支付的租金和违约金,可以充抵次承租人应当向承租人支付的租金;超出其应付的租金数额的,可以向承租人追偿。

### 第七百二十条　租赁物的收益归属

在租赁期限内因占有、使用租赁物获得的收益,归承租人所有,但是当事人另有约定的除外。

### 第七百二十一条　租金支付期限

承租人应当按照约定的期限支付租金。对支付租金的期限没有约定或者约定不明确,依据本法第五百一十条的规定仍不能确定,租赁期限不满一年的,应当在租赁期限届满时支付;租赁期限一年以上的,应当在每届满一年时支付,剩余期限不满一年的,应当在租赁期限届满时支付。

**第七百二十二条　承租人的租金支付义务**

承租人无正当理由未支付或者迟延支付租金的,出租人可以请求承租人在合理期限内支付;承租人逾期不支付的,出租人可以解除合同。

**第七百二十三条　出租人的权利瑕疵担保责任**

因第三人主张权利,致使承租人不能对租赁物使用、收益的,承租人可以请求减少租金或者不支付租金。

第三人主张权利的,承租人应当及时通知出租人。

**第七百二十四条　承租人解除合同的法定情形**

有下列情形之一,非因承租人原因致使租赁物无法使用的,承租人可以解除合同:

(一)租赁物被司法机关或者行政机关依法查封、扣押;

(二)租赁物权属有争议;

(三)租赁物具有违反法律、行政法规关于使用条件的强制性规定情形。

**第七百二十五条　买卖不破租赁**

租赁物在承租人按照租赁合同占有期限内发生所有权变动的,不影响租赁合同的效力。

## 典型案例

**金某与餐饮管理公司房屋租赁合同案** [辽宁省大连市中级人民法院（2020）辽02民终3754号]

案外人姚某（甲方）与餐饮公司（乙方）于2016年8月3日签订《房屋租赁合同》，约定（甲方）将位于大连市中山区某楼1—15号房屋出租给乙方使用，租赁期限为3年，自2016年10月1日至2019年9月30日。租金标准：第一年、第二年为年租金415546元，第三年为441485.75元。履约保证金为103879元。本合同期满或甲方提前终止时，如乙方无违约行为，甲方应将该履约保证金在合同期满或合同提前终止之日全部无息返还给乙方。物业管理费、水电费由乙方承担，每月25日至下个月1日支付下个月租金。乙方应按时向甲方缴付租金。每逾期一日，须按年租金的千分之五承担违约金。拖延支付下一期租金并在甲、乙双方无任何协议的情况下，逾期10日未给付租金，甲方有权解除合同。同时甲方有权把履约保证金作为违约金扣除，并另行追索欠付的房租。另查，餐饮公司于2017年7月4日经市场监督管理部门核准更名为餐饮管理公司。原告于2017年9月12日取得了案涉租赁房屋的产权证。原告未能提供充分证据证明其通知被告房屋产权人变更。被告占用房屋至2018年10月××日，当日被告将案涉租赁房屋钥匙交给物业，并通知了原告。

一审法院认为，案外人姚某与餐饮公司签订的《房屋租赁合同》系双方真实意思表示，合法有效。餐饮公司更名为餐饮管理公司，其合同权利义务应由被告继受。而原告成为案涉租赁房屋的产权人后，原租赁合同在租赁期限内对原、被告仍有效。但原告应在成为案涉租赁房屋的产权人后及时积极向被告通知、释明产权人变更的事实情况，方可主张合同约定的相应权利，原告虽主张已通知但未能提供充分的证据加以证明，对此原告应承担不利后果。

法院生效裁判认为，本案中餐饮管理公司与原房主姚某签订《房屋租赁合同》，约定租期为2016年10月1日至2019年9月30日，原告于2017年9月12日取得案涉租赁房屋的产权证，虽然金某未能提供其将案涉房屋产权人变更一事告知餐饮管理公司的直接证据，但餐饮管理公司自认2018年金某的父亲金某齐自称是房主找到餐饮管理公司，且餐饮管理公司向金某一方已经实际支付2018年1月到4月的房屋租金，餐饮管理公司在租赁期限内提前解除合同亦向金某的父亲金某齐进行了告知，餐饮管理公司草拟的《解除协议》上出租人也为金某。根据上述事实可以认定金某在餐饮管理公司提前解除租赁合同之前已将房屋产权人变更的情况有效通知至餐饮管理公司，餐饮管理公司应向金某支付2018年5月至10月欠付的房屋租金204580元，并承担提前解除合同的违约责任。

### 第七百二十六条　房屋承租人的优先购买权

出租人出卖租赁房屋的，应当在出卖之前的合理期限内通知承租人，承租人享有以同等条件优先购买的权利；但是，房屋按份共有人行使优先购买权或者出租人将房屋出卖给近亲属的除外。

出租人履行通知义务后，承租人在十五日内未明确表示购买的，视为承租人放弃优先购买权。

### 第七百二十七条　承租人对拍卖房屋的优先购买权

出租人委托拍卖人拍卖租赁房屋的，应当在拍卖五日前通知承租人。承租人未参加拍卖的，视为放弃优先购买权。

### 第七百二十八条　妨害承租人优先购买权的赔偿责任

出租人未通知承租人或者有其他妨害承租人行使优先购买权情形的，承租人可以请求出租人承担赔偿责任。但是，出租人与第三人订立的房屋买卖合同的效力不受影响。

## ● 典型案例

**吴某与房地产公司房屋买卖合同案**［广东省广州市中级人民法院（2020）粤01民终5034号］

2005年1月7日，广州市国土资源和房屋管理局发出编号分别为登字×××6、登字×××7的《广州市房地产权属证明书》，记载权属人为房地产公司，房地坐落分别"东山区××32-40（双号），40之一至之四""东山区××42-56（双号），56号之一、之二"，总建筑面积分别为17424.75平方米、15522.2平方米。

2018年1月16日，房地产公司（甲方）与某公司（乙方）签订《房屋买卖合同（一）》，约定甲方出售给乙方案涉166套房屋，建筑面积共7518.42平方米，按每平方米12000元计价，房屋总价款为90221040元；2018年4月10日，某公司开具收据，记载收到吴某案涉房屋定金2万元。2018年4月11日，吴某（乙方、受让方）与某公司（甲方、转让方）签订了《房屋买卖合同（二）》，其中约定了：转让房屋为广州市越秀区文德路仁康里×××房（即案涉房屋），总建筑面积53.6614平方米，房屋用途为住宅，该房屋售价为每平方米16000元，总金额为858582元。2018年4月28日，某公司开具收据，记载收到吴某购买案涉房屋房款15万元。

法院生效裁判认为，房地产公司与某公司签订《房屋买卖合同（一）》，转让包括案涉房屋在内的166套房屋之行为已被行政管理部门认定为违法销售。而吴某与某公司签订《房屋买卖合同（二）》正是基于前述违法行为而作出。因此，在案涉房屋至今尚未取得对外销售的合法依据的情况下，吴某主张过户的请求不应予以支持。一审法院判决驳回吴某的诉讼请求并无明显不当。据此，吴某二审提出的两份调查取证申请亦缺乏必要性，法院不予准许。

### 第七百二十九条　租赁物毁损、灭失的法律后果

因不可归责于承租人的事由，致使租赁物部分或者全部毁损、灭失的，承租人可以请求减少租金或者不支付租金；因租赁物部分或者全部毁损、灭失，致使不能实现合同目的的，承租人可以解除合同。

### 第七百三十条　租期不明的处理

当事人对租赁期限没有约定或者约定不明确，依据本法第五百一十条的规定仍不能确定的，视为不定期租赁；当事人可以随时解除合同，但是应当在合理期限之前通知对方。

### 第七百三十一条　租赁物质量不合格时承租人的解除权

租赁物危及承租人的安全或者健康的，即使承租人订立合同时明知该租赁物质量不合格，承租人仍然可以随时解除合同。

### 第七百三十二条　房屋承租人死亡时租赁关系的处理

承租人在房屋租赁期限内死亡的，与其生前共同居住的人或者共同经营人可以按照原租赁合同租赁该房屋。

### 第七百三十三条　租赁物的返还

租赁期限届满，承租人应当返还租赁物。返还的租赁物应当符合按照约定或者根据租赁物的性质使用后的状态。

### 第七百三十四条　租赁期限届满的续租及优先承租权

租赁期限届满，承租人继续使用租赁物，出租人没有提出异议的，原租赁合同继续有效，但是租赁期限为不定期。

租赁期限届满，房屋承租人享有以同等条件优先承租的权利。

## 第十五章　融资租赁合同

### 第七百三十五条　融资租赁合同的概念

融资租赁合同是出租人根据承租人对出卖人、租赁物的选择，向出卖人购买租赁物，提供给承租人使用，承租人支付租金的合同。

### 第七百三十六条　融资租赁合同的内容

融资租赁合同的内容一般包括租赁物的名称、数量、规格、技术性能、检验方法，租赁期限，租金构成及其支付期限和方式、币种，租赁期限届满租赁物的归属等条款。

融资租赁合同应当采用书面形式。

**第七百三十七条** 融资租赁通谋虚伪表示

当事人以虚构租赁物方式订立的融资租赁合同无效。

**第七百三十八条** 特定租赁物经营许可对合同效力影响

依照法律、行政法规的规定，对于租赁物的经营使用应当取得行政许可的，出租人未取得行政许可不影响融资租赁合同的效力。

**第七百三十九条** 融资租赁标的物的交付

出租人根据承租人对出卖人、租赁物的选择订立的买卖合同，出卖人应当按照约定向承租人交付标的物，承租人享有与受领标的物有关的买受人的权利。

● **典型案例**

**谢某与崔某民间借贷纠纷案** [广东省广州市中级人民法院（2019）粤01民终22464号]

2013年3月18日，物流公司出具收条，确认收到崔某给付的融资购车款120000元。收条下方有"管某成"签名。2013年3月25日，崔某（甲方）与物流公司（乙方）签订《运营车辆融资租赁合同》，崔某主张上述协议签订后，物流公司通过管某成账户分别于2013年4月25日支付租金4000元、2013年5月21日支付租金4000元、2013年6月21日支付租金4000元、2013年7月19日支付租金4000元、2013年8月××日支付租金4000元、2013年9月30日支付租金4000元、2013年11月4日支付租金4000元、2013年11月25日支付租金4000元、2013年12月××日支付租金4000元，共支付了9

个月的租金36000元，要求支付剩余借款本金及利息，诉至一审法院。一审诉讼中，崔某表示涉案款项120000元为现金交付管某成，并提交其与配偶杨某红银行交易明细证明其具有现金出借的经济能力。谢某认为该证据不能证明崔某已经将涉案款项交付物流公司或者管某成。

一审法院认为，根据崔某与谢某的诉辩意见以及本案的证据，崔某与物流公司签订《运营车辆融资租赁合同》，约定由崔某向物流公司提供购车款，具体车辆由物流公司自行购买，崔某除按期向物流公司收取租金外，不享有对车辆的权益，也不承担任何义务。该合同约定的条款不符合融资租赁合同的法律特征，因此本案应按照民间借贷法律关系进行处理。崔某已经履行了出借120000元款项之义务。

二审法院认为，谢某确认管某成经营控制物流公司，故崔某有理由相信管某成对物流公司是有代理权的，即其在《运营车辆融资租赁合同》及收条中签名并加盖物流公司印章的行为是代表物流公司作出的意思表示。至于后续款项如何使用，崔某并无法定或约定义务知晓，亦无法进行控制。崔某与物流公司之间存在借款关系并无不当。谢某应对涉案债务承担连带清偿责任。

## 第七百四十条　承租人的拒绝受领权

出卖人违反向承租人交付标的物的义务，有下列情形之一的，承租人可以拒绝受领出卖人向其交付的标的物：

（一）标的物严重不符合约定；

（二）未按照约定交付标的物，经承租人或者出租人催告后在合理期限内仍未交付。

承租人拒绝受领标的物的，应当及时通知出租人。

### 第七百四十一条　承租人的索赔权

出租人、出卖人、承租人可以约定,出卖人不履行买卖合同义务的,由承租人行使索赔的权利。承租人行使索赔权利的,出租人应当协助。

### 第七百四十二条　承租人行使索赔权的租金支付义务

承租人对出卖人行使索赔权利,不影响其履行支付租金的义务。但是,承租人依赖出租人的技能确定租赁物或者出租人干预选择租赁物的,承租人可以请求减免相应租金。

### 第七百四十三条　承租人索赔不能的违约责任承担

出租人有下列情形之一,致使承租人对出卖人行使索赔权利失败的,承租人有权请求出租人承担相应的责任:

(一)明知租赁物有质量瑕疵而不告知承租人;

(二)承租人行使索赔权利时,未及时提供必要协助。

出租人怠于行使只能由其对出卖人行使的索赔权利,造成承租人损失的,承租人有权请求出租人承担赔偿责任。

### 第七百四十四条　出租人不得擅自变更买卖合同内容

出租人根据承租人对出卖人、租赁物的选择订立的买卖合同,未经承租人同意,出租人不得变更与承租人有关的合同内容。

**第七百四十五条** 租赁物的登记对抗效力

出租人对租赁物享有的所有权,未经登记,不得对抗善意第三人。

**第七百四十六条** 租金的确定规则

融资租赁合同的租金,除当事人另有约定外,应当根据购买租赁物的大部分或者全部成本以及出租人的合理利润确定。

**第七百四十七条** 租赁物瑕疵担保责任

租赁物不符合约定或者不符合使用目的的,出租人不承担责任。但是,承租人依赖出租人的技能确定租赁物或者出租人干预选择租赁物的除外。

**第七百四十八条** 出租人保证承租人占有和使用租赁物

出租人应当保证承租人对租赁物的占有和使用。

出租人有下列情形之一的,承租人有权请求其赔偿损失:

(一)无正当理由收回租赁物;

(二)无正当理由妨碍、干扰承租人对租赁物的占有和使用;

(三)因出租人的原因致使第三人对租赁物主张权利;

(四)不当影响承租人对租赁物占有和使用的其他情形。

**第七百四十九条** 租赁物致人损害的责任承担

承租人占有租赁物期间,租赁物造成第三人人身损害或者财产损失的,出租人不承担责任。

#### 第七百五十条　租赁物的保管、使用、维修

承租人应当妥善保管、使用租赁物。

承租人应当履行占有租赁物期间的维修义务。

#### 第七百五十一条　承租人占有租赁物毁损、灭失的租金承担

承租人占有租赁物期间，租赁物毁损、灭失的，出租人有权请求承租人继续支付租金，但是法律另有规定或者当事人另有约定的除外。

#### 第七百五十二条　承租人支付租金的义务

承租人应当按照约定支付租金。承租人经催告后在合理期限内仍不支付租金的，出租人可以请求支付全部租金；也可以解除合同，收回租赁物。

#### 第七百五十三条　承租人擅自处分租赁物时出租人的解除权

承租人未经出租人同意，将租赁物转让、抵押、质押、投资入股或者以其他方式处分的，出租人可以解除融资租赁合同。

#### 第七百五十四条　出租人或承租人均可解除融资租赁合同情形

有下列情形之一的，出租人或者承租人可以解除融资租赁合同：

（一）出租人与出卖人订立的买卖合同解除、被确认无效或者被撤销，且未能重新订立买卖合同；

（二）租赁物因不可归责于当事人的原因毁损、灭失，且不能修复或者确定替代物；

（三）因出卖人的原因致使融资租赁合同的目的不能实现。

### 第七百五十五条　承租人承担出租人损失赔偿责任情形

融资租赁合同因买卖合同解除、被确认无效或者被撤销而解除，出卖人、租赁物系由承租人选择的，出租人有权请求承租人赔偿相应损失；但是，因出租人原因致使买卖合同解除、被确认无效或者被撤销的除外。

出租人的损失已经在买卖合同解除、被确认无效或者被撤销时获得赔偿的，承租人不再承担相应的赔偿责任。

### 第七百五十六条　租赁物意外毁损灭失

融资租赁合同因租赁物交付承租人后意外毁损、灭失等不可归责于当事人的原因解除的，出租人可以请求承租人按照租赁物折旧情况给予补偿。

### 第七百五十七条　租赁期满租赁物的归属

出租人和承租人可以约定租赁期限届满租赁物的归属；对租赁物的归属没有约定或者约定不明确，依据本法第五百一十条的规定仍不能确定的，租赁物的所有权归出租人。

### 第七百五十八条　承租人请求部分返还租赁物价值

当事人约定租赁期限届满租赁物归承租人所有,承租人已经支付大部分租金,但是无力支付剩余租金,出租人因此解除合同收回租赁物,收回的租赁物的价值超过承租人欠付的租金以及其他费用的,承租人可以请求相应返还。

当事人约定租赁期限届满租赁物归出租人所有,因租赁物毁损、灭失或者附合、混合于他物致使承租人不能返还的,出租人有权请求承租人给予合理补偿。

### 第七百五十九条　支付象征性价款时的租赁物归属

当事人约定租赁期限届满,承租人仅需向出租人支付象征性价款的,视为约定的租金义务履行完毕后租赁物的所有权归承租人。

### 第七百六十条　融资租赁合同无效时租赁物的归属

融资租赁合同无效,当事人就该情形下租赁物的归属有约定的,按照其约定;没有约定或者约定不明确的,租赁物应当返还出租人。但是,因承租人原因致使合同无效,出租人不请求返还或者返还后会显著降低租赁物效用的,租赁物的所有权归承租人,由承租人给予出租人合理补偿。

## 第十六章　保理合同

**第七百六十一条** 保理合同的概念

保理合同是应收账款债权人将现有的或者将有的应收账款转让给保理人，保理人提供资金融通、应收账款管理或者催收、应收账款债务人付款担保等服务的合同。

● *相关规定*

《最高人民法院关于适用〈中华人民共和国民法典〉有关担保制度的解释》

**第七百六十二条** 保理合同的内容与形式

保理合同的内容一般包括业务类型、服务范围、服务期限、基础交易合同情况、应收账款信息、保理融资款或者服务报酬及其支付方式等条款。

保理合同应当采用书面形式。

**第七百六十三条** 虚构应收账款

应收账款债权人与债务人虚构应收账款作为转让标的，与保理人订立保理合同的，应收账款债务人不得以应收账款不存在为由对抗保理人，但是保理人明知虚构的除外。

**第七百六十四条　保理人发出转让通知的表明身份义务**

保理人向应收账款债务人发出应收账款转让通知的，应当表明保理人身份并附有必要凭证。

**第七百六十五条　无正当理由变更、终止基础交易合同对保理人的效力**

应收账款债务人接到应收账款转让通知后，应收账款债权人与债务人无正当理由协商变更或者终止基础交易合同，对保理人产生不利影响的，对保理人不发生效力。

**第七百六十六条　有追索权保理**

当事人约定有追索权保理的，保理人可以向应收账款债权人主张返还保理融资款本息或者回购应收账款债权，也可以向应收账款债务人主张应收账款债权。保理人向应收账款债务人主张应收账款债权，在扣除保理融资款本息和相关费用后有剩余的，剩余部分应当返还给应收账款债权人。

**第七百六十七条　无追索权保理**

当事人约定无追索权保理的，保理人应当向应收账款债务人主张应收账款债权，保理人取得超过保理融资款本息和相关费用的部分，无需向应收账款债权人返还。

### 第七百六十八条　多重保理的清偿顺序

应收账款债权人就同一应收账款订立多个保理合同，致使多个保理人主张权利的，已经登记的先于未登记的取得应收账款；均已经登记的，按照登记时间的先后顺序取得应收账款；均未登记的，由最先到达应收账款债务人的转让通知中载明的保理人取得应收账款；既未登记也未通知的，按照保理融资款或者服务报酬的比例取得应收账款。

### 第七百六十九条　参照适用债权转让的规定

本章没有规定的，适用本编第六章债权转让的有关规定。

## 第十七章　承揽合同

### 第七百七十条　承揽合同的定义及类型

承揽合同是承揽人按照定作人的要求完成工作，交付工作成果，定作人支付报酬的合同。

承揽包括加工、定作、修理、复制、测试、检验等工作。

● **典型案例**

**机床公司与王某加工承揽合同案**［辽宁省大连市中级人民法院（2020）辽02民终3645号］

2012年3月16日至2014年8月7日，原告王某多次为被告机床公司加工滚齿相关配件。原告每次取件、送件时，均在名头为"机床公司"的单据中明确载明了图号、品名、数量、单价及金额，同时由杨某平、牛某国签名确认。2018年6月17日、2018年9月23日、2019年2月2日，被告机床公司通过杨某平账户分三次向原告王某的丈夫韩某龙账户转账2000元，合计6000元，现尚欠加工费62963.8元未付。

一审法院认为，原、被告间存在承揽关系，并且被告的法定代表人孙某蓉认可拖欠原告加工费未付。原告完成了加工任务，被告未及时支付报酬，已经构成违约，依法应当承担违约责任。现原告要求被告赔偿损失，符合法律规定，赔偿损失的起算时间应从最后一笔欠款发生日起计算，即2014年8月7日。

二审法院认为，上诉人与被上诉人之间存在承揽加工合同关系。

### 第七百七十一条　承揽合同的主要条款

承揽合同的内容一般包括承揽的标的、数量、质量、报酬，承揽方式，材料的提供，履行期限，验收标准和方法等条款。

### 第七百七十二条　承揽人独立完成主要工作

承揽人应当以自己的设备、技术和劳力，完成主要工作，但是当事人另有约定的除外。

承揽人将其承揽的主要工作交由第三人完成的，应当就该第三人完成的工作成果向定作人负责；未经定作人同意的，定作人也可以解除合同。

### 第七百七十三条　承揽人对辅助性工作的责任

承揽人可以将其承揽的辅助工作交由第三人完成。承揽人将其承揽的辅助工作交由第三人完成的，应当就该第三人完成的工作成果向定作人负责。

### 第七百七十四条　承揽人提供材料时的主要义务

承揽人提供材料的，应当按照约定选用材料，并接受定作人检验。

● *典型案例*

**张某凤等与陈某波等提供劳务者受害责任案**［贵州省遵义市中级人民法院（2020）黔03民终2361号］

2019年10月27日14时38分许，胡某波与张某焰共同在陈某银新建三层楼房第三层从事外墙贴瓷砖工作过程中，因脚踏木板断裂，致胡某波从三楼摔下受伤，经送往仁怀市人民医院抢救，同日17时许因抢救无效而死亡，抢救产生医疗费4668.07元。事后，就赔偿事宜，胡某波之妻张某凤与陈某银、陈某波在仁怀市人民调解委员会主持下，达成调解协议，双方约定由陈某银、陈某波各向张某凤预付10万元作为安葬死者胡某波的前期费用，具体赔偿金额及各方责任由当事人诉讼解决。

一审法院认为，须先明确各方关系，各方当事人对陈某波与陈某银之间构成承揽关系无异议，有异议的是胡某波与张某焰、陈某波之间的关系，张某焰认可胡某波系其邀请前来务工，但认为是替陈某波所请，即张某焰认为胡某波系陈某波雇佣，对此，陈某波不认可，且辩称其已将外墙瓷砖的安装分包给张某焰，并申请了多名证人出庭作证，而张某焰对此事实亦不认可。如胡某波系陈某波雇佣，从日常生活经验法则看，胡某波应当会与陈某波洽谈上下班时间、工作内容及工资事宜，但本案中，没有证据证明张某焰及其所邀请来的张某忠、胡某波曾与陈某波洽谈过上述事项，基于上述情况，应认定胡某波系张某焰所雇佣，双方构成劳务关系，而张某焰与陈某波构成劳务分包关系。

二审法院认为，鉴于发生事故时胡某波系在外墙施工的事实及上述陈某波将外墙装修转包给张某焰的认定，胡某波与张某焰构成提供劳务关系与查明事实相符。陈某波虽然将外墙施工转包给了张某焰，但其作为案涉房屋总承包人，并一直在现场参与施工，其应对整个工地的安全进行监督管理，但其疏于管理导致胡某波未系安全绳发生事故，一审判决其承担30%的事故责任较为合理。张某焰作为接受劳务一方，其搭建的施工平台即葫芦架不符合安全施工要求，直接导致事故发生，一审判决其承担40%的责任与其过错程度相当。

### 第七百七十五条　定作人提供材料时双方当事人的义务

定作人提供材料的，应当按照约定提供材料。承揽人对定作人提供的材料应当及时检验，发现不符合约定时，应当及时通知定作人更换、补齐或者采取其他补救措施。

承揽人不得擅自更换定作人提供的材料，不得更换不需要修理的零部件。

### 第七百七十六条　定作人要求不合理时双方当事人的义务

承揽人发现定作人提供的图纸或者技术要求不合理的，应当及时通知定作人。因定作人怠于答复等原因造成承揽人损失的，应当赔偿损失。

### 第七百七十七条　中途变更工作要求的责任

定作人中途变更承揽工作的要求，造成承揽人损失的，应当赔偿损失。

### 第七百七十八条　定作人的协作义务

承揽工作需要定作人协助的，定作人有协助的义务。定作人不履行协助义务致使承揽工作不能完成的，承揽人可以催告定作人在合理期限内履行义务，并可以顺延履行期限；定作人逾期不履行的，承揽人可以解除合同。

● **相关案例索引**

**科创公司与金睿琦公司承揽合同案**　[湖南省高级人民法院（2017）湘民再第501号]

加工承揽合同成立后，承揽人应当根据合同约定履行完成工作任务的义务，定作人不履行协助义务致使承揽工作不能完成的，承揽人可以催告定作人在合理期限内履行义务。

### 第七百七十九条　定作人监督检验承揽工作

承揽人在工作期间，应当接受定作人必要的监督检验。定作人不得因监督检验妨碍承揽人的正常工作。

### 第七百八十条　工作成果交付

承揽人完成工作的，应当向定作人交付工作成果，并提交必要的技术资料和有关质量证明。定作人应当验收该工作成果。

● *典型案例*

**电力设备公司与电业公司承揽合同案**［湖南省长沙市中级人民法院（2020）湘01民终1532号］

电业公司与电力设备公司在"某平台"上磋商后形成《订购通知》，订购公司为电业公司。后双方针对货物质量问题存在严重争议。电力设备公司主张其交付的货物符合质量标准，而电业公司则主张电力设备公司提供的检测报告与《材质证明》《质量证明书》中载明的化学元素的种类及含量均不一致，认为产品质量不合格。

一审法院认为，当事人对自己提出的诉讼请求所依据的事实或者反驳对方诉讼请求所依据的事实，应当提供证据加以证明。电力设备公司主张双方存在产品验收合格并安装后10日内电业公司付款的交易习惯，提交了前期的书面合同。系争《订购通知》中并未载明具体的付款时间，电力设备公司关于交易习惯的主张不能成立。况且，书面合同的明确规定并不等同于交易习惯。本案中，双方在同一采购平台上进行磋商后订立合同，视双方均接受该平台制定的磋商规则、习惯。电业公司发现问题或产生疑虑后，通过该平台及时反馈至电力设备公司，电力设备公司派员上门协助解决技术问题，这属于履行合同的正常需要。订购合同中并未载明差旅费由谁负担，因此电力设备公司关于差旅费的诉讼请求不予支持。

二审法院认为，电力设备公司认可其向电业公司发送的产品检测报告就某一元素存在遗漏，后来进行了添加并重新发送，电业公司就此提出了异议并对其产品质量产生合理怀疑，故一审判决驳回电力设备公司的该项诉讼请求并无不当。电业公司存在违约，电力设备公司由此产生的费用应由电业公司承担方显公平，电力设备公司提出应由电业公司承担其差旅费用，有事实和法律依据，法院根据其差旅费用的证据予以部分支持。

## 第七百八十一条　工作成果质量不合约定的责任

承揽人交付的工作成果不符合质量要求的，定作人可以合理选择请求承揽人承担修理、重作、减少报酬、赔偿损失等违约责任。

● **典型案例**

**李某与杨某威承揽合同案**［辽宁省辽阳市中级人民法院（2020）辽10民终1414号］

2017年10月3日，原告李某到被告杨某威经营的店内进行貂皮大衣的加工，被告出具富士洁洗染加工单，加工名称为改色、改款，金额2000元，并备注女款改男夹克、棕色改黑色。

一审法院认为，原告李某与被告杨某威之间约定对貂皮大衣进行加工，被告出具加工单，双方自愿形成承揽合同关系，双方均应履行合同义务。承揽人交付的工作成果不符合质量要求的，定作人可以要求承揽人承担修理、重作、减少报酬、赔偿损失等违约责任。现原告主张被告加工的服装不符合约定的要求，提供了加工后的服装，被告应当承担相应的违约责任。虽然加工后的服装不完全合体，但不影响原告继续穿着，故对于加工的报酬应当适当减少。

二审法院认为，从庭审中上诉人实际穿着的效果看，被上诉人杨某威改款后的衣服存在拉链歪曲、帽子过大、胸围尺寸过小等瑕疵，虽然能够穿戴，但不符合合同约定，也不符合一般大众对一件合格衣服的审美需求，故对上诉人李某要求返还加工费2000元的上诉主张予以支持。关于上诉人李某要求被上诉人杨某威赔偿损失8000元的上诉主张，因无证据证明不予支持。

**第七百八十二条　支付报酬期限**

定作人应当按照约定的期限支付报酬。对支付报酬的期限没有约定或者约定不明确，依据本法第五百一十条的规定仍不能确定的，定作人应当在承揽人交付工作成果时支付；工作成果部分交付的，定作人应当相应支付。

**第七百八十三条　承揽人的留置权及同时履行抗辩权**

定作人未向承揽人支付报酬或者材料费等价款的，承揽人对完成的工作成果享有留置权或者有权拒绝交付，但是当事人另有约定的除外。

● 典型案例

**贸易公司与制衣厂、吴某加工合同案**［江苏省扬州市中级人民法院（2020）苏10民终331号］

贸易公司与制衣厂自2014年起存在加工合作关系，制衣厂为贸易公司加工成品雨衣等，由贸易公司向第三方单位购买原材料（含面辅料及各种配件）并送至制衣厂。

2017年5月12日，贸易公司向制衣厂的负责人即吴某通过电子邮件的形式发送一份对账单并附有《补做K×××合同》一份，邮件载明：另请查收附件中补做K×××款的合同，如果没有异议请盖章寄回。在发送邮件前，贸易公司已经于2017年4月向第三方单位签订采购合同，购买原材料，由第三方单位将各种原材料邮寄到制衣厂。2017年5月31日至6月15日，贸易公司的法定代表人方某东与吴某的微信聊天记录中，贸易公司催促制衣厂加快加工及制衣厂要求贸易公司补送辅料。双方就加快进度而增加加工费未达成一致意见。

一审法院认为，贸易公司向制衣厂于2017年5月12日通过邮件发送的《加工商品收购合同》中明确载明"双方自签字或盖章之日起生效"，邮件中亦载明"如果没有异议请盖章寄回"，因此，该邮件应认定为贸易公司向制衣厂发出的要约，但制衣厂并未作出承诺的意思表示，而根据双方之间的交易习惯，双方之前产生业务往来均由双方盖章确认，故亦不能认定根据双方的交易习惯制衣厂作出承诺的意思表示。综上，该书面合同并未成立。双方当事人虽未就该批700件雨衣的加工签订书面合同，但制衣厂为贸易公司加工了该批雨衣，双方形成事实上的加工合同关系。因为双方除案涉的本次业务外均签订了书面协议，故不能将之前协议中的约定作为双方的交易习惯，在双方未就交货时间、付款时间等协商一致的情况下，应根据法律规定来确定交货和付款期限。因制衣厂的加工义务已完成，贸易公司要求解除合同，制衣厂的损失为约定的加工费。因贸易公司曾提出60元/件的加工费，贸易公司应赔偿制衣厂损失42000元。

二审法院认为，贸易公司于2017年5月12日通过电子邮件形式向制衣厂发送的合同中明确记载"双方自签字或盖章之日起生效"，制衣厂后未曾在该合同文本上签字或盖章，也未将该合同寄给贸易公司，可以确认双方之间就案涉的本次交易未形成书面合同，双方对合同履行的时间点、加工费标准、付款时间等核心要素也未达成书面一致，但客观上制衣厂也确实履行了加工的相关义务，故仍应认定双方之间存在加工合同关系。双方当事人之间此前存在长期交易，但约定的标的物不同、付款时间和加工费等也不尽相同，且加工费标准本身随行就市的因素较大，也不宜纯粹根据以往的交易来认定或推断，故不能认为双方之间存在该款产品加工费为39元/件的交易惯例。

### 第七百八十四条　承揽人保管义务

承揽人应当妥善保管定作人提供的材料以及完成的工作成果，因保管不善造成毁损、灭失的，应当承担赔偿责任。

### 第七百八十五条　承揽人的保密义务

承揽人应当按照定作人的要求保守秘密，未经定作人许可，不得留存复制品或者技术资料。

### 第七百八十六条　共同承揽

共同承揽人对定作人承担连带责任，但是当事人另有约定的除外。

### 第七百八十七条　定作人的任意解除权

定作人在承揽人完成工作前可以随时解除合同，造成承揽人损失的，应当赔偿损失。

# 第十八章 建设工程合同

### 第七百八十八条 建设工程合同的定义

建设工程合同是承包人进行工程建设，发包人支付价款的合同。

建设工程合同包括工程勘察、设计、施工合同。

### 第七百八十九条 建设工程合同形式

建设工程合同应当采用书面形式。

● **典型案例**

**建筑公司与郝某权合同纠纷案**［辽宁省铁岭市中级人民法院(2020) 辽 12 民终 904 号］

原告郝某权（实际施工人）以凯诚公司（乙方）名义于 2016 年与被告建筑公司第五分公司（甲方）签订了劳务分包合同一份，路某峰代表被告建筑公司第五分公司签字、盖章。又查明，凯诚公司已经注销。

一审法院认为，原告郝某权为被告建筑公司第五分公司于 2016 年在部队院内承建 6047 工程第五-1 标段工程属实，经被告项目经理路某峰核对，扣除已经支付款项，被告建筑公司第五分公司尚欠原告 1257517.19 元。被告建筑公司第五分公司属于被告建筑公司的分公司，分公司不具有法人资格，其民事责任由建筑公司承担，被告建筑公司第五分公司不具备法人资格，拖欠原告的工程款，应由被告建筑公司负责给付。

二审法院认为，被上诉人郝某权为原审第三人建筑公司第五分公司承建工程事实存在，建筑公司第五分公司系上诉人建筑公司的分公司，故建筑公司应给付郝某权案涉工程款及利息。关于上诉人主张被上诉人不具备诉讼主体资格一节，经审查，郝某权对案涉工程进行了实际施工，完成了案涉工程，应认定为实际施工人，故郝某权具备诉讼主体资格，有权提起民事诉讼。

### 第七百九十条　工程招标投标

建设工程的招标投标活动，应当依照有关法律的规定公开、公平、公正进行。

### 第七百九十一条　总包与分包

发包人可以与总承包人订立建设工程合同，也可以分别与勘察人、设计人、施工人订立勘察、设计、施工承包合同。发包人不得将应当由一个承包人完成的建设工程支解成若干部分发包给数个承包人。

总承包人或者勘察、设计、施工承包人经发包人同意，可以将自己承包的部分工作交由第三人完成。第三人就其完成的工作成果与总承包人或者勘察、设计、施工承包人向发包人承担连带责任。承包人不得将其承包的全部建设工程转包给第三人或者将其承包的全部建设工程支解以后以分包的名义分别转包给第三人。

禁止承包人将工程分包给不具备相应资质条件的单位。禁止分包单位将其承包的工程再分包。建设工程主体结构的施工必须由承包人自行完成。

● **相关规定**

《建筑法》第 19~29 条

**第七百九十二条** 国家重大建设工程合同的订立

国家重大建设工程合同,应当按照国家规定的程序和国家批准的投资计划、可行性研究报告等文件订立。

**第七百九十三条** 建设工程施工合同无效的处理

建设工程施工合同无效,但是建设工程经验收合格的,可以参照合同关于工程价款的约定折价补偿承包人。

建设工程施工合同无效,且建设工程经验收不合格的,按照以下情形处理:

(一)修复后的建设工程经验收合格的,发包人可以请求承包人承担修复费用;

(二)修复后的建设工程经验收不合格的,承包人无权请求参照合同关于工程价款的约定折价补偿。

发包人对因建设工程不合格造成的损失有过错的,应当承担相应的责任。

**第七百九十四条** 勘察、设计合同主要内容

勘察、设计合同的内容一般包括提交有关基础资料和概预算等文件的期限、质量要求、费用以及其他协作条件等条款。

### 第七百九十五条　施工合同主要内容

施工合同的内容一般包括工程范围、建设工期、中间交工工程的开工和竣工时间、工程质量、工程造价、技术资料交付时间、材料和设备供应责任、拨款和结算、竣工验收、质量保修范围和质量保证期、相互协作等条款。

### 第七百九十六条　建设工程监理

建设工程实行监理的，发包人应当与监理人采用书面形式订立委托监理合同。发包人与监理人的权利和义务以及法律责任，应当依照本编委托合同以及其他有关法律、行政法规的规定。

### 第七百九十七条　发包人检查权

发包人在不妨碍承包人正常作业的情况下，可以随时对作业进度、质量进行检查。

### 第七百九十八条　隐蔽工程

隐蔽工程在隐蔽以前，承包人应当通知发包人检查。发包人没有及时检查的，承包人可以顺延工程日期，并有权请求赔偿停工、窝工等损失。

### 第七百九十九条　竣工验收

建设工程竣工后，发包人应当根据施工图纸及说明书、国家颁发的施工验收规范和质量检验标准及时进行验收。验收合格的，发包人应当按照约定支付价款，并接收该建设工程。

建设工程竣工经验收合格后，方可交付使用；未经验收或者验收不合格的，不得交付使用。

## ● 典型案例

**戴某与装饰公司装饰装修合同案** [江苏省常州市中级人民法院(2020) 苏04民终1586号]

2017年4月10日，装饰公司与戴某签订《外滩一号装修施工合同》一份，约定：由装饰公司负责坐落于某小区室内一至地下二层装修；工程承包方式：由戴某负责设计，装饰公司根据具体设计效果图、施工图纸及预算表进行施工，工程总承包价为103万元。合同签订后，戴某分别于2017年4月10日支付工程款35万元，同年5月10日支付工程款30万元，同年6月14日支付工程款15万元，同年7月5日支付工程款5万元，2018年2月13日支付工程款5万元，合计90万元给装饰公司。戴某于2017年9月搬入装修的房屋办公至今。因双方对装修结算产生争议，故起诉至一审法院处理。

一审法院认为，装饰公司与戴某签订的《外滩一号装修施工合同》是双方真实意思表示，属有效合同，双方均应按照合同约定履行自己的义务。由于双方对装修增加的项目的价格和未完工的项目的价格产生争议，为此，法院委托城建校咨询公司对装饰公司施工的外滩一号装修项目进行了现场勘验，对增加的工程量和未完工工程量进行价格认定，确认戴某尚应付装饰公司房屋装修工程款计165376.51

元。针对装饰公司要求戴某承担违约金20万元的诉请,装饰公司施工的工程经城建校咨询公司现场勘验尚有部分项目未能按约完工,其要求戴某承担逾期付款违约金无事实和法律依据,对此请求,法院不予支持。

二审法院认为,一审判决正确,二审应予维持。理由及依据如下:《最高人民法院关于适用〈中华人民共和国民事诉讼法〉的解释》第九十条规定,当事人对自己提出的诉讼请求所依据的事实或者反驳对方诉讼请求所依据的事实,应当提供证据加以证明,但法律另有规定的除外。在作出判决前,当事人未能提供证据或者证据不足以证明其事实主张的,由负有举证证明责任的当事人承担不利后果。

### 第八百条　勘察、设计人质量责任

勘察、设计的质量不符合要求或者未按照期限提交勘察、设计文件拖延工期,造成发包人损失的,勘察人、设计人应当继续完善勘察、设计,减收或者免收勘察、设计费并赔偿损失。

### 第八百零一条　施工人的质量责任

因施工人的原因致使建设工程质量不符合约定的,发包人有权请求施工人在合理期限内无偿修理或者返工、改建。经过修理或者返工、改建后,造成逾期交付的,施工人应当承担违约责任。

### 第八百零二条　质量保证责任

因承包人的原因致使建设工程在合理使用期限内造成人身损害和财产损失的,承包人应当承担赔偿责任。

**第八百零三条　发包人违约责任**

发包人未按照约定的时间和要求提供原材料、设备、场地、资金、技术资料的，承包人可以顺延工程日期，并有权请求赔偿停工、窝工等损失。

**第八百零四条　发包人原因致工程停建、缓建的责任**

因发包人的原因致使工程中途停建、缓建的，发包人应当采取措施弥补或者减少损失，赔偿承包人因此造成的停工、窝工、倒运、机械设备调迁、材料和构件积压等损失和实际费用。

**第八百零五条　发包人原因致勘察、设计返工、停工或修改设计的责任**

因发包人变更计划，提供的资料不准确，或者未按照期限提供必需的勘察、设计工作条件而造成勘察、设计的返工、停工或者修改设计，发包人应当按照勘察人、设计人实际消耗的工作量增付费用。

**第八百零六条　建设工程合同的法定解除**

承包人将建设工程转包、违法分包的，发包人可以解除合同。

发包人提供的主要建筑材料、建筑构配件和设备不符合强制性标准或者不履行协助义务，致使承包人无法施工，经催告后在合理期限内仍未履行相应义务的，承包人可以解除合同。

> 合同解除后，已经完成的建设工程质量合格的，发包人应当按照约定支付相应的工程价款；已经完成的建设工程质量不合格的，参照本法第七百九十三条的规定处理。

## ● 典型案例

**耿某年与夏某中装饰装修合同案**［湖北省荆州市中级人民法院（2020）鄂10民终714号］

2017年9月16日，原告以装饰公司的名义与被告耿某年就监利县某酒店项目的装饰工程签订一份《装饰工程合同》，约定工程价款为370000元。合同签订后，原告对监利县某酒店进行了装修施工。被告为赶在生意旺季开业，在双方未对装饰施工工程进行验收的情况下，对原告施工的"监利县某酒店"进行开业使用。后被告要求原告按合同约定支付剩余150000元工程款，被告以原告装修质量存在问题为由，拒绝支付剩余工程款。

一审法院认为，本案为合同纠纷，调整的对象是合同双方当事人的权利义务，因被告毛某娥并非本案合同的当事人，故其不是本案适格被告，原告要求其对本案债务承担连带责任的诉请，法院不予支持。原告在不具有建筑施工资质的情况下以装饰公司的名义与被告签订的《装饰工程合同》，依法应认定为无效。

二审法院认为，耿某年将酒店室内装饰装修工程发包给无建筑资质的个人夏某中，一审结合被上诉人实际完成的工程项目以及扣减存在质量问题的卫生间贴砖工程款等因素，确定耿某年应给付的工程款为107755元并无不当，二审予以维持。

### 第八百零七条　工程价款的支付

发包人未按照约定支付价款的，承包人可以催告发包人在合理期限内支付价款。发包人逾期不支付的，除根据建设工程的性质不宜折价、拍卖外，承包人可以与发包人协议将该工程折价，也可以请求人民法院将该工程依法拍卖。建设工程的价款就该工程折价或者拍卖的价款优先受偿。

### 第八百零八条　参照适用承揽合同的规定

本章没有规定的，适用承揽合同的有关规定。

# 第十九章　运输合同

## 第一节　一般规定

### 第八百零九条　运输合同的定义

运输合同是承运人将旅客或者货物从起运地点运输到约定地点，旅客、托运人或者收货人支付票款或者运输费用的合同。

● **典型案例**

**高某才与范某友运输合同案**［安徽省滁州市中级人民法院（2020）皖11民终1393号］

范某友从事黄沙贩卖。2017年至2018年底，高某才多次为范某友联系船舶自和县乌江运输黄沙至全椒县，双方根据码头过磅数量计算运费。2019年2月23日，高某才与范某友结算，范某友尚欠高某才运费225500元，范某友出具欠条一张交高某才收执，注明"今欠运费高某才人民币贰拾贰万伍仟伍佰元整"。后高某才因催要无果，故提起诉讼。

一审法院认为，高某才与范某友的运输合同法律关系依法受法律保护，高某才履行运输义务后，范某友应按约定支付运费。范某友欠高某才运费225500元有欠条为证，故对高某才诉请范某友支付运费225500元。范某友经该院传票传唤无正当理由未到庭参加诉讼，视为其放弃相关诉讼权利，由此产生的不利法律后果自行承担。

二审法院认为，根据双方当事人诉辩意见，本案争议焦点是：案涉225500元是否系夫妻共同债务。高某才上诉主张该225500元系夫妻共同债务，但并未举证证明该款项用于范某友与黄某莲夫妻共同生活、共同生产经营或者基于夫妻双方共同意思表示，故对高某才该上诉请求不予支持。

### 第八百一十条　公共运输承运人的强制缔约义务

从事公共运输的承运人不得拒绝旅客、托运人通常、合理的运输要求。

### 第八百一十一条　承运人安全运输义务

承运人应当在约定期限或者合理期限内将旅客、货物安全运输到约定地点。

### 第八百一十二条　承运人合理运输义务

承运人应当按照约定的或者通常的运输路线将旅客、货物运输到约定地点。

### 第八百一十三条　支付票款或运输费用

旅客、托运人或者收货人应当支付票款或者运输费用。承运人未按照约定路线或者通常路线运输增加票款或者运输费用的，旅客、托运人或者收货人可以拒绝支付增加部分的票款或者运输费用。

## 第二节　客运合同

### 第八百一十四条　客运合同的成立

客运合同自承运人向旅客出具客票时成立，但是当事人另有约定或者另有交易习惯的除外。

● **典型案例**

**汽车旅游公司与刘某公路旅客运输合同案**［辽宁省朝阳市中级人民法院（2020）辽13民终862号］

2018年5月19日08时41分，赵某驾驶辽N×××某某号大型普通客车沿建三线由北向南行驶至建三线76km+400m处时，与停放在路边的辽N×××某某号重型自卸货车相撞，相撞后辽N×××某某号重型自卸货车又与停放在路边的辽P×××某某号轻型普通货车及停放在路边的福田五星牌三轮车相撞，致客车乘员伤亡、车辆受损的交通事故。此次事故经交警大队认定：赵某负主要责任；高某林负次要责任；本案所涉其他当事人无责任。原告刘某在喀左县中心医院检查后于朝阳市中心医院住院治疗196天，诊断为：胫骨骨折、腓骨骨折等。原告在秦皇岛市第一医院住院治疗33天，诊断为：脑出血恢复期、左侧偏瘫；二级护理。原告刘某在秦皇岛市第一人民医院住院治疗31天，诊断为：颅内感染，多发性脑梗死等；二级护理。原告在秦皇岛市第一人民医院住院治疗25天，诊断为：颅内感染、外伤性脑积水、2型糖尿病等，一级护理4天，流食。原告出院后进行了多次复查，共计支付医药费481314元，交通费酌定5000元。其中朝阳市道路交通事故社会借助基金垫付医药费31737.25元，喀左县中心医院垫付3100.98元，喀左县公安交通警察大队垫付310000元。

一审法院认为，本案系原告在乘坐被告汽车旅游公司的客车于旅途中因交通事故遭受了人身伤害，受害人可选择不同的责任主体请求赔偿，综合分析原告的诉讼请求等相关信息，原告选择了公路旅客运输合同，故本案应为公路旅客运输合同纠纷。被告汽车旅游公司在运输原告刘某的过程中，因交通事故致原告受伤，应当承担赔偿责任。受害人遭受人身损害的，赔偿义务人即被告汽车旅游公司应当赔偿医药费、交通费等合理损失，因被告汽车旅游公司投保了道路客运承运人责任保险，所以，被告保险公司应当根据保险合同予以赔偿。

二审法院认为，本案的争议焦点是：被上诉人支出的交通费、购买残疾辅助器具及生活用品费用、护理费是否合理；误工费的给付标准；护理依赖费用的给付方式。关于交通费。被上诉人共住院治疗285天，且其提供了交通费用票据，根据住院治疗的时间，一审法院酌定交通费按5000元计算，本院经审查认为一审法院认定合理。关于误工费。某社区委员会出具的证据，能够证明刘某受伤前做护理工和护工费每月1800元的事实。被上诉人受伤时67周岁，一审法院按13年判决给付护理依赖费用有事实和法律依据。关于上诉人按年支付残疾赔偿金的请求，本院认为，上诉人有能力一次性支付该费用，为减少诉讼成本，考虑被上诉人残疾状况等情况，一次性全部支付为宜。

### 第八百一十五条　按有效客票记载内容乘坐义务

旅客应当按照有效客票记载的时间、班次和座位号乘坐。旅客无票乘坐、超程乘坐、越级乘坐或者持不符合减价条件的优惠客票乘坐的，应当补交票款，承运人可以按照规定加收票款；旅客不支付票款的，承运人可以拒绝运输。

实名制客运合同的旅客丢失客票的，可以请求承运人挂失补办，承运人不得再次收取票款和其他不合理费用。

● **相关规定**

《海商法》第 110 条；《民用航空法》第 109~112 条；《铁路法》第 25 条、第 26 条

### 第八百一十六条　退票与变更

旅客因自己的原因不能按照客票记载的时间乘坐的，应当在约定的期限内办理退票或者变更手续；逾期办理的，承运人可以不退票款，并不再承担运输义务。

### 第八百一十七条　按约定携带行李义务

旅客随身携带行李应当符合约定的限量和品类要求；超过限量或者违反品类要求携带行李的，应当办理托运手续。

### 第八百一十八条　危险物品或者违禁物品的携带禁止

旅客不得随身携带或者在行李中夹带易燃、易爆、有毒、有腐蚀性、有放射性以及可能危及运输工具上人身和财产安全的危险物品或者违禁物品。

旅客违反前款规定的，承运人可以将危险物品或者违禁物品卸下、销毁或者送交有关部门。旅客坚持携带或者夹带危险物品或者违禁物品的，承运人应当拒绝运输。

**第八百一十九条　承运人告知义务和旅客协助配合义务**

承运人应当严格履行安全运输义务，及时告知旅客安全运输应当注意的事项。旅客对承运人为安全运输所作的合理安排应当积极协助和配合。

**第八百二十条　承运人迟延运输或者有其他不能正常运输情形**

承运人应当按照有效客票记载的时间、班次和座位号运输旅客。承运人迟延运输或者有其他不能正常运输情形的，应当及时告知和提醒旅客，采取必要的安置措施，并根据旅客的要求安排改乘其他班次或者退票；由此造成旅客损失的，承运人应当承担赔偿责任，但是不可归责于承运人的除外。

**第八百二十一条　承运人变更服务标准的后果**

承运人擅自降低服务标准的，应当根据旅客的请求退票或者减收票款；提高服务标准的，不得加收票款。

**第八百二十二条　承运人尽力救助义务**

承运人在运输过程中，应当尽力救助患有急病、分娩、遇险的旅客。

### 第八百二十三条　旅客伤亡的赔偿责任

承运人应当对运输过程中旅客的伤亡承担赔偿责任；但是，伤亡是旅客自身健康原因造成的或者承运人证明伤亡是旅客故意、重大过失造成的除外。

前款规定适用于按照规定免票、持优待票或者经承运人许可搭乘的无票旅客。

● **相关规定**

《铁路法》第58条

### 第八百二十四条　对行李的赔偿责任

在运输过程中旅客随身携带物品毁损、灭失，承运人有过错的，应当承担赔偿责任。

旅客托运的行李毁损、灭失的，适用货物运输的有关规定。

● **典型案例**

**汽车公司与陈某丽公路旅客运输合同案**［北京市第一中级人民法院（2020）京01民终1514号］

2018年10月，曹某驾驶出租车行驶至北京市海淀区北三环主路北太平庄桥西时，被后方行驶的案外人马某驾驶的小客车追尾，造成陈某丽受伤。后陈某丽前往北京市海淀医院进行治疗，被诊断左侧第6、7、8、9肋骨骨折，右侧第7、8、9肋骨骨折。此事故经北京市公安局公安交通管理局海淀交通支队中关村大队认定：马某负全部责任，曹某无责任。曹某系汽车公司工作人员，事发时正在执行职务行为。陈某丽委托北京迪安法润鉴定技术有限公司司法鉴定所对伤残等级、误工期、护理期、营养期进行鉴定。司法鉴定所于2019年3月5

日出具《司法鉴定意见书》，鉴定意见为：被鉴定人陈某丽外伤致多发肋骨骨折，符合十级伤残，伤残赔偿指数为10%，误工期为120日、护理期为60日、营养期为60日。陈某丽为此支付鉴定费3150元。

一审法院认为，承运人应当按照约定将乘客安全运送到目的地。陈某丽乘坐汽车公司运营的出租车，自陈某丽上车时始，双方即形成了运输合同关系。陈某丽乘坐汽车公司出租车时受伤，汽车公司应当对陈某丽所受到的伤害承担损害赔偿责任。关于陈某丽主张的医疗费4743.66元、营养费2000元、护理费7000元、鉴定费3150元，标准适当，且汽车公司同意赔偿，对此法院不持异议；就交通费1380元，因陈某丽未能提供充分证据，法院根据陈某丽就诊次数及距离远近对交通费数额酌定为500元，过高部分不予支持；陈某丽主张残疾赔偿金138000元，数额计算有误，按上一年度城镇居民人均可支配收入67990元为标准计算20年乘以伤残赔偿指数10%应为135980元；因陈某丽构成伤残，应给付精神损害抚慰金，陈某丽主张5000元，未超过相应标准，法院予以支持。

二审法院认为，本案因交通事故造成陈某丽受伤，陈某丽可以依据运输服务合同关系提起合同之诉，也可以依据侵权事实提起侵权损害赔偿之诉，二者可选其一。鉴于本案系合同纠纷，应按照合同法律关系进行审查。因双方并未就精神损害抚慰金达成合同约定，且精神损害抚慰金并不属于违约责任应赔偿的损失范畴，故陈某丽在合同关系下主张精神损害抚慰金，无法律依据。

## 第三节　货运合同

**第八百二十五条　托运人如实申报情况义务**

托运人办理货物运输，应当向承运人准确表明收货人的姓名、名称或者凭指示的收货人，货物的名称、性质、重量、数量，收货地点等有关货物运输的必要情况。

因托运人申报不实或者遗漏重要情况，造成承运人损失的，托运人应当承担赔偿责任。

● *典型案例*

某物流公司与范某添运输合同案［山东省枣庄市中级人民法院（2020）鲁04民终1042号］

2019年8月15日，原告范某添通过被告某物流公司薛城分公司向在某工业园44号的刘某邮寄发动机一件，物流单号为464994×××，由被告某物流公司薛城分公司上门提货并包装，之后出具相关货运单，载明保价声明价值为"3000元"。在该运单的托运人签名处有加粗字体提示"请仔细阅读背面运输条款，您的签名意味着您已理解并接受条款内容"。经过运输，发动机到达济南维修方时已损坏并不能修复使用，损坏的托运物是发动机的外壳部分，损坏后需要换新，整体换新需要50000多元，原告范某添仅主张赔偿损坏部件的价值，即零件编号为×××的发动机曲柄箱，价值为35181.78元。

一审法院认为，原、被告双方签订物流合同是其真实意思表示，合法有效，双方均应按合同约定履行义务。原告支付邮寄发动机运费，被告应当依约安全完成邮寄，但是被告在邮寄过程中造成发动机损坏，被告已构成违约，应承担相应的违约赔偿责任。因被告给原告造成损失35181.78元，远远高于被告提供的保价3000元，原告要求被告赔偿涉案发动机更换价格损失合理有据，故对原告诉讼请求予以支持。被告某物流公司薛城分公司是被告山东某物流公司的分支机构，依法对外不能独立承担民事责任，其造成的原告损失应由被告山东某物流公司承担。

二审法院认为，当事人争议的焦点问题是：上诉人山东某物流公司应赔偿被上诉人范某添损失3000元还是35181元。原审被告某物流公司薛城分公司的快递员通过微信聊天、上门揽件的方式与被上诉人范某添订立运输合同，运输合同不违反法律、行政法规的效力性强制性规定，应认定合法有效，双方应当按约履行合同义务。被上诉人范某添如实告知了托运物为发动机，并按约支付了运费，履行了合同义务，原审被告某物流公司薛城分公司上门提货并包装运输后，应按约将托运物安全送达收货人，但发动机在运输过程中受到损毁。某物流公司薛城分公司在运输过程中造成发动机外壳毁损，未举证证明具有上述法律规定的免责事由，构成违约，应承担损害赔偿责任。

### 第八百二十六条　托运人办理审批、检验等手续义务

货物运输需要办理审批、检验等手续的，托运人应当将办理完有关手续的文件提交承运人。

### 第八百二十七条　托运人的包装义务

托运人应当按照约定的方式包装货物。对包装方式没有约定或者约定不明确的，适用本法第六百一十九条的规定。

托运人违反前款规定的，承运人可以拒绝运输。

#### 第八百二十八条 托运人运送危险货物时的义务

托运人托运易燃、易爆、有毒、有腐蚀性、有放射性等危险物品的，应当按照国家有关危险物品运输的规定对危险物品妥善包装，做出危险物品标志和标签，并将有关危险物品的名称、性质和防范措施的书面材料提交承运人。

托运人违反前款规定的，承运人可以拒绝运输，也可以采取相应措施以避免损失的发生，因此产生的费用由托运人负担。

#### 第八百二十九条 托运人变更或解除的权利

在承运人将货物交付收货人之前，托运人可以要求承运人中止运输、返还货物、变更到达地或者将货物交给其他收货人，但是应当赔偿承运人因此受到的损失。

#### 第八百三十条 提货

货物运输到达后，承运人知道收货人的，应当及时通知收货人，收货人应当及时提货。收货人逾期提货的，应当向承运人支付保管费等费用。

#### 第八百三十一条 收货人对货物的检验

收货人提货时应当按照约定的期限检验货物。对检验货物的期限没有约定或者约定不明确，依据本法第五百一十条的规定仍不能确定的，应当在合理期限内检验货物。收货人在约定的期限或者合理期限内对货物的数量、毁损等未提出异议的，视为承运人已经按照运输单证的记载交付的初步证据。

### 第八百三十二条　承运人对货损的赔偿责任

承运人对运输过程中货物的毁损、灭失承担赔偿责任。但是，承运人证明货物的毁损、灭失是因不可抗力、货物本身的自然性质或者合理损耗以及托运人、收货人的过错造成的，不承担赔偿责任。

### 第八百三十三条　确定货损额的方法

货物的毁损、灭失的赔偿额，当事人有约定的，按照其约定；没有约定或者约定不明确，依据本法第五百一十条的规定仍不能确定的，按照交付或者应当交付时货物到达地的市场价格计算。法律、行政法规对赔偿额的计算方法和赔偿限额另有规定的，依照其规定。

● *相关规定*

《海商法》第 55 条

### 第八百三十四条　相继运输的责任承担

两个以上承运人以同一运输方式联运的，与托运人订立合同的承运人应当对全程运输承担责任；损失发生在某一运输区段的，与托运人订立合同的承运人和该区段的承运人承担连带责任。

### 第八百三十五条　货物因不可抗力灭失的运费处理

货物在运输过程中因不可抗力灭失,未收取运费的,承运人不得请求支付运费;已经收取运费的,托运人可以请求返还。法律另有规定的,依照其规定。

### 第八百三十六条　承运人留置权

托运人或者收货人不支付运费、保管费或者其他费用的,承运人对相应的运输货物享有留置权,但是当事人另有约定的除外。

### 第八百三十七条　货物的提存

收货人不明或者收货人无正当理由拒绝受领货物的,承运人依法可以提存货物。

## 第四节　多式联运合同

### 第八百三十八条　多式联运经营人的权利义务

多式联运经营人负责履行或者组织履行多式联运合同,对全程运输享有承运人的权利,承担承运人的义务。

### 第八百三十九条　多式联运经营人的责任承担

多式联运经营人可以与参加多式联运的各区段承运人就多式联运合同的各区段运输约定相互之间的责任;但是,该约定不影响多式联运经营人对全程运输承担的义务。

### 第八百四十条　多式联运单据

多式联运经营人收到托运人交付的货物时，应当签发多式联运单据。按照托运人的要求，多式联运单据可以是可转让单据，也可以是不可转让单据。

### 第八百四十一条　托运人的过错赔偿责任

因托运人托运货物时的过错造成多式联运经营人损失的，即使托运人已经转让多式联运单据，托运人仍然应当承担赔偿责任。

### 第八百四十二条　赔偿责任的法律适用

货物的毁损、灭失发生于多式联运的某一运输区段的，多式联运经营人的赔偿责任和责任限额，适用调整该区段运输方式的有关法律规定；货物毁损、灭失发生的运输区段不能确定的，依照本章规定承担赔偿责任。

## 第二十章　技术合同

### 第一节　一般规定

### 第八百四十三条　技术合同的定义

技术合同是当事人就技术开发、转让、许可、咨询或者服务订立的确立相互之间权利和义务的合同。

### 第八百四十四条　订立技术合同的原则

订立技术合同，应当有利于知识产权的保护和科学技术的进步，促进科学技术成果的研发、转化、应用和推广。

### 第八百四十五条　技术合同的主要条款

技术合同的内容一般包括项目的名称，标的的内容、范围和要求，履行的计划、地点和方式，技术信息和资料的保密，技术成果的归属和收益的分配办法，验收标准和方法，名词和术语的解释等条款。

与履行合同有关的技术背景资料、可行性论证和技术评价报告、项目任务书和计划书、技术标准、技术规范、原始设计和工艺文件，以及其他技术文档，按照当事人的约定可以作为合同的组成部分。

技术合同涉及专利的，应当注明发明创造的名称、专利申请人和专利权人、申请日期、申请号、专利号以及专利权的有效期限。

### 第八百四十六条　技术合同价款、报酬或使用费的支付方式

技术合同价款、报酬或者使用费的支付方式由当事人约定，可以采取一次总算、一次总付或者一次总算、分期支付，也可以采取提成支付或者提成支付附加预付入门费的方式。

约定提成支付的，可以按照产品价格、实施专利和使用技术秘密后新增的产值、利润或者产品销售额的一定比例提成，也可以按照约定的其他方式计算。提成支付的比例可以采取固定比例、逐年递增比例或者逐年递减比例。

约定提成支付的，当事人可以约定查阅有关会计账目的办法。

### 第八百四十七条　职务技术成果的财产权归属

职务技术成果的使用权、转让权属于法人或者非法人组织的，法人或者非法人组织可以就该项职务技术成果订立技术合同。法人或者非法人组织订立技术合同转让职务技术成果时，职务技术成果的完成人享有以同等条件优先受让的权利。

职务技术成果是执行法人或者非法人组织的工作任务，或者主要是利用法人或者非法人组织的物质技术条件所完成的技术成果。

### 第八百四十八条　非职务技术成果的财产权归属

非职务技术成果的使用权、转让权属于完成技术成果的个人，完成技术成果的个人可以就该项非职务技术成果订立技术合同。

### 第八百四十九条　技术成果人身权

完成技术成果的个人享有在有关技术成果文件上写明自己是技术成果完成者的权利和取得荣誉证书、奖励的权利。

### 第八百五十条　技术合同的无效

非法垄断技术或者侵害他人技术成果的技术合同无效。

● *相关规定*

《最高人民法院关于审理技术合同纠纷案件适用法律若干问题的解释》第10条、第11条

## 第二节 技术开发合同

**第八百五十一条** 技术开发合同的定义及种类

技术开发合同是当事人之间就新技术、新产品、新工艺、新品种或者新材料及其系统的研究开发所订立的合同。

技术开发合同包括委托开发合同和合作开发合同。

技术开发合同应当采用书面形式。

当事人之间就具有实用价值的科技成果实施转化订立的合同，参照适用技术开发合同的有关规定。

● *相关规定*

《最高人民法院关于审理技术合同纠纷案件适用法律若干问题的解释》第17条、第18条

**第八百五十二条** 委托人的主要义务

委托开发合同的委托人应当按照约定支付研究开发经费和报酬，提供技术资料，提出研究开发要求，完成协作事项，接受研究开发成果。

### 第八百五十三条　研究开发人的主要义务

委托开发合同的研究开发人应当按照约定制定和实施研究开发计划，合理使用研究开发经费，按期完成研究开发工作，交付研究开发成果，提供有关的技术资料和必要的技术指导，帮助委托人掌握研究开发成果。

### 第八百五十四条　委托开发合同的当事人违约责任

委托开发合同的当事人违反约定造成研究开发工作停滞、延误或者失败的，应当承担违约责任。

### 第八百五十五条　合作开发各方的主要义务

合作开发合同的当事人应当按照约定进行投资，包括以技术进行投资，分工参与研究开发工作，协作配合研究开发工作。

● **相关规定**

《最高人民法院关于审理技术合同纠纷案件适用法律若干问题的解释》第 19 条

### 第八百五十六条　合作开发各方的违约责任

合作开发合同的当事人违反约定造成研究开发工作停滞、延误或者失败的，应当承担违约责任。

### 第八百五十七条　技术开发合同的解除

作为技术开发合同标的的技术已经由他人公开，致使技术开发合同的履行没有意义的，当事人可以解除合同。

## 第八百五十八条　技术开发合同的风险责任负担

技术开发合同履行过程中，因出现无法克服的技术困难，致使研究开发失败或者部分失败的，该风险由当事人约定；没有约定或者约定不明确，依据本法第五百一十条的规定仍不能确定的，风险由当事人合理分担。

当事人一方发现前款规定的可能致使研究开发失败或者部分失败的情形时，应当及时通知另一方并采取适当措施减少损失；没有及时通知并采取适当措施，致使损失扩大的，应当就扩大的损失承担责任。

● **典型案例**

**科技公司与游某光合同纠纷案**［湖南省长沙市中级人民法院(2020) 湘01民终5018号］

2016年8月6日，游某光（甲方、委托方）与科技公司（乙方、受托方）签订《样机委托制作合同书》（以下简称《合同书》），由乙方在甲方提供的专利证书表明的工作原理为核心技术基础上，甲方委托乙方生产"鞋底清洁机"专利产品功能样机事宜签订前述《合同书》。2016年8月6日，游某光支付给科技公司15000元，2016年10月6日游某光支付给科技公司30000元。鞋底清洁机样机至开庭之时未交付。游某光及案外人崔某志作为发明人于2010年3月20日申请了实用新型专利，《实用新型专利证书》（证书号第1622489号）载明：实用新型名称：一种线形可调踏板式鞋底清洁器，专利权人游某光，授权公告日2010年12月8日，专利权期限为10年，自申请日起算。

一审法院认为，本案系技术委托开发合同纠纷。原告与科技公司签订的《合同书》是双方在平等自愿的基础上达成的，依法有效。《合同书》的委托内容为科技公司完成合同约定性能的鞋底清洁机样机制作。游某光依据合同约定支付了共计 45000 元款项，科技公司并未按照合同约定的期限交付样机，具有违约行为。且合同约定的样机交付时间距今已两年有余，距专利权人游某光的前述实用新型专利到期亦不足半年，即使科技公司交付样机，游某光与科技公司签订《合同书》的合同目的也无法实现，《合同书》亦无履行之可能或必要，现有证据也不足以证实样机未制作交付是游某光自身原因所致，故游某光要求科技公司返还收取的 45000 元款项，有事实依据，也不违反法律规定。

二审法院认为，综合本案事实及双方诉辩意见，本案审理焦点一是科技公司是否未按期交付合同约定的样机，是否构成违约；二是科技公司是否应当承担返还全部合同款的责任。

关于焦点一。科技公司虽向游某光交付了部分图纸，但缺乏证据证明其交付的图纸符合合同约定，且游某光对图纸质量不认可。可以认定科技公司未按期交付合同约定的样机，构成违约。关于焦点二。首先，科技公司不能举证证明其遇到了不能克服的技术困难而致使样机制作失败；其次，科技公司未提供充分证据证明样机制作失败应归咎于游某光；最后，本案诉讼时，游某光与案外人崔某志作为发明人的本案所涉实用新型专利的专利权期限已近届满，科技公司无法交付符合合同约定的样机，以致游某光的合同目的不能实现。

**第八百五十九条** 发明创造的归属和分享

委托开发完成的发明创造,除法律另有规定或者当事人另有约定外,申请专利的权利属于研究开发人。研究开发人取得专利权的,委托人可以依法实施该专利。

研究开发人转让专利申请权的,委托人享有以同等条件优先受让的权利。

**第八百六十条** 合作开发发明创造专利申请权的归属和分享

合作开发完成的发明创造,申请专利的权利属于合作开发的当事人共有;当事人一方转让其共有的专利申请权的,其他各方享有以同等条件优先受让的权利。但是,当事人另有约定的除外。

合作开发的当事人一方声明放弃其共有的专利申请权的,除当事人另有约定外,可以由另一方单独申请或者由其他各方共同申请。申请人取得专利权的,放弃专利申请权的一方可以免费实施该专利。

合作开发的当事人一方不同意申请专利的,另一方或者其他各方不得申请专利。

**第八百六十一条** 技术秘密成果的归属与分配

委托开发或者合作开发完成的技术秘密成果的使用权、转让权以及收益的分配办法,由当事人约定;没有约定或者约定不明确,依据本法第五百一十条的规定仍不能确定的,在没有相同技术方案被授予专利权前,当事人均有使用和转让的权利。但是,委托开发的研究开发人不得在向委托人交付研究开发成果之前,将研究开发成果转让给第三人。

● **相关规定**

《最高人民法院关于审理技术合同纠纷案件适用法律若干问题的解释》第20条

## 第三节　技术转让合同和技术许可合同

**第八百六十二条　技术转让合同和技术许可合同的定义**

技术转让合同是合法拥有技术的权利人,将现有特定的专利、专利申请、技术秘密的相关权利让与他人所订立的合同。

技术许可合同是合法拥有技术的权利人,将现有特定的专利、技术秘密的相关权利许可他人实施、使用所订立的合同。

技术转让合同和技术许可合同中关于提供实施技术的专用设备、原材料或者提供有关的技术咨询、技术服务的约定,属于合同的组成部分。

**第八百六十三条　技术转让合同和技术许可合同的种类及合同要件**

技术转让合同包括专利权转让、专利申请权转让、技术秘密转让等合同。

技术许可合同包括专利实施许可、技术秘密使用许可等合同。

技术转让合同和技术许可合同应当采用书面形式。

● **相关规定**

《最高人民法院关于审理技术合同纠纷案件适用法律若干问题的解释》第22条

### 第八百六十四条　技术转让合同和技术许可合同的限制性条款

技术转让合同和技术许可合同可以约定实施专利或者使用技术秘密的范围,但是不得限制技术竞争和技术发展。

● *相关规定*

《最高人民法院关于审理技术合同纠纷案件适用法律若干问题的解释》第28条

### 第八百六十五条　专利实施许可合同的有效期限

专利实施许可合同仅在该专利权的存续期限内有效。专利权有效期限届满或者专利权被宣告无效的,专利权人不得就该专利与他人订立专利实施许可合同。

### 第八百六十六条　专利实施许可合同许可人的义务

专利实施许可合同的许可人应当按照约定许可被许可人实施专利,交付实施专利有关的技术资料,提供必要的技术指导。

### 第八百六十七条　专利实施许可合同被许可人的义务

专利实施许可合同的被许可人应当按照约定实施专利,不得许可约定以外的第三人实施该专利,并按照约定支付使用费。

### 第八百六十八条　技术秘密让与人和许可人的义务

技术秘密转让合同的让与人和技术秘密使用许可合同的许可人应当按照约定提供技术资料,进行技术指导,保证技术的实用性、可靠性,承担保密义务。

前款规定的保密义务，不限制许可人申请专利，但是当事人另有约定的除外。

● **相关规定**

《最高人民法院关于审理技术合同纠纷案件适用法律若干问题的解释》第29条

**第八百六十九条** 技术秘密受让人和被许可人的义务

技术秘密转让合同的受让人和技术秘密使用许可合同的被许可人应当按照约定使用技术，支付转让费、使用费，承担保密义务。

**第八百七十条** 技术转让合同让与人和技术许可合同许可人的保证义务

技术转让合同的让与人和技术许可合同的许可人应当保证自己是所提供的技术的合法拥有者，并保证所提供的技术完整、无误、有效，能够达到约定的目标。

**第八百七十一条** 技术转让合同受让人和技术许可合同被许可人保密义务

技术转让合同的受让人和技术许可合同的被许可人应当按照约定的范围和期限，对让与人、许可人提供的技术中尚未公开的秘密部分，承担保密义务。

### 第八百七十二条 技术许可人和让与人的违约责任

许可人未按照约定许可技术的，应当返还部分或者全部使用费，并应当承担违约责任；实施专利或者使用技术秘密超越约定的范围的，违反约定擅自许可第三人实施该项专利或者使用该项技术秘密的，应当停止违约行为，承担违约责任；违反约定的保密义务的，应当承担违约责任。

让与人承担违约责任，参照适用前款规定。

● **典型案例**

**化工公司与粉体公司技术转让合同案**［河南省南阳市中级人民法院（2016）豫1321民初2107号］

原告化工公司是一家生产重质碳酸钙粉的企业，在经营期间，被告贺州市粉体公司向原告承诺可给原告提供使原告生产的产品成本低、利润大、销路广的生产技术。2014年12月15日，原告与被告达成书面技术转让协议，合同签订后，原告依约向被告支付50万元技术转让费，并投资建厂，但被告并未按合同约定向原告转让技术，并违反合同约定将技术另行转让给原告供货的厂家，导致原告产品滞销、厂房闲置，给原告造成巨大的经济损失。为此双方发生纠纷，原告诉至本院。

另查明：2015年3月18日，以原告为供方，英良公司为需方，双方签订《供货合同》，其内容为："一、产品名称：重质碳酸钙粉。二、价格及结算。甲方工厂出厂价，不含运费345元/吨（此价格不含税），每十车结算一次。包装回收，若乙方不能够退回该包装，则按每条20元计算付款给甲方……供方：化工公司（盖章）；负责人：裴某新（签字）；需方：英良公司（盖章）；负责人：殷某文（签字）。"合同签订后，原告按约定向英良公司供货。原告生产的该产品型号仅供应英良公司一家。截止到2016年4月，双方不再发生业务往来，2015年9月，被告法定代表人叶某高与英良公司签订合作协议，生产重质碳酸钙粉，造成原告产品滞销345元/吨×709吨＝244605元。

再查明：为进行技术改造，原告按被告要求为制砂车间做准备，2014年12月28日，原告与凯胜公司签订24×75×13钢结构厂房施工合同书，工程造价1320000元。原告在银行贷款132万元（年利率9%）新建厂房，因被告违约，目前厂房闲置。2014年至2016年，原告向中原银行南阳分行付息237600元（1320000元×9%/年×2年）。

一审法院认为，原、被告双方签订的技术转让合作协议是双方的真实意思表示，未违反有关法律法规的规定，系有效合同。合同签订后，原告依约向被告支付50万元技术转让费，但被告并未按合同约定向原告提供任何技术转让及培训相关技术人员，也没有进行产品试验，其行为构成违约。《合同法》第一百零七条规定："当事人一方不履行合同义务或者履行合同义务不符合约定的，应当承担继续履行、采取补救措施或者赔偿损失等违约责任。"《合同法》第三百五十一条规定："让与人未按照约定转让技术的，应当返还部分或者全部使用费，并应当承担违约责任……"故原告的上述损失均为合理损失，其要求被告退回技术转让费及赔偿损失的请求，事实清楚，证据充分，理由正当，予以支持。二审期间，当事人没有提交新证据。本院查明的事实与原审法院查明的事实一致。

法院生效裁判认为，上诉人粉体公司与被上诉人化工公司签订的技术转让协议，是双方当事人的真实意思表示，不违反法律规定，是有效合同。合同签订后，被上诉人化工公司向上诉人粉体公司支付了技术转让费，上诉人粉体公司未提供证据向被上诉人化工公司提供（全部）转让技术，且违反协议约定在该地区与其他企业合作构成违约，导致被上诉人化工公司为履行该协议投资的厂房及相应产品滞销，造成一定的经济损失，故上诉人粉体公司应承担相应的违约责任。判决驳回上诉，维持原判。

### 第八百七十三条　技术被许可人和受让人的违约责任

被许可人未按照约定支付使用费的，应当补交使用费并按照约定支付违约金；不补交使用费或者支付违约金的，应当停止实施专利或者使用技术秘密，交还技术资料，承担违约责任；实施专利或者使用技术秘密超越约定的范围的，未经许可人同意擅自许可第三人实施该专利或者使用该技术秘密的，应当停止违约行为，承担违约责任；违反约定的保密义务的，应当承担违约责任。

受让人承担违约责任，参照适用前款规定。

### 第八百七十四条　实施专利、使用技术秘密侵害他人合法权益责任承担

受让人或者被许可人按照约定实施专利、使用技术秘密侵害他人合法权益的，由让与人或者许可人承担责任，但是当事人另有约定的除外。

● **典型案例**

**李某安与李某国服务合同案**［广东省深圳市中级人民法院（2020）粤03民终335号］

李某安称其系支付行业的管理人员，李某国作为技术人员为李某

安提供技术服务。2017年10月，李某安通过微信与李某国达成协议：费用5万元，先付3万元，所有通道调通可以正常交易再付2万元。需调通二维码、手刷交易、大POS交易、报商户通道、交易清算、T1和T0、每日各项目利润报表，提供手刷安卓源码，10月23日前要调通。保证能正常使用。付完最后2万元后再做数据迁移。后李某安于2017年10月19日、25日通过微信分别向李某国转账3万元、2万元。

一审法院认为，本案为技术服务合同纠纷。从查明的事实来看，李某安已向李某国支付服务费5万元。双方均确认，李某安无法提供上游服务，致使李某国无法完成调通二维码通道工作。李某安称当时银联系统终止了市场该项服务，致使李某安无法提供上游服务，但未提交证据证明。法院依法认定，因李某安未能提供必要的工作条件，致使李某国无法提供相应技术服务，就该部分技术服务及后续服务对应的报酬，李某安不得追回。关于手刷交易，李某安称该部分服务系李某安委托案外人苹果的工程师周某富，并另行付费完成，并非李某国完成。李某国庭后确认其仅提供手刷安卓和苹果源码，并未提供开发手机端程序的技术服务。根据双方微信约定，李某国应向李某安提供手刷交易、手刷安卓源码服务。李某国仅提供了手刷安卓源码服务，并未完成双方约定的手刷交易服务，李某国庭后亦确认该项服务系由李某安委托案外人完成，并由李某安向案外人另行支付费用。故李某国并未完成手刷交易，应当承担免收报酬的违约责任。因双方未约定关于手刷交易对应报酬的具体金额，结合本案已查明的事实，根据公平原则、诚实信用原则，法院酌定该手刷交易报酬为1万元为宜。

二审法院认为，本案为技术服务合同纠纷，李某安与李某国通过微信等方式达成的技术服务协议是双方的真实意思表示，合法有效。李某国的上诉请求不能成立，应予驳回。

**第八百七十五条　后续改进技术成果的分享办法**

当事人可以按照互利的原则，在合同中约定实施专利、使用技术秘密后续改进的技术成果的分享办法；没有约定或者约定不明确，依据本法第五百一十条的规定仍不能确定的，一方后续改进的技术成果，其他各方无权分享。

**第八百七十六条　其他知识产权转让和许可的参照适用**

集成电路布图设计专有权、植物新品种权、计算机软件著作权等其他知识产权的转让和许可，参照适用本节的有关规定。

**第八百七十七条　技术出口合同或专利、专利申请合同的法律适用**

法律、行政法规对技术进出口合同或者专利、专利申请合同另有规定的，依照其规定。

## 第四节　技术咨询合同和技术服务合同

**第八百七十八条　技术咨询合同、技术服务合同的定义**

技术咨询合同是当事人一方以技术知识为对方就特定技术项目提供可行性论证、技术预测、专题技术调查、分析评价报告等所订立的合同。

技术服务合同是当事人一方以技术知识为对方解决特定技术问题所订立的合同，不包括承揽合同和建设工程合同。

#### 第八百七十九条 技术咨询合同委托人的义务

技术咨询合同的委托人应当按照约定阐明咨询的问题,提供技术背景材料及有关技术资料,接受受托人的工作成果,支付报酬。

#### 第八百八十条 技术咨询合同受托人的义务

技术咨询合同的受托人应当按照约定的期限完成咨询报告或者解答问题,提出的咨询报告应当达到约定的要求。

#### 第八百八十一条 技术咨询合同当事人的违约责任及决策风险责任

技术咨询合同的委托人未按照约定提供必要的资料,影响工作进度和质量,不接受或者逾期接受工作成果的,支付的报酬不得追回,未支付的报酬应当支付。

技术咨询合同的受托人未按期提出咨询报告或者提出的咨询报告不符合约定的,应当承担减收或者免收报酬等违约责任。

技术咨询合同的委托人按照受托人符合约定要求的咨询报告和意见作出决策所造成的损失,由委托人承担,但是当事人另有约定的除外。

#### 第八百八十二条 技术服务合同委托人的义务

技术服务合同的委托人应当按照约定提供工作条件,完成配合事项,接受工作成果并支付报酬。

### 第八百八十三条 技术服务合同受托人的义务

技术服务合同的受托人应当按照约定完成服务项目，解决技术问题，保证工作质量，并传授解决技术问题的知识。

### 第八百八十四条 技术服务合同的当事人违约责任

技术服务合同的委托人不履行合同义务或者履行合同义务不符合约定，影响工作进度和质量，不接受或者逾期接受工作成果的，支付的报酬不得追回，未支付的报酬应当支付。

技术服务合同的受托人未按照约定完成服务工作的，应当承担免收报酬等违约责任。

### 第八百八十五条 技术成果的归属和分享

技术咨询合同、技术服务合同履行过程中，受托人利用委托人提供的技术资料和工作条件完成的新的技术成果，属于受托人。委托人利用受托人的工作成果完成的新的技术成果，属于委托人。当事人另有约定的，按照其约定。

### 第八百八十六条 受托人履行合同的费用负担

技术咨询合同和技术服务合同对受托人正常开展工作所需费用的负担没有约定或者约定不明确的，由受托人负担。

### 第八百八十七条 技术中介合同和技术培训合同法律适用

法律、行政法规对技术中介合同、技术培训合同另有规定的，依照其规定。

## 第二十一章　保管合同

### 第八百八十八条　保管合同的定义

保管合同是保管人保管寄存人交付的保管物,并返还该物的合同。

寄存人到保管人处从事购物、就餐、住宿等活动,将物品存放在指定场所的,视为保管,但是当事人另有约定或者另有交易习惯的除外。

### 第八百八十九条　保管合同的报酬

寄存人应当按照约定向保管人支付保管费。

当事人对保管费没有约定或者约定不明确,依据本法第五百一十条的规定仍不能确定的,视为无偿保管。

### 第八百九十条　保管合同的成立

保管合同自保管物交付时成立,但是当事人另有约定的除外。

● **典型案例**

**鲁某敏与郑某珍保管合同案**　[北京市第二中级人民法院(2020)京02民终5081号]

郑某珍与鲁某(已去世)育有三子三女,即鲁某兰、鲁某禄、鲁某敏、鲁某华、鲁某福、鲁某。王某系鲁某华之女。2013年11月,郑某珍因情绪不稳、语乱多次到首都医科大学附属北京安定医院(以下简称安定医院）精神科就诊，医院诊断为妄想状态、失眠，并开具处方药利培酮口服溶液。2015年8月，宣房公司曾经发布《致某胡同4、6、8、10号楼居民的一封信》，告知进行排险解危的政策，其中重大疾病补助政策为：被腾退人及或在房屋腾退范围内有户籍的家庭成员，患有中国保险行业协会与中国医师协会共同制定的《重大疾病保险的疾病定义使用范围》中重大疾病的，凭二级（含）以上医院开具的诊断书或证明，给予每人3万元的一次性重大疾病补助。郑某珍向宣房公司提交了其在北京市健官医院的诊断证明书和鲁某敏在中国人民解放军第二炮兵总医院的诊断证明书。2015年9月15日，宣房公司（甲方）与郑某珍（乙方，承租人）签订《房屋排险解危腾退协议》，确认北京市某胡同10号楼东门8号房屋为宣房公司管理的直管公有房屋，因房屋整体危险，现进行房屋排险解危腾退。

一审法院认为，本案中，双方争议的焦点之一是郑某珍是否具有完全民事行为能力。虽然郑某珍于2013年被医院诊断为妄想状态、失眠，并一直服用利培酮口服溶液，但该事实不足以证明郑某珍目前不具有完全民事行为能力。因此，郑某珍可以独立委托诉讼代理人提起本案的诉讼。焦点之二是涉案的房屋腾退款是否有鲁某敏的份额。根据拆迁档案资料，房屋腾退款中除了重大疾病补助中有3万元系补偿给鲁某敏的外，其余款项均应当归被腾退人即被腾退房屋的原承租人郑某珍所有。焦点之三是双方之间是否存在保管合同关系。赡养协议的内容以及郑某珍向鲁某敏转账的事实，足以认定双方之间自转账之日即2016年1月6日开始成立保管合同关系，但保管的数额应当扣除鲁某敏的3万元，共计××7万元。该保管合同关系是双方当事人的真实意思表示，不违反法律、行政法规的强制性规定，应属合法有效。双方都应依法履行合同义务。

二审法院认为，北京协和医院、北京市鼓楼中医医院在郑某珍起诉日期前后出具的相关记录，不能认定郑某珍在本案一审起诉时不具有完全民事行为能力。保管合同是保管人保管寄存人交付的保管物，并返还该物的合同；保管合同自保管物交付时成立，但当事人另有约定的除外。依据赡养协议的约定以及郑某珍向鲁某敏转账的事实，认定双方当事人之间系保管合同关系。保管的数额应当扣除鲁某敏的3万元，共计××7万元。该保管合同关系是双方当事人的真实意思表示，不违反法律、行政法规的强制性规定，合法有效。

### 第八百九十一条　保管人给付保管凭证的义务

寄存人向保管人交付保管物的，保管人应当出具保管凭证，但是另有交易习惯的除外。

### 第八百九十二条　保管人对保管物的妥善保管义务

保管人应当妥善保管保管物。

当事人可以约定保管场所或者方法。除紧急情况或者为维护寄存人利益外，不得擅自改变保管场所或者方法。

### 第八百九十三条　寄存人如实告知义务

寄存人交付的保管物有瑕疵或者根据保管物的性质需要采取特殊保管措施的，寄存人应当将有关情况告知保管人。寄存人未告知，致使保管物受损失的，保管人不承担赔偿责任；保管人因此受损失的，除保管人知道或者应当知道且未采取补救措施外，寄存人应当承担赔偿责任。

### 第八百九十四条　保管人亲自保管义务

保管人不得将保管物转交第三人保管，但是当事人另有约定的除外。

保管人违反前款规定，将保管物转交第三人保管，造成保管物损失的，应当承担赔偿责任。

### 第八百九十五条　保管人不得使用或许可他人使用保管物义务

保管人不得使用或者许可第三人使用保管物，但是当事人另有约定的除外。

### 第八百九十六条　保管人返还保管物的义务及危险通知义务

第三人对保管物主张权利的，除依法对保管物采取保全或者执行措施外，保管人应当履行向寄存人返还保管物的义务。

第三人对保管人提起诉讼或者对保管物申请扣押的，保管人应当及时通知寄存人。

### 第八百九十七条　保管物毁损灭失责任

保管期内，因保管人保管不善造成保管物毁损、灭失的，保管人应当承担赔偿责任。但是，无偿保管人证明自己没有故意或者重大过失的，不承担赔偿责任。

● 典型案例

**吴某亚与邱某民间借贷案**［广东省韶关市中级人民法院（2020）粤02民终804号］

吴某亚向金融公司贷款购买邱某的车辆。后吴某亚因资金周转需要向邱某借款30000元，并将车辆抵押给邱某，未办理抵押登记手续，抵押车辆由邱某开走保管，吴某亚每月支付停车费500元。邱某在扣除第一个月利息900元及停车费500元后，分两笔转账支付了借款本金28600元，吴某亚向邱某出具一份《借据》。

一审法院认为，本案是民间借贷纠纷。关于借款本金。吴某亚向邱某借款30000元，邱某在扣除第一个月借款利息900元及停车费500元后，向吴某亚支付了借款本金28600元，邱某在支付借款本金时，扣除了第一个月的利息900元，其实际支付本金为29100元。关于借款利息。在庭审期间，吴某亚对邱某主张自2019年7月1日起按年利率24%计付利息不持异议，法院予以确认。

二审法院认为，本案系民间借贷纠纷。吴某亚应偿还本金28986元及从2019年7月1日起按照年利率24%计算至清偿之日止的利息。对于吴某亚上诉提出保管的车辆问题，一审认定与本案不是同一法律关系不作处理并无不当，故对其该上诉请求不予采纳。

## 第八百九十八条　寄存贵重物品的声明义务

寄存人寄存货币、有价证券或者其他贵重物品的，应当向保管人声明，由保管人验收或者封存；寄存人未声明的，该物品毁损、灭失后，保管人可以按照一般物品予以赔偿。

## 第八百九十九条　保管物的领取及领取时间

寄存人可以随时领取保管物。

当事人对保管期限没有约定或者约定不明确的，保管人可以随时请求寄存人领取保管物；约定保管期限的，保管人无特别事由，不得请求寄存人提前领取保管物。

**第九百条　保管人归还原物及孳息的义务**

保管期限届满或者寄存人提前领取保管物的，保管人应当将原物及其孳息归还寄存人。

**第九百零一条　消费保管**

保管人保管货币的，可以返还相同种类、数量的货币；保管其他可替代物的，可以按照约定返还相同种类、品质、数量的物品。

**第九百零二条　保管费的支付期限**

有偿的保管合同，寄存人应当按照约定的期限向保管人支付保管费。

当事人对支付期限没有约定或者约定不明确，依据本法第五百一十条的规定仍不能确定的，应当在领取保管物的同时支付。

**第九百零三条　保管人的留置权**

寄存人未按照约定支付保管费或者其他费用的，保管人对保管物享有留置权，但是当事人另有约定的除外。

# 第二十二章　仓储合同

**第九百零四条　仓储合同的定义**

仓储合同是保管人储存存货人交付的仓储物，存货人支付仓储费的合同。

**第九百零五条　仓储合同的成立时间**

仓储合同自保管人和存货人意思表示一致时成立。

**第九百零六条　危险物品和易变质物品的储存**

储存易燃、易爆、有毒、有腐蚀性、有放射性等危险物品或者易变质物品的，存货人应当说明该物品的性质，提供有关资料。

存货人违反前款规定的，保管人可以拒收仓储物，也可以采取相应措施以避免损失的发生，因此产生的费用由存货人负担。

保管人储存易燃、易爆、有毒、有腐蚀性、有放射性等危险物品的，应当具备相应的保管条件。

**第九百零七条　仓储物的验收**

保管人应当按照约定对入库仓储物进行验收。保管人验收时发现入库仓储物与约定不符合的，应当及时通知存货人。保管人验收后，发生仓储物的品种、数量、质量不符合约定的，保管人应当承担赔偿责任。

### 第九百零八条 保管人出具仓单、入库单义务

存货人交付仓储物的,保管人应当出具仓单、入库单等凭证。

### 第九百零九条 仓单的内容

保管人应当在仓单上签名或者盖章。仓单包括下列事项:
(一)存货人的姓名或者名称和住所;
(二)仓储物的品种、数量、质量、包装及其件数和标记;
(三)仓储物的损耗标准;
(四)储存场所;
(五)储存期限;
(六)仓储费;
(七)仓储物已经办理保险的,其保险金额、期间以及保险人的名称;
(八)填发人、填发地和填发日期。

### 第九百一十条 仓单的转让和出质

仓单是提取仓储物的凭证。存货人或者仓单持有人在仓单上背书并经保管人签名或者盖章的,可以转让提取仓储物的权利。

### 第九百一十一条 检查仓储物或提取样品的权利

保管人根据存货人或者仓单持有人的要求,应当同意其检查仓储物或者提取样品。

#### 第九百一十二条　保管人的通知义务

保管人发现入库仓储物有变质或者其他损坏的，应当及时通知存货人或者仓单持有人。

#### 第九百一十三条　保管人危险催告义务和紧急处置权

保管人发现入库仓储物有变质或者其他损坏，危及其他仓储物的安全和正常保管的，应当催告存货人或者仓单持有人作出必要的处置。因情况紧急，保管人可以作出必要的处置；但是，事后应当将该情况及时通知存货人或者仓单持有人。

#### 第九百一十四条　仓储物的提取

当事人对储存期限没有约定或者约定不明确的，存货人或者仓单持有人可以随时提取仓储物，保管人也可以随时请求存货人或者仓单持有人提取仓储物，但是应当给予必要的准备时间。

#### 第九百一十五条　仓储物的提取规则

储存期限届满，存货人或者仓单持有人应当凭仓单、入库单等提取仓储物。存货人或者仓单持有人逾期提取的，应当加收仓储费；提前提取的，不减收仓储费。

#### 第九百一十六条　逾期提取仓储物

储存期限届满，存货人或者仓单持有人不提取仓储物的，保管人可以催告其在合理期限内提取；逾期不提取的，保管人可以提存仓储物。

### 第九百一十七条  保管不善的责任承担

储存期内，因保管不善造成仓储物毁损、灭失的，保管人应当承担赔偿责任。因仓储物本身的自然性质、包装不符合约定或者超过有效储存期造成仓储物变质、损坏的，保管人不承担赔偿责任。

### 第九百一十八条  参照适用保管合同的规定

本章没有规定的，适用保管合同的有关规定。

## 第二十三章  委托合同

### 第九百一十九条  委托合同的概念

委托合同是委托人和受托人约定，由受托人处理委托人事务的合同。

### 第九百二十条  委托权限

委托人可以特别委托受托人处理一项或者数项事务，也可以概括委托受托人处理一切事务。

### 第九百二十一条  处理委托事务的费用

委托人应当预付处理委托事务的费用。受托人为处理委托事务垫付的必要费用，委托人应当偿还该费用并支付利息。

### 第九百二十二条　受托人服从指示的义务

受托人应当按照委托人的指示处理委托事务。需要变更委托人指示的，应当经委托人同意；因情况紧急，难以和委托人取得联系的，受托人应当妥善处理委托事务，但是事后应当将该情况及时报告委托人。

● **典型案例**

**商贸公司与陈某合同纠纷案**［湖北省武汉市中级人民法院（2020）鄂01民终1613号］

2017年3月21日，商贸公司（甲方）与陈某（乙方）签订《加盟框架协议》，约定：乙方拟加盟甲方某便利店；本协议签订之日乙方向甲方缴纳诚意金（定金）150000元；协议签订后，甲方向乙方发出培训通知书及参加意向颁发仪式，在该阶段甲方为乙方颁发营运秘籍，若在此阶段乙方单方解除或者终止本协议的，甲方扣除15000元；甲方为乙方店铺选址提供培训及评估，若在店铺选址确定后乙方单方解除或者终止本协议的，甲方扣除20000元；乙方在获得甲方发出的同意加盟的通知后，视为甲方同意建立加盟关系，乙方应按甲方的要求与甲方签订加盟合同及合同附件。同日，陈某向商贸公司支付了诚意金150000元。2017年5月2日，商贸公司通过微信群公开了店铺选址的信息，陈某确定武汉大学校园店。同月3日，武汉华公管数据文化中心（甲方，出租方）与商贸公司（乙方，承租方）签订《房屋租赁合同》，约定甲方将位于某小区7栋1-101某房屋出租给乙方使用；甲方承诺该房屋具备法律法规规定的履行本合同所需的出租条件（包括但不限于该房屋可作24小时便利店使用）；租赁期限为2017年6月10日至2022年6月9日，房屋租赁费按半年结算，月租赁费20000元，履约保证金20000元。2017年5月12日，陈某向商贸公司支付140000元。同日，商贸公司将140000元转付至出租方。2017年5月21日，陈某提出不能履行加盟协议，要求商贸公司返还意向金及全部房屋租金。同月27日，商贸公司表示与房东沟通中，意向金可以来公司办理。同年9月8日，陈某收到商贸公司退还意向金135000元。同年10月20日，商贸公司表示出租方不同意退款。

一审法院认为，双方因签订《加盟框架协议》，陈某认可商贸公司推荐的加盟店铺地址，其向商贸公司支付房屋租金和履约保证金的行为，视为双方形成了委托合同关系。陈某与商贸公司终止了加盟框架协议，并提出返还房屋租金，商贸公司应当按照指示妥善处理委托事务。在作出判决前，商贸公司并未提交证据证明其订立房屋租赁合同时，向出租方披露了上述委托代理关系，承担不利的后果，该租赁合同不直接约束委托人。

二审法院认为，商贸公司与陈某签订的《加盟框架协议》合法有效，陈某认可商贸公司推荐的加盟店铺地址，并向商贸公司支付了房屋租金和履约保证金，双方形成了委托合同关系。陈某作为委托人可以随时解除委托，陈某于2017年5月21日向商贸公司提出不能履行加盟协议，并要求商贸公司返还意向金及全部房屋租金，商贸公司于2017年9月8日退还陈某意向金135000元，证实双方的委托合同关系已经解除。商贸公司以自己的名义与出租人签订的房屋租赁合同，其无证据证实订立房屋租赁合同时，向出租方披露了上述委托代理关系，该租赁合同对陈某不具有约束力，商贸公司应当退还陈某所付的租金。

**第九百二十三条　受托人亲自处理委托事务**

受托人应当亲自处理委托事务。经委托人同意,受托人可以转委托。转委托经同意或者追认的,委托人可以就委托事务直接指示转委托的第三人,受托人仅就第三人的选任及其对第三人的指示承担责任。转委托未经同意或者追认的,受托人应当对转委托的第三人的行为承担责任;但是,在紧急情况下受托人为了维护委托人的利益需要转委托第三人的除外。

**第九百二十四条　受托人的报告义务**

受托人应当按照委托人的要求,报告委托事务的处理情况。委托合同终止时,受托人应当报告委托事务的结果。

**第九百二十五条　受托人以自己名义从事受托事务的法律效果**

受托人以自己的名义,在委托人的授权范围内与第三人订立的合同,第三人在订立合同时知道受托人与委托人之间的代理关系的,该合同直接约束委托人和第三人;但是,有确切证据证明该合同只约束受托人和第三人的除外。

**第九百二十六条　委托人的介入权与第三人的选择权**

受托人以自己的名义与第三人订立合同时,第三人不知道受托人与委托人之间的代理关系的,受托人因第三人的原因对委托人不履行义务,受托人应当向委托人披露第三人,委托人因此可以行使受托人对第三人的权利。但是,第三人与受托人订立合同时如果知道该委托人就不会订立合同的除外。

受托人因委托人的原因对第三人不履行义务，受托人应当向第三人披露委托人，第三人因此可以选择受托人或者委托人作为相对人主张其权利，但是第三人不得变更选定的相对人。

委托人行使受托人对第三人的权利的，第三人可以向委托人主张其对受托人的抗辩。第三人选定委托人作为其相对人的，委托人可以向第三人主张其对受托人的抗辩以及受托人对第三人的抗辩。

### 第九百二十七条　受托人转移所得利益的义务

受托人处理委托事务取得的财产，应当转交给委托人。

### 第九百二十八条　委托人支付报酬的义务

受托人完成委托事务的，委托人应当按照约定向其支付报酬。

因不可归责于受托人的事由，委托合同解除或者委托事务不能完成的，委托人应当向受托人支付相应的报酬。当事人另有约定的，按照其约定。

### 第九百二十九条　因受托人过错致委托人损失的赔偿责任

有偿的委托合同，因受托人的过错造成委托人损失的，委托人可以请求赔偿损失。无偿的委托合同，因受托人的故意或者重大过失造成委托人损失的，委托人可以请求赔偿损失。

受托人超越权限造成委托人损失的，应当赔偿损失。

313

● **典型案例**

**孙某涛与关某不当得利案**［黑龙江省大庆市红岗区人民法院(2018) 黑0605民初第203号］

无偿的委托合同，因受托人的故意或者重大过失给委托人造成损失的，委托人可以要求赔偿损失。

**第九百三十条　委托人的赔偿责任**

受托人处理委托事务时，因不可归责于自己的事由受到损失的，可以向委托人请求赔偿损失。

**第九百三十一条　委托人另行委托他人处理事务**

委托人经受托人同意，可以在受托人之外委托第三人处理委托事务。因此造成受托人损失的，受托人可以向委托人请求赔偿损失。

**第九百三十二条　共同委托**

两个以上的受托人共同处理委托事务的，对委托人承担连带责任。

**第九百三十三条　任意解除权**

委托人或者受托人可以随时解除委托合同。因解除合同造成对方损失的，除不可归责于该当事人的事由外，无偿委托合同的解除方应当赔偿因解除时间不当造成的直接损失，有偿委托合同的解除方应当赔偿对方的直接损失和合同履行后可以获得的利益。

### 第九百三十四条　委托合同的终止

委托人死亡、终止或者受托人死亡、丧失民事行为能力、终止的，委托合同终止；但是，当事人另有约定或者根据委托事务的性质不宜终止的除外。

### 第九百三十五条　受托人继续处理委托事务

因委托人死亡或者被宣告破产、解散，致使委托合同终止将损害委托人利益的，在委托人的继承人、遗产管理人或者清算人承受委托事务之前，受托人应当继续处理委托事务。

### 第九百三十六条　受托人死亡后其继承人等的义务

因受托人死亡、丧失民事行为能力或者被宣告破产、解散，致使委托合同终止的，受托人的继承人、遗产管理人、法定代理人或者清算人应当及时通知委托人。因委托合同终止将损害委托人利益的，在委托人作出善后处理之前，受托人的继承人、遗产管理人、法定代理人或者清算人应当采取必要措施。

## 第二十四章　物业服务合同

### 第九百三十七条　物业服务合同的定义

物业服务合同是物业服务人在物业服务区域内，为业主提供建筑物及其附属设施的维修养护、环境卫生和相关秩序的管理维护等物业服务，业主支付物业费的合同。

物业服务人包括物业服务企业和其他管理人。

● *典型案例*

**福建甲光电公司、福建乙科技公司与福建丁物业公司物业服务合同纠纷和解案**（最高人民检察院指导性案例第80号）

福州软件园兴建于1999年3月，是福建省迄今为止规模最大的软件产业园区。2007年，福建甲光电有限公司（以下简称甲公司）、福建乙科技有限公司（以下简称乙公司）等进驻软件园，购买园区土地建设自有研发楼。为提升园区服务质量，2011年1月28日，福州丙开发有限公司（以下简称丙公司）通过招投标方式确定福建丁物业有限公司（以下简称丁公司）作为物业服务中标单位，中标价为1.3元/平方米/月。2011年3月28日，丙公司与丁公司签订物业服务合同。甲公司、乙公司等多家公司认为，其自建园区相对独立封闭，未得到物业服务，且自身未与物业公司签订物业服务合同，因此拒绝交纳物业费，引发纠纷。丁公司于2013年10月向福建省福州市鼓楼区人民法院起诉，请求甲公司、乙公司支付拖欠的物业服务费及违约金。

鼓楼区人民法院一审认为，签订物业服务合同的一方须为物业的建设单位，甲公司的办公楼系其自建，故丙公司签订的物业服务合同对甲公司、乙公司无约束力，但丁公司对园区的道路、绿化等配套设施进行日常维护管养，甲公司、乙公司享受了基础设施服务，故应当支付物业费，酌定物业服务费标准为合同标准的30%，即0.39元/平方米/月。丁公司不服，上诉至福建省福州市中级人民法院。二审判决驳回上诉，维持原判。

丁公司向福建省高级人民法院申请再审。再审法院认为，丙公司是园区公共区域的建设单位，其依法选聘物业服务企业并签订物业服务合同，对园区内公司具有相应约束力，改判甲公司、乙公司按照

1.3元/平方米/月的标准交纳物业服务费。

受理情况。甲公司、乙公司等民营企业认为其自建园区未享受物业服务，且丙公司无权代表业主签订物业服务合同，遂于2018年11月向福建省人民检察院申请监督。该院予以受理审查。

调查核实。为查清事实，检察机关走访福州市某管理委员会和丙公司，并实地查看甲公司、乙公司等多家民营企业的自建园区，调阅三次审理的审判案卷，全面掌握案件事实和争议症结。同时，在调查走访中也了解到，再审败诉对甲公司、乙公司等民营企业的营商环境产生一定影响，特别是与物业公司发生的长期纠纷也影响了企业的正常经营。

和解过程及结果。福建省人民检察院经研究认为，由于丁公司仅对甲公司等自有园区以外的公共区域提供物业服务，仍按照合同标准确定物业服务费，有违公平合理原则。为此，检察机关多次约谈物业公司和相关科技公司的法定代表人及诉讼代理人，认真听取并分析双方意见，解释法律规定，各方一致认为此案的最佳处理方式是和解结案。在检察机关引导下，双方自愿达成和解协议，丁公司同意甲公司、乙公司按照0.85元/平方米/月的标准交纳物业服务费，对之前六年的物业服务费一并结算，即时履行完毕，并将和解协议送交执行法院，执行法院终结本案执行。2019年8月，福建省人民检察院作出终结审查决定。

1. 坚持和发展新时代"枫桥经验"，构建和谐营商环境。各级人民检察院办理民事监督案件，应当积极践行"枫桥经验"，在不影响审判违法监督、不损害国家利益、社会公共利益及他人合法权益的前提下，可以引导当事人自愿达成和解协议。由于民事监督案件涉及的法律关系已经为生效裁判确认，人民检察院应当把握和解的适用条件，避免损害裁判的既判力。如果生效裁判并无不当，人民检察院应当释法说理，说服申请人息诉罢访；如果人民法院的生效裁判违反法律相关规定，同级人民检察院在尊重当事人意愿的前提下可以引导当事人和解，节约司法资源、化解矛盾纠纷，真正实现"双赢、共赢、多赢"。

2. 检察机关引导当事人达成和解协议的，应当加强与法院执行程序的衔接。人民检察院办理民事监督案件，引导达成和解的，要注意与人民法院执行程序的衔接。在当事人达成和解协议后，检察机关应当告知当事人向执行法院递交和解协议，必要时检察机关也可以主动告知执行法院相关和解情况，由执行法院按照执行和解的法律规定办理，以实现案结事了。

## 第九百三十八条　物业服务合同的内容与形式

物业服务合同的内容一般包括服务事项、服务质量、服务费用的标准和收取办法、维修资金的使用、服务用房的管理和使用、服务期限、服务交接等条款。

物业服务人公开作出的有利于业主的服务承诺，为物业服务合同的组成部分。

物业服务合同应当采用书面形式。

● *典型案例*

**贾某祥与物业公司物业服务合同案**［辽宁省大连市中级人民法院（2020）辽02民终3631号］

2002年10月16日，"某园"项目的开发商物业公司与原告签订了《某园前期物业管理服务委托合同》，委托原告为"某园"小区提供物业管理服务。被告贾某祥系大连市甘井子区新华某××号1-6-1

号房屋的业主，该房屋建筑面积113.33平方米。被告自2004年5月1日起至2018年12月31日止没有交纳物业费，拖欠物业费合计11968元（0.60元/月/平方米×113.33平方米×176个月）。

一审法院认为，物业公司与物业服务企业签订的《某园前期物业管理服务委托合同》，以及业主委员会与业主大会依法选聘的物业服务企业签订的物业服务合同，对业主具有约束力。原告作为具有收费资质的物业服务单位，依法为被告所在小区提供物业服务，被告作为该小区业主应按物业服务合同约定的价格标准交纳物业费。根据原告提供的《某园前期物业管理服务委托合同》《物业服务委托合同》《物业管理服务委托合同》，案涉房屋的物业费标准为按建筑面积每月每平方米0.60元，故原告要求被告支付物业服务费11968元的诉讼请求，予以支持。

二审法院认为，物业服务企业已经按照合同约定以及相关规定提供服务，业主无正当理由拒绝交纳或者在催告的合理期限内仍未交纳物业费，物业服务企业请求业主支付物业费的，人民法院应予支持。本案中，被上诉人是新华某小区的物业服务单位，上诉人因购买案涉房屋而成为小区业主，与被上诉人成立物业服务合同关系，现上诉人对欠付自2004年5月1日起至2018年12月31日止的物业服务费的事实未提出异议，原审判令上诉人向被上诉人给付所欠物业费并无不当，应予维持。

### 第九百三十九条　物业服务合同的约束力

建设单位依法与物业服务人订立的前期物业服务合同，以及业主委员会与业主大会依法选聘的物业服务人订立的物业服务合同，对业主具有法律约束力。

**第九百四十条** 前期物业服务合同的终止情形

建设单位依法与物业服务人订立的前期物业服务合同约定的服务期限届满前，业主委员会或者业主与新物业服务人订立的物业服务合同生效的，前期物业服务合同终止。

**第九百四十一条** 物业服务合同的转委托

物业服务人将物业服务区域内的部分专项服务事项委托给专业性服务组织或者其他第三人的，应当就该部分专项服务事项向业主负责。

物业服务人不得将其应当提供的全部物业服务转委托给第三人，或者将全部物业服务支解后分别转委托给第三人。

**第九百四十二条** 物业服务人的义务

物业服务人应当按照约定和物业的使用性质，妥善维修、养护、清洁、绿化和经营管理物业服务区域内的业主共有部分，维护物业服务区域内的基本秩序，采取合理措施保护业主的人身、财产安全。

对物业服务区域内违反有关治安、环保、消防等法律法规的行为，物业服务人应当及时采取合理措施制止、向有关行政主管部门报告并协助处理。

**第九百四十三条** 物业服务人的信息公开义务

物业服务人应当定期将服务的事项、负责人员、质量要求、收费项目、收费标准、履行情况,以及维修资金使用情况、业主共有部分的经营与收益情况等以合理方式向业主公开并向业主大会、业主委员会报告。

**第九百四十四条** 业主支付物业费义务

业主应当按照约定向物业服务人支付物业费。物业服务人已经按照约定和有关规定提供服务的,业主不得以未接受或者无需接受相关物业服务为由拒绝支付物业费。

业主违反约定逾期不支付物业费的,物业服务人可以催告其在合理期限内支付;合理期限届满仍不支付的,物业服务人可以提起诉讼或者申请仲裁。

物业服务人不得采取停止供电、供水、供热、供燃气等方式催交物业费。

**第九百四十五条** 业主的告知、协助义务

业主装饰装修房屋的,应当事先告知物业服务人,遵守物业服务人提示的合理注意事项,并配合其进行必要的现场检查。

业主转让、出租物业专有部分、设立居住权或者依法改变共有部分用途的,应当及时将相关情况告知物业服务人。

### 第九百四十六条　业主解聘物业服务人

业主依照法定程序共同决定解聘物业服务人的,可以解除物业服务合同。决定解聘的,应当提前六十日书面通知物业服务人,但是合同对通知期限另有约定的除外。

依据前款规定解除合同造成物业服务人损失的,除不可归责于业主的事由外,业主应当赔偿损失。

### 第九百四十七条　物业服务人的续聘

物业服务期限届满前,业主依法共同决定续聘的,应当与原物业服务人在合同期限届满前续订物业服务合同。

物业服务期限届满前,物业服务人不同意续聘的,应当在合同期限届满前九十日书面通知业主或者业主委员会,但是合同对通知期限另有约定的除外。

### 第九百四十八条　不定期物业服务合同的成立与解除

物业服务期限届满后,业主没有依法作出续聘或者另聘物业服务人的决定,物业服务人继续提供物业服务的,原物业服务合同继续有效,但是服务期限为不定期。

当事人可以随时解除不定期物业服务合同,但是应当提前六十日书面通知对方。

**第九百四十九条** 物业服务合同终止后原物业服务人的义务

物业服务合同终止的,原物业服务人应当在约定期限或者合理期限内退出物业服务区域,将物业服务用房、相关设施、物业服务所必需的相关资料等交还给业主委员会、决定自行管理的业主或者其指定的人,配合新物业服务人做好交接工作,并如实告知物业的使用和管理状况。

原物业服务人违反前款规定的,不得请求业主支付物业服务合同终止后的物业费;造成业主损失的,应当赔偿损失。

● *典型案例*

**置业公司与物业公司物业服务合同案** [湖北省武汉市中级人民法院(2020)鄂01民终1742号]

某小区由凯恩斯置业公司开发建设。小区共有9栋住宅楼(编号×××-10,没有编号×××)。小区建成,业主收房后,凯地物业管理(武汉)有限公司(以下简称凯地公司)与小区业主签订《前期物业管理服务协议》,由凯地公司为该小区提供前期物业服务。2012年8月,某小区业主大会选举产生第2届业主委员会,并办理相关备案。2016年4月20日,某小区业主大会投票同意"解聘原物业公司,引进新物业公司;委托业主委员会跟新物业公司签订合同"。2016年5月29日,某小区业委会与物业公司签订《物业管理委托合同》。因凯地公司未退出该小区,经相关部门催告后,凯地公司仍未履行义务。2017年,某小区业委会向一审法院提起诉讼,一审法院经审理后判决凯地公司在判决生效之日起三日内退出某小区全部物业服务区域并向某小区业委会移交小区的竣工总平面图、竣工验收资料等。

一审法院认为,《最高人民法院关于审理物业服务纠纷案件具体应用法律若干问题的解释》规定，建设单位依法与物业服务企业签订的前期物业服务合同，以及业主委员会与业主大会依法选聘的物业服务企业签订的物业服务合同，对业主具有约束力。业主以其并非合同当事人为由提出抗辩的，人民法院不予支持。《最高人民法院关于审理建筑物区分所有权纠纷案件具体应用法律若干问题的解释》规定，依法登记取得或者根据物权法第二章第三节规定取得建筑物专有部分所有权的人，应当认定为物权法第六章所称的业主。根据物业公司提交的房产查询清单统计，凯恩斯置业公司在某小区享有所有权的房屋有138套，总建筑面积21110.75平方米。凯恩斯置业公司作为某小区的建设单位且在该小区取得部分住宅房屋所有权，应认定为业主。凯恩斯置业公司未按《物业管理委托合同》约定交纳物业管理费，应承担继续履行的民事责任。凯恩斯置业公司应支付2016年6月6日至2018年8月5日的物业费878207.20元（21110.75平方米×1.6元/平方米×26个月）。

二审法院认为，某小区业委会与物业公司签订《物业管理委托合同》，该合同内容不违反法律、法规的强制性规定，依法对涉案小区业主和物业公司均有约束力。物业公司在签订上述合同后，进驻涉案小区，按照合同约定履行了物业管理服务，凯恩斯置业公司作为业主，应向物业公司交纳物业管理费。凯地公司经某小区业主大会投票被解聘，并经本院生效判决判令退出涉案小区，其是否实际退出、是否实际对涉案小区提供部分物业管理服务，均与凯恩斯置业公司无关，凯恩斯置业公司以凯地公司无过错、实际履行部分管理义务为由拒绝向物业公司交纳物业管理费的上诉主张，缺乏事实和法律依据，法院不予支持。

**第九百五十条　物业服务合同终止后新合同成立前期间的相关事项**

物业服务合同终止后,在业主或者业主大会选聘的新物业服务人或者决定自行管理的业主接管之前,原物业服务人应当继续处理物业服务事项,并可以请求业主支付该期间的物业费。

## 第二十五章　行纪合同

**第九百五十一条　行纪合同的概念**

行纪合同是行纪人以自己的名义为委托人从事贸易活动,委托人支付报酬的合同。

**第九百五十二条　行纪人的费用负担**

行纪人处理委托事务支出的费用,由行纪人负担,但是当事人另有约定的除外。

● **典型案例**

**医疗科技公司与宋某行纪合同案**[广东省广州市中级人民法院(2020)粤01民终7334号]

宋某作为委托人,医疗科技公司作为行纪人,双方约定由医疗科技公司以自己的名义为宋某向普路通公司购买两台超声设备,并以自己的名义为宋某将两台购进的超声设备出售给臻精公司,买进卖出的差价在扣减双方约定的费用后,由医疗科技公司返还给宋某。宋某提交一份《合作协议》拟证实就双方的行纪合同关系,双方通过书面合同的方式进行了约定。该协议落款"合作方"处有宋某的签名和印文为"医疗科技公司"印章,宋某称该协议是双方协商一致后签订,医疗科技公司对该协议不予确认，称落款处"医疗科技公司"印章不是其公司印章。诉讼过程中，医疗科技公司提起对该印章真伪鉴定，后又撤回。

一审法院认为，关于宋某提交的《合作协议》落款处印文为"医疗科技公司"的印章真伪问题，医疗科技公司虽主张该印章不是其公司公章，但其撤回对该公章真伪的鉴定申请，且未提交其他有效证据证明该公章非其公司公章，也未举证证明《合作协议》的签订过程存在其他违反其公司真实意思表示的情况，应承担举证不能的不利后果，故对医疗科技公司主张该《合作协议》非其公司签订的抗辩不予采纳。就两台超声设备，医疗科技公司共应向宋某返还736110元，实际只返还505000元，尚欠231110元未返还。《合作协议》约定医疗科技公司应将该款项于收到全部销售货款后一周内汇到宋某指定账户。

二审法院认为，双方的争议焦点是就EPIQJC超声设备医疗科技公司应向宋某返还的款项数额。关于超声设备，双方对于购销差价是514898元、茶水费10000元是医疗科技公司的报酬无异议，法院亦予确认。关于税金问题，医疗科技公司主张应当是该设备的税费并应当按照差价的25%予以计算，但该主张与合作协议的约定不符，没有合同依据，故法院不予采纳。

**第九百五十三条　行纪人保管义务**

行纪人占有委托物的，应当妥善保管委托物。

### 第九百五十四条　行纪人处置委托物义务

委托物交付给行纪人时有瑕疵或者容易腐烂、变质的，经委托人同意，行纪人可以处分该物；不能与委托人及时取得联系的，行纪人可以合理处分。

### 第九百五十五条　行纪人按指定价格买卖的义务

行纪人低于委托人指定的价格卖出或者高于委托人指定的价格买入的，应当经委托人同意；未经委托人同意，行纪人补偿其差额的，该买卖对委托人发生效力。

行纪人高于委托人指定的价格卖出或者低于委托人指定的价格买入的，可以按照约定增加报酬；没有约定或者约定不明确，依据本法第五百一十条的规定仍不能确定的，该利益属于委托人。

委托人对价格有特别指示的，行纪人不得违背该指示卖出或者买入。

### 第九百五十六条　行纪人的介入权

行纪人卖出或者买入具有市场定价的商品，除委托人有相反的意思表示外，行纪人自己可以作为买受人或者出卖人。

行纪人有前款规定情形的，仍然可以请求委托人支付报酬。

### 第九百五十七条　委托人受领、取回义务及行纪人提存委托物

行纪人按照约定买入委托物，委托人应当及时受领。经行纪人催告，委托人无正当理由拒绝受领的，行纪人依法可以提存委托物。

委托物不能卖出或者委托人撤回出卖，经行纪人催告，委托人不取回或者不处分该物的，行纪人依法可以提存委托物。

### 第九百五十八条　行纪人的直接履行义务

行纪人与第三人订立合同的，行纪人对该合同直接享有权利、承担义务。

第三人不履行义务致使委托人受到损害的，行纪人应当承担赔偿责任，但是行纪人与委托人另有约定的除外。

### 第九百五十九条　行纪人的报酬请求权及留置权

行纪人完成或者部分完成委托事务的，委托人应当向其支付相应的报酬。委托人逾期不支付报酬的，行纪人对委托物享有留置权，但是当事人另有约定的除外。

### 第九百六十条　参照适用委托合同的规定

本章没有规定的，参照适用委托合同的有关规定。

## 第二十六章　中介合同

**第九百六十一条　中介合同的概念**

中介合同是中介人向委托人报告订立合同的机会或者提供订立合同的媒介服务，委托人支付报酬的合同。

**第九百六十二条　中介人的如实报告义务**

中介人应当就有关订立合同的事项向委托人如实报告。

中介人故意隐瞒与订立合同有关的重要事实或者提供虚假情况，损害委托人利益的，不得请求支付报酬并应当承担赔偿责任。

**第九百六十三条　中介人的报酬请求权**

中介人促成合同成立的，委托人应当按照约定支付报酬。对中介人的报酬没有约定或者约定不明确，依据本法第五百一十条的规定仍不能确定的，根据中介人的劳务合理确定。因中介人提供订立合同的媒介服务而促成合同成立的，由该合同的当事人平均负担中介人的报酬。

中介人促成合同成立的，中介活动的费用，由中介人负担。

**第九百六十四条　中介人的中介费用**

中介人未促成合同成立的，不得请求支付报酬；但是，可以按照约定请求委托人支付从事中介活动支出的必要费用。

**第九百六十五条　委托人"跳单"应支付中介报酬**

委托人在接受中介人的服务后,利用中介人提供的交易机会或者媒介服务,绕开中介人直接订立合同的,应当向中介人支付报酬。

● 典型案例

**物业公司诉陶某居间合同纠纷案（最高人民法院指导案例1号）**

原告物业公司诉称：被告陶某利用物业公司提供的上海市虹口区株洲路某号房屋销售信息，故意跳过中介，私自与卖方直接签订购房合同，违反了《房地产求购确认书》的约定，属于恶意"跳单"行为，请求法院判令陶某按约支付物业公司违约金1.65万元。

被告陶某辩称：涉案房屋原产权人李某某委托多家中介公司出售房屋，物业公司并非独家掌握该房源信息，也非独家代理销售。陶某并没有利用物业公司提供的信息，不存在"跳单"违约行为。

法院经审理查明：2008年下半年，原产权人李某某到多家房屋中介公司挂牌销售涉案房屋。2008年10月22日，上海某房地产经纪有限公司带陶某看了该房屋；11月23日，上海某房地产顾问有限公司（以下简称某房地产顾问公司）带陶某之妻曹某某看了该房屋；11月27日，物业公司带陶某看了该房屋，并于同日与陶某签订了《房地产求购确认书》。该《确认书》第2.4条约定，陶某在验看过该房屋后六个月内，陶某或其委托人、代理人、代表人、承办人等与陶某有关联的人，利用物业公司提供的房源信息、机会等条件但未通过物业公司而与第三方达成买卖交易的，陶某应按照与出卖方就该房地产买卖达成的实际成交价的1%，向物业公司支付违约金。当时物业公司对该房屋报价165万元，而某房地产顾问公司报价145万元，并积极与卖方协商价格。11月30日，在某房地产顾问公司居间下，陶某与卖方签订了房屋买卖合同，成交价138万元。后买卖双方办理了过户手续，陶某向某房地产顾问公司支付佣金1.38万元。

上海市虹口区人民法院于2009年6月23日作出（2009）虹民三（民）初字第912号民事判决：被告陶某应于判决生效之日起十日内向原告物业公司支付违约金1.38万元。宣判后，陶某提出上诉。上海市第二中级人民法院于2009年9月4日作出（2009）沪二中民二（民）终字第1508号民事判决：一、撤销上海市虹口区人民法院（2009）虹民三（民）初字第912号民事判决；二、物业公司要求陶某支付违约金1.65万元的诉讼请求，不予支持。

法院生效裁判认为：物业公司与陶某签订的《房地产求购确认书》属于居间合同性质，其中第2.4条的约定，属于房屋买卖居间合同中常有的禁止"跳单"格式条款，其本意是为防止买方利用中介公司提供的房源信息却"跳"过中介公司购买房屋，从而使中介公司无法得到应得的佣金，该约定并不存在免除一方责任、加重对方责任、排除对方主要权利的情形，应认定有效。根据该条约定，衡量买方是否"跳单"违约的关键，是看买方是否利用了该中介公司提供的房源信息、机会等条件。如果买方并未利用该中介公司提供的房源信息、机会等条件，而是通过其他公众可以获知的正当途径获得同一房源信息，则买方有权选择报价低、服务好的中介公司促成房屋买卖合同成立，而不构成"跳单"违约。本案中，原产权人通过多家中介公司挂牌出售同一房屋，陶某及其家人分别通过不同的中介公司了解到同一房源信息，并通过其他中介公司促成了房屋买卖合同成立。因此，陶某并没有利用物业公司提供的房源信息、机会，故不构成违约，对物业公司的诉讼请求不予支持。

**第九百六十六条　参照适用委托合同的规定**

本章没有规定的，参照适用委托合同的有关规定。

## 第二十七章　合伙合同

**第九百六十七条　合伙合同的定义**

合伙合同是两个以上合伙人为了共同的事业目的，订立的共享利益、共担风险的协议。

**第九百六十八条　合伙人的出资义务**

合伙人应当按照约定的出资方式、数额和缴付期限，履行出资义务。

**第九百六十九条　合伙财产的定义**

合伙人的出资、因合伙事务依法取得的收益和其他财产，属于合伙财产。

合伙合同终止前，合伙人不得请求分割合伙财产。

**第九百七十条　合伙事务的执行**

合伙人就合伙事务作出决定的，除合伙合同另有约定外，应当经全体合伙人一致同意。

合伙事务由全体合伙人共同执行。按照合伙合同的约定或者全体合伙人的决定，可以委托一个或者数个合伙人执行合伙事务；其他合伙人不再执行合伙事务，但是有权监督执行情况。

合伙人分别执行合伙事务的,执行事务合伙人可以对其他合伙人执行的事务提出异议;提出异议后,其他合伙人应当暂停该项事务的执行。

**第九百七十一条　合伙人执行合伙事务不得请求支付报酬**

合伙人不得因执行合伙事务而请求支付报酬,但是合伙合同另有约定的除外。

**第九百七十二条　合伙的利润分配和亏损分担**

合伙的利润分配和亏损分担,按照合伙合同的约定办理;合伙合同没有约定或者约定不明确的,由合伙人协商决定;协商不成的,由合伙人按照实缴出资比例分配、分担;无法确定出资比例的,由合伙人平均分配、分担。

**第九百七十三条　合伙人对合伙债务的连带责任及追偿权**

合伙人对合伙债务承担连带责任。清偿合伙债务超过自己应当承担份额的合伙人,有权向其他合伙人追偿。

**第九百七十四条　合伙人转让财产份额的要求**

除合伙合同另有约定外,合伙人向合伙人以外的人转让其全部或者部分财产份额的,须经其他合伙人一致同意。

#### 第九百七十五条　合伙人债权人代位行使权利的限制

合伙人的债权人不得代位行使合伙人依照本章规定和合伙合同享有的权利，但是合伙人享有的利益分配请求权除外。

#### 第九百七十六条　合伙期限的推定

合伙人对合伙期限没有约定或者约定不明确，依据本法第五百一十条的规定仍不能确定的，视为不定期合伙。

合伙期限届满，合伙人继续执行合伙事务，其他合伙人没有提出异议的，原合伙合同继续有效，但是合伙期限为不定期。

合伙人可以随时解除不定期合伙合同，但是应当在合理期限之前通知其他合伙人。

#### 第九百七十七条　合伙人死亡、民事行为能力丧失或终止时合伙合同的效力

合伙人死亡、丧失民事行为能力或者终止的，合伙合同终止；但是，合伙合同另有约定或者根据合伙事务的性质不宜终止的除外。

#### 第九百七十八条　合伙合同终止后剩余财产的分配规则

合伙合同终止后，合伙财产在支付因终止而产生的费用以及清偿合伙债务后有剩余的，依据本法第九百七十二条的规定进行分配。

# 第三分编 准 合 同

## 第二十八章 无因管理

**第九百七十九条　无因管理的定义及法律效果**

管理人没有法定的或者约定的义务，为避免他人利益受损失而管理他人事务的，可以请求受益人偿还因管理事务而支出的必要费用；管理人因管理事务受到损失的，可以请求受益人给予适当补偿。

管理事务不符合受益人真实意思的，管理人不享有前款规定的权利；但是，受益人的真实意思违反法律或者违背公序良俗的除外。

**第九百八十条　不适当的无因管理**

管理人管理事务不属于前条规定的情形，但是受益人享有管理利益的，受益人应当在其获得的利益范围内向管理人承担前条第一款规定的义务。

**第九百八十一条　管理人的善良管理义务**

管理人管理他人事务，应当采取有利于受益人的方法。中断管理对受益人不利的，无正当理由不得中断。

#### 第九百八十二条 管理人的通知义务

管理人管理他人事务，能够通知受益人的，应当及时通知受益人。管理的事务不需要紧急处理的，应当等待受益人的指示。

#### 第九百八十三条 管理人的报告及移交财产义务

管理结束后，管理人应当向受益人报告管理事务的情况。管理人管理事务取得的财产，应当及时转交给受益人。

#### 第九百八十四条 本人对管理事务的追认

管理人管理事务经受益人事后追认的，从管理事务开始时起，适用委托合同的有关规定，但是管理人另有意思表示的除外。

## 第二十九章　不当得利

#### 第九百八十五条 不当得利的构成及除外情况

得利人没有法律根据取得不当利益的，受损失的人可以请求得利人返还取得的利益，但是有下列情形之一的除外：

（一）为履行道德义务进行的给付；

（二）债务到期之前的清偿；

（三）明知无给付义务而进行的债务清偿。

**第九百八十六条　善意得利人的返还责任**

得利人不知道且不应当知道取得的利益没有法律根据，取得的利益已经不存在的，不承担返还该利益的义务。

**第九百八十七条　恶意得利人的返还责任**

得利人知道或者应当知道取得的利益没有法律根据的，受损失的人可以请求得利人返还其取得的利益并依法赔偿损失。

**第九百八十八条　第三人的返还义务**

得利人已经将取得的利益无偿转让给第三人的，受损失的人可以请求第三人在相应范围内承担返还义务。

# 附 录

## 最高人民法院关于适用《中华人民共和国民法典》合同编通则若干问题的解释

（2023年5月23日最高人民法院审判委员会第1889次会议通过 2023年12月4日最高人民法院公告公布 自2023年12月5日起施行 法释〔2023〕13号）

为正确审理合同纠纷案件以及非因合同产生的债权债务关系纠纷案件，依法保护当事人的合法权益，根据《中华人民共和国民法典》、《中华人民共和国民事诉讼法》等相关法律规定，结合审判实践，制定本解释。

### 一、一般规定

**第一条** 人民法院依据民法典第一百四十二条第一款、第四百六十六条第一款的规定解释合同条款时，应当以词句的通常含义为基础，结合相关条款、合同的性质和目的、习惯以及诚信原则，参考缔约背景、磋商过程、履行行为等因素确定争议条款的含义。

有证据证明当事人之间对合同条款有不同于词句的通常含义的其他共同理解，一方主张按照词句的通常含义理解合同条款的，人民法院不予支持。

对合同条款有两种以上解释，可能影响该条款效力的，人民法院应当选择有利于该条款有效的解释；属于无偿合同的，应当选择对债务人负担较轻的解释。

**第二条** 下列情形，不违反法律、行政法规的强制性规定且不违背公序良俗的，人民法院可以认定为民法典所称的"交易习惯"：

（一）当事人之间在交易活动中的惯常做法；

（二）在交易行为当地或者某一领域、某一行业通常采用并为交易对方订立合同时所知道或者应当知道的做法。

对于交易习惯，由提出主张的当事人一方承担举证责任。

## 二、合同的订立

**第三条** 当事人对合同是否成立存在争议，人民法院能够确定当事人姓名或者名称、标的和数量的，一般应当认定合同成立。但是，法律另有规定或者当事人另有约定的除外。

根据前款规定能够认定合同已经成立的，对合同欠缺的内容，人民法院应当依据民法典第五百一十条、第五百一十一条等规定予以确定。

当事人主张合同无效或者请求撤销、解除合同等，人民法院认为合同不成立的，应当依据《最高人民法院关于民事诉讼证据的若干规定》第五十三条的规定将合同是否成立作为焦点问题进行审理，并可以根据案件的具体情况重新指定举证期限。

**第四条** 采取招标方式订立合同，当事人请求确认合同自中标通知书到达中标人时成立的，人民法院应予支持。合同成立后，当事人拒绝签订书面合同的，人民法院应当依据招标文件、投标文件和中标通知书等确定合同内容。

采取现场拍卖、网络拍卖等公开竞价方式订立合同，当事人请求确认合同自拍卖师落槌、电子交易系统确认成交时成立的，人民法院应予支持。合同成立后，当事人拒绝签订成交确认书的，人民法院应当依据拍卖公告、竞买人的报价等确定合同内容。

产权交易所等机构主持拍卖、挂牌交易，其公布的拍卖公告、交易规则等文件公开确定了合同成立需要具备的条件，当事人请求确认合同自该条件具备时成立的，人民法院应予支持。

第五条　第三人实施欺诈、胁迫行为，使当事人在违背真实意思的情况下订立合同，受到损失的当事人请求第三人承担赔偿责任的，人民法院依法予以支持；当事人亦有违背诚信原则的行为的，人民法院应当根据各自的过错确定相应的责任。但是，法律、司法解释对当事人与第三人的民事责任另有规定的，依照其规定。

第六条　当事人以认购书、订购书、预订书等形式约定在将来一定期限内订立合同，或者为担保在将来一定期限内订立合同交付了定金，能够确定将来所要订立合同的主体、标的等内容的，人民法院应当认定预约合同成立。

当事人通过签订意向书或者备忘录等方式，仅表达交易的意向，未约定在将来一定期限内订立合同，或者虽然有约定但是难以确定将来所要订立合同的主体、标的等内容，一方主张预约合同成立的，人民法院不予支持。

当事人订立的认购书、订购书、预订书等已就合同标的、数量、价款或者报酬等主要内容达成合意，符合本解释第三条第一款规定的合同成立条件，未明确约定在将来一定期限内另行订立合同，或者虽然有约定但是当事人一方已实施履行行为且对方接受的，人民法院应当认定本约合同成立。

**第七条** 预约合同生效后，当事人一方拒绝订立本约合同或者在磋商订立本约合同时违背诚信原则导致未能订立本约合同的，人民法院应当认定该当事人不履行预约合同约定的义务。

人民法院认定当事人一方在磋商订立本约合同时是否违背诚信原则，应当综合考虑该当事人在磋商时提出的条件是否明显背离预约合同约定的内容以及是否已尽合理努力进行协商等因素。

**第八条** 预约合同生效后，当事人一方不履行订立本约合同的义务，对方请求其赔偿因此造成的损失的，人民法院依法予以支持。

前款规定的损失赔偿，当事人有约定的，按照约定；没有约定的，人民法院应当综合考虑预约合同在内容上的完备程度以及订立本约合同的条件的成就程度等因素酌定。

**第九条** 合同条款符合民法典第四百九十六条第一款规定的情形，当事人仅以合同系依据合同示范文本制作或者双方已经明确约定合同条款不属于格式条款为由主张该条款不是格式条款的，人民法院不予支持。

从事经营活动的当事人一方仅以未实际重复使用为由主张其预先拟定且未与对方协商的合同条款不是格式条款的，人民法院不予支持。但是，有证据证明该条款不是为了重复使用而预先拟定的除外。

**第十条** 提供格式条款的一方在合同订立时采用通常足以引起对方注意的文字、符号、字体等明显标识，提示对方注意免除或者减轻其责任、排除或者限制对方权利等与对方有重大利害关系的异常条款的，人民法院可以认定其已经履行民法典第四百九十六条第二款规定的提示义务。

提供格式条款的一方按照对方的要求，就与对方有重大利害关系的异常条款的概念、内容及其法律后果以书面或者口头形式向对方作出通常能够理解的解释说明的,人民法院可以认定其已经履行民法典第四百九十六条第二款规定的说明义务。

提供格式条款的一方对其已经尽到提示义务或者说明义务承担举证责任。对于通过互联网等信息网络订立的电子合同,提供格式条款的一方仅以采取了设置勾选、弹窗等方式为由主张其已经履行提示义务或者说明义务的,人民法院不予支持,但是其举证符合前两款规定的除外。

## 三、合同的效力

**第十一条** 当事人一方是自然人,根据该当事人的年龄、智力、知识、经验并结合交易的复杂程度,能够认定其对合同的性质、合同订立的法律后果或者交易中存在的特定风险缺乏应有的认知能力的,人民法院可以认定该情形构成民法典第一百五十一条规定的"缺乏判断能力"。

**第十二条** 合同依法成立后,负有报批义务的当事人不履行报批义务或者履行报批义务不符合合同的约定或者法律、行政法规的规定,对方请求其继续履行报批义务的,人民法院应予支持;对方主张解除合同并请求其承担违反报批义务的赔偿责任的,人民法院应予支持。

人民法院判决当事人一方履行报批义务后,其仍不履行,对方主张解除合同并参照违反合同的违约责任请求其承担赔偿责任的,人民法院应予支持。

合同获得批准前,当事人一方起诉请求对方履行合同约定的主要义务，经释明后拒绝变更诉讼请求的，人民法院应当判决驳回其诉讼请求，但是不影响其另行提起诉讼。

负有报批义务的当事人已经办理申请批准等手续或者已经履行生效判决确定的报批义务，批准机关决定不予批准，对方请求其承担赔偿责任的，人民法院不予支持。但是，因迟延履行报批义务等可归责于当事人的原因导致合同未获批准，对方请求赔偿因此受到的损失的，人民法院应当依据民法典第一百五十七条的规定处理。

第十三条　合同存在无效或者可撤销的情形，当事人以该合同已在有关行政管理部门办理备案、已经批准机关批准或者已依据该合同办理财产权利的变更登记、移转登记等为由主张合同有效的，人民法院不予支持。

第十四条　当事人之间就同一交易订立多份合同，人民法院应当认定其中以虚假意思表示订立的合同无效。当事人为规避法律、行政法规的强制性规定，以虚假意思表示隐藏真实意思表示的，人民法院应当依据民法典第一百五十三条第一款的规定认定被隐藏合同的效力；当事人为规避法律、行政法规关于合同应当办理批准等手续的规定，以虚假意思表示隐藏真实意思表示的，人民法院应当依据民法典第五百零二条第二款的规定认定被隐藏合同的效力。

依据前款规定认定被隐藏合同无效或者确定不发生效力的，人民法院应当以被隐藏合同为事实基础，依据民法典第一百五十七条的规定确定当事人的民事责任。但是，法律另有规定的除外。

当事人就同一交易订立的多份合同均系真实意思表示，且不存在其他影响合同效力情形的，人民法院应当在查明各合同成立先后顺序和实际履行情况的基础上，认定合同内容是否发生变更。法律、行政法规禁止变更合同内容的，人民法院应当认定合同的相应变更无效。

**第十五条** 人民法院认定当事人之间的权利义务关系，不应当拘泥于合同使用的名称，而应当根据合同约定的内容。当事人主张的权利义务关系与根据合同内容认定的权利义务关系不一致的，人民法院应当结合缔约背景、交易目的、交易结构、履行行为以及当事人是否存在虚构交易标的等事实认定当事人之间的实际民事法律关系。

**第十六条** 合同违反法律、行政法规的强制性规定，有下列情形之一，由行为人承担行政责任或者刑事责任能够实现强制性规定的立法目的的，人民法院可以依据民法典第一百五十三条第一款关于"该强制性规定不导致该民事法律行为无效的除外"的规定认定该合同不因违反强制性规定无效：

（一）强制性规定虽然旨在维护社会公共秩序，但是合同的实际履行对社会公共秩序造成的影响显著轻微，认定合同无效将导致案件处理结果有失公平公正；

（二）强制性规定旨在维护政府的税收、土地出让金等国家利益或者其他民事主体的合法利益而非合同当事人的民事权益，认定合同有效不会影响该规范目的的实现；

（三）强制性规定旨在要求当事人一方加强风险控制、内部管理等，对方无能力或者无义务审查合同是否违反强制性规定，认定合同无效将使其承担不利后果；

（四）当事人一方虽然在订立合同时违反强制性规定，但是在合同订立后其已经具备补正违反强制性规定的条件却违背诚信原则不予补正；

（五）法律、司法解释规定的其他情形。

法律、行政法规的强制性规定旨在规制合同订立后的履行行为，当事人以合同违反强制性规定为由请求认定合同无效的，人民法院不予支持。但是，合同履行必然导致违反强制性规定或者法律、司法解释另有规定的除外。

依据前两款认定合同有效，但是当事人的违法行为未经处理的，人民法院应当向有关行政管理部门提出司法建议。当事人的行为涉嫌犯罪的，应当将案件线索移送刑事侦查机关；属于刑事自诉案件的，应当告知当事人可以向有管辖权的人民法院另行提起诉讼。

**第十七条** 合同虽然不违反法律、行政法规的强制性规定，但是有下列情形之一，人民法院应当依据民法典第一百五十三条第二款的规定认定合同无效：

（一）合同影响政治安全、经济安全、军事安全等国家安全的；

（二）合同影响社会稳定、公平竞争秩序或者损害社会公共利益等违背社会公共秩序的；

（三）合同背离社会公德、家庭伦理或者有损人格尊严等违背善良风俗的。

人民法院在认定合同是否违背公序良俗时，应当以社会主义核心价值观为导向，综合考虑当事人的主观动机和交易目的、政府部门的监管强度、一定期限内当事人从事类似交易的频次、行为的社会后果等因素，并在裁判文书中充分说理。当事人确因生活需要进行交易，未给社会公共秩序造成重大影响，且不影响国家安全，也不违背善良风俗的，人民法院不应当认定合同无效。

**第十八条** 法律、行政法规的规定虽然有"应当""必须"或者"不得"等表述，但是该规定旨在限制或者赋予民事权利，行为人违反该规定将构成无权处分、无权代理、越权代表等，或者导致合同相对人、第三人因此获得撤销权、解除权等民事权利的，人民法院应当依据法律、行政法规规定的关于违反该规定的民事法律后果认定合同效力。

**第十九条** 以转让或者设定财产权利为目的订立的合同,当事人或者真正权利人仅以让与人在订立合同时对标的物没有所有权或者处分权为由主张合同无效的,人民法院不予支持;因未取得真正权利人事后同意或者让与人事后未取得处分权导致合同不能履行,受让人主张解除合同并请求让与人承担违反合同的赔偿责任的,人民法院依法予以支持。

前款规定的合同被认定有效,且让与人已经将财产交付或者移转登记至受让人,真正权利人请求认定财产权利未发生变动或者请求返还财产的,人民法院应予支持。但是,受让人依据民法典第三百一十一条等规定善意取得财产权利的除外。

**第二十条** 法律、行政法规为限制法人的法定代表人或者非法人组织的负责人的代表权,规定合同所涉事项应当由法人、非法人组织的权力机构或者决策机构决议,或者应当由法人、非法人组织的执行机构决定,法定代表人、负责人未取得授权而以法人、非法人组织的名义订立合同,未尽到合理审查义务的相对人主张该合同对法人、非法人组织发生效力并由其承担违约责任的,人民法院不予支持,但是法人、非法人组织有过错的,可以参照民法典第一百五十七条的规定判决其承担相应的赔偿责任。相对人已尽到合理审查义务,构成表见代表的,人民法院应当依据民法典第五百零四条的规定处理。

合同所涉事项未超越法律、行政法规规定的法定代表人或者负责人的代表权限,但是超越法人、非法人组织的章程或者权力机构等对代表权的限制,相对人主张该合同对法人、非法人组织发生效力并由其承担违约责任的,人民法院依法予以支持。但是,法人、非法人组织举证证明相对人知道或者应当知道该限制的除外。

法人、非法人组织承担民事责任后，向有过错的法定代表人、负责人追偿因越权代表行为造成的损失的，人民法院依法予以支持。法律、司法解释对法定代表人、负责人的民事责任另有规定的，依照其规定。

第二十一条　法人、非法人组织的工作人员就超越其职权范围的事项以法人、非法人组织的名义订立合同，相对人主张该合同对法人、非法人组织发生效力并由其承担违约责任的，人民法院不予支持。但是，法人、非法人组织有过错的，人民法院可以参照民法典第一百五十七条的规定判决其承担相应的赔偿责任。前述情形，构成表见代理的，人民法院应当依据民法典第一百七十二条的规定处理。

合同所涉事项有下列情形之一的，人民法院应当认定法人、非法人组织的工作人员在订立合同时超越其职权范围：

（一）依法应当由法人、非法人组织的权力机构或者决策机构决议的事项；

（二）依法应当由法人、非法人组织的执行机构决定的事项；

（三）依法应当由法定代表人、负责人代表法人、非法人组织实施的事项；

（四）不属于通常情形下依其职权可以处理的事项。

合同所涉事项未超越依据前款确定的职权范围，但是超越法人、非法人组织对工作人员职权范围的限制，相对人主张该合同对法人、非法人组织发生效力并由其承担违约责任的，人民法院应予支持。但是，法人、非法人组织举证证明相对人知道或者应当知道该限制的除外。

法人、非法人组织承担民事责任后，向故意或者有重大过失的工作人员追偿的，人民法院依法予以支持。

**第二十二条** 法定代表人、负责人或者工作人员以法人、非法人组织的名义订立合同且未超越权限，法人、非法人组织仅以合同加盖的印章不是备案印章或者系伪造的印章为由主张该合同对其不发生效力的，人民法院不予支持。

合同系以法人、非法人组织的名义订立，但是仅有法定代表人、负责人或者工作人员签名或者按指印而未加盖法人、非法人组织的印章，相对人能够证明法定代表人、负责人或者工作人员在订立合同时未超越权限的，人民法院应当认定合同对法人、非法人组织发生效力。但是，当事人约定以加盖印章作为合同成立条件的除外。

合同仅加盖法人、非法人组织的印章而无人员签名或者按指印，相对人能够证明合同系法定代表人、负责人或者工作人员在其权限范围内订立的，人民法院应当认定该合同对法人、非法人组织发生效力。

在前三款规定的情形下，法定代表人、负责人或者工作人员在订立合同时虽然超越代表或者代理权限，但是依据民法典第五百零四条的规定构成表见代表，或者依据民法典第一百七十二条的规定构成表见代理的，人民法院应当认定合同对法人、非法人组织发生效力。

**第二十三条** 法定代表人、负责人或者代理人与相对人恶意串通，以法人、非法人组织的名义订立合同，损害法人、非法人组织的合法权益，法人、非法人组织主张不承担民事责任的，人民法院应予支持。法人、非法人组织请求法定代表人、负责人或者代理人与相对人对因此受到的损失承担连带赔偿责任的，人民法院应予支持。

根据法人、非法人组织的举证，综合考虑当事人之间的交易习惯、合同在订立时是否显失公平、相关人员是否获取了不正当利益、合同的履行情况等因素，人民法院能够认定法定代表人、负责人或者代理人与相对人存在恶意串通的高度可能性的，可以要求前述人员就合同订立、履行的过程等相关事实作出陈述或者提供相应的证据。其无正当理由拒绝作出陈述，或者所作陈述不具合理性又不能提供相应证据的，人民法院可以认定恶意串通的事实成立。

**第二十四条** 合同不成立、无效、被撤销或者确定不发生效力，当事人请求返还财产，经审查财产能够返还的，人民法院应当根据案件具体情况，单独或者合并适用返还占有的标的物、更正登记簿册记载等方式；经审查财产不能返还或者没有必要返还的，人民法院应当以认定合同不成立、无效、被撤销或者确定不发生效力之日该财产的市场价值或者以其他合理方式计算的价值为基准判决折价补偿。

除前款规定的情形外，当事人还请求赔偿损失的，人民法院应当结合财产返还或者折价补偿的情况，综合考虑财产增值收益和贬值损失、交易成本的支出等事实，按照双方当事人的过错程度及原因力大小，根据诚信原则和公平原则，合理确定损失赔偿额。

合同不成立、无效、被撤销或者确定不发生效力，当事人的行为涉嫌违法且未经处理，可能导致一方或者双方通过违法行为获得不当利益的，人民法院应当向有关行政管理部门提出司法建议。当事人的行为涉嫌犯罪的，应当将案件线索移送刑事侦查机关；属于刑事自诉案件，应当告知当事人可以向有管辖权的人民法院另行提起诉讼。

**第二十五条** 合同不成立、无效、被撤销或者确定不发生效力，有权请求返还价款或者报酬的当事人一方请求对方支付资金占用费的，人民法院应当在当事人请求的范围内按照中国人民银行授权全国银行间同业拆借中心公布的一年期贷款市场报价利率（LPR）计算。但是，占用资金的当事人对于合同不成立、无效、被撤销或者确定不发生效力没有过错的，应当以中国人民银行公布的同期同类存款基准利率计算。

双方互负返还义务,当事人主张同时履行的,人民法院应予支持;占有标的物的一方对标的物存在使用或者依法可以使用的情形,对方请求将其应支付的资金占用费与应收取的标的物使用费相互抵销的,人民法院应予支持,但是法律另有规定的除外。

## 四、合同的履行

**第二十六条** 当事人一方未根据法律规定或者合同约定履行开具发票、提供证明文件等非主要债务,对方请求继续履行该债务并赔偿因怠于履行该债务造成的损失的,人民法院依法予以支持;对方请求解除合同的,人民法院不予支持,但是不履行该债务致使不能实现合同目的或者当事人另有约定的除外。

**第二十七条** 债务人或者第三人与债权人在债务履行期限届满后达成以物抵债协议,不存在影响合同效力情形的,人民法院应当认定该协议自当事人意思表示一致时生效。

债务人或者第三人履行以物抵债协议后,人民法院应当认定相应的原债务同时消灭;债务人或者第三人未按照约定履行以物抵债协议,经催告后在合理期限内仍不履行,债权人选择请求履行原债务或者以物抵债协议的,人民法院应予支持,但是法律另有规定或者当事人另有约定的除外。

前款规定的以物抵债协议经人民法院确认或者人民法院根据当事人达成的以物抵债协议制作成调解书,债权人主张财产权利自确认书、调解书生效时发生变动或者具有对抗善意第三人效力的,人民法院不予支持。

债务人或者第三人以自己不享有所有权或者处分权的财产权利订立以物抵债协议的，依据本解释第十九条的规定处理。

**第二十八条** 债务人或者第三人与债权人在债务履行期限届满前达成以物抵债协议的，人民法院应当在审理债权债务关系的基础上认定该协议的效力。

当事人约定债务人到期没有清偿债务，债权人可以对抵债财产拍卖、变卖、折价以实现债权的，人民法院应当认定该约定有效。当事人约定债务人到期没有清偿债务，抵债财产归债权人所有的，人民法院应当认定该约定无效，但是不影响其他部分的效力；债权人请求对抵债财产拍卖、变卖、折价以实现债权的，人民法院应予支持。

当事人订立前款规定的以物抵债协议后，债务人或者第三人未将财产权利转移至债权人名下，债权人主张优先受偿的，人民法院不予支持；债务人或者第三人已将财产权利转移至债权人名下的，依据《最高人民法院关于适用〈中华人民共和国民法典〉有关担保制度的解释》第六十八条的规定处理。

**第二十九条** 民法典第五百二十二条第二款规定的第三人请求债务人向自己履行债务的，人民法院应予支持；请求行使撤销权、解除权等民事权利的，人民法院不予支持，但是法律另有规定的除外。

合同依法被撤销或者被解除，债务人请求债权人返还财产的，人民法院应予支持。

债务人按照约定向第三人履行债务，第三人拒绝受领，债权人请求债务人向自己履行债务的，人民法院应予支持，但是债务人已经采取提存等方式消灭债务的除外。第三人拒绝受领或者受领迟延，债务人请求债权人赔偿因此造成的损失的，人民法院依法予以支持。

**第三十条** 下列民事主体，人民法院可以认定为民法典第五百二十四条第一款规定的对履行债务具有合法利益的第三人：

（一）保证人或者提供物的担保的第三人；

（二）担保财产的受让人、用益物权人、合法占有人；

（三）担保财产上的后顺位担保权人；

（四）对债务人的财产享有合法权益且该权益将因财产被强制执行而丧失的第三人；

（五）债务人为法人或者非法人组织的，其出资人或者设立人；

（六）债务人为自然人的，其近亲属；

（七）其他对履行债务具有合法利益的第三人。

第三人在其已经代为履行的范围内取得对债务人的债权，但是不得损害债权人的利益。

担保人代为履行债务取得债权后，向其他担保人主张担保权利的，依据《最高人民法院关于适用〈中华人民共和国民法典〉有关担保制度的解释》第十三条、第十四条、第十八条第二款等规定处理。

**第三十一条** 当事人互负债务，一方以对方没有履行非主要债务为由拒绝履行自己的主要债务的，人民法院不予支持。但是，对方不履行非主要债务致使不能实现合同目的或者当事人另有约定的除外。

当事人一方起诉请求对方履行债务，被告依据民法典第五百二十五条的规定主张双方同时履行的抗辩且抗辩成立，被告未提起反诉的，人民法院应当判决被告在原告履行债务的同时履行自己的债务，并在判项中明确原告申请强制执行的，人民法院应当在原告履行自己的债务后对被告采取执行行为；被告提起反诉的，人民法院应当判决双方同时履行自己的债务，并在判项中明确任何一方申请强制执行的，人民法院应当在该当事人履行自己的债务后对对方采取执行行为。

当事人一方起诉请求对方履行债务，被告依据民法典第五百二十六条的规定主张原告应先履行的抗辩且抗辩成立的，人民法院应当驳回原告的诉讼请求，但是不影响原告履行债务后另行提起诉讼。

**第三十二条** 合同成立后，因政策调整或者市场供求关系异常变动等原因导致价格发生当事人在订立合同时无法预见的、不属于商业风险的涨跌，继续履行合同对于当事人一方明显不公平的，人民法院应当认定合同的基础条件发生了民法典第五百三十三条第一款规定的"重大变化"。但是，合同涉及市场属性活跃、长期以来价格波动较大的大宗商品以及股票、期货等风险投资型金融产品的除外。

合同的基础条件发生了民法典第五百三十三条第一款规定的重大变化，当事人请求变更合同的，人民法院不得解除合同；当事人一方请求变更合同，对方请求解除合同的，或者当事人一方请求解除合同，对方请求变更合同的，人民法院应当结合案件的实际情况，根据公平原则判决变更或者解除合同。

人民法院依据民法典第五百三十三条的规定判决变更或者解除合同的，应当综合考虑合同基础条件发生重大变化的时间、当事人重新协商的情况以及因合同变更或者解除给当事人造成的损失等因素，在判项中明确合同变更或者解除的时间。

当事人事先约定排除民法典第五百三十三条适用的，人民法院应当认定该约定无效。

## 五、合同的保全

**第三十三条** 债务人不履行其对债权人的到期债务，又不以诉讼或者仲裁方式向相对人主张其享有的债权或者与该债权有关的从权利，致使债权人的到期债权未能实现的，人民法院可以认定为民法典第五百三十五条规定的"债务人怠于行使其债权或者与该债权有关的从权利，影响债权人的到期债权实现"。

**第三十四条** 下列权利，人民法院可以认定为民法典第五百三十五条第一款规定的专属于债务人自身的权利：

（一）抚养费、赡养费或者扶养费请求权；

（二）人身损害赔偿请求权；

（三）劳动报酬请求权，但是超过债务人及其所扶养家属的生活必需费用的部分除外；

（四）请求支付基本养老保险金、失业保险金、最低生活保障金等保障当事人基本生活的权利；

（五）其他专属于债务人自身的权利。

**第三十五条** 债权人依据民法典第五百三十五条的规定对债务人的相对人提起代位权诉讼的，由被告住所地人民法院管辖，但是依法应当适用专属管辖规定的除外。

债务人或者相对人以双方之间的债权债务关系订有管辖协议为由提出异议的，人民法院不予支持。

**第三十六条** 债权人提起代位权诉讼后，债务人或者相对人以双方之间的债权债务关系订有仲裁协议为由对法院主管提出异议的，人民法院不予支持。但是，债务人或者相对人在首次开庭前就债务人与相对人之间的债权债务关系申请仲裁的，人民法院可以依法中止代位权诉讼。

**第三十七条** 债权人以债务人的相对人为被告向人民法院提起代位权诉讼，未将债务人列为第三人的，人民法院应当追加债务人为第三人。

两个以上债权人以债务人的同一相对人为被告提起代位权诉讼的，人民法院可以合并审理。债务人对相对人享有的债权不足以清偿其对两个以上债权人负担的债务的，人民法院应当按照债权人享有的债权比例确定相对人的履行份额，但是法律另有规定的除外。

第三十八条　债权人向人民法院起诉债务人后，又向同一人民法院对债务人的相对人提起代位权诉讼，属于该人民法院管辖的，可以合并审理。不属于该人民法院管辖的，应当告知其向有管辖权的人民法院另行起诉；在起诉债务人的诉讼终结前，代位权诉讼应当中止。

第三十九条　在代位权诉讼中，债务人对超过债权人代位请求数额的债权部分起诉相对人，属于同一人民法院管辖的，可以合并审理。不属于同一人民法院管辖的，应当告知其向有管辖权的人民法院另行起诉；在代位权诉讼终结前，债务人对相对人的诉讼应当中止。

第四十条　代位权诉讼中，人民法院经审理认为债权人的主张不符合代位权行使条件的，应当驳回诉讼请求，但是不影响债权人根据新的事实再次起诉。

债务人的相对人仅以债权人提起代位权诉讼时债权人与债务人之间的债权债务关系未经生效法律文书确认为由，主张债权人提起的诉讼不符合代位权行使条件的，人民法院不予支持。

第四十一条　债权人提起代位权诉讼后，债务人无正当理由减免相对人的债务或者延长相对人的履行期限，相对人以此向债权人抗辩的，人民法院不予支持。

第四十二条　对于民法典第五百三十九条规定的"明显不合理"的低价或者高价，人民法院应当按照交易当地一般经营者的判断，并参考交易时交易地的市场交易价或者物价部门指导价予以认定。

转让价格未达到交易时交易地的市场交易价或者指导价百分之七十的,一般可以认定为"明显不合理的低价";受让价格高于交易时交易地的市场交易价或者指导价百分之三十的,一般可以认定为"明显不合理的高价"。

债务人与相对人存在亲属关系、关联关系的,不受前款规定的百分之七十、百分之三十的限制。

**第四十三条** 债务人以明显不合理的价格,实施互易财产、以物抵债、出租或者承租财产、知识产权许可使用等行为,影响债权人的债权实现,债务人的相对人知道或者应当知道该情形,债权人请求撤销债务人的行为的,人民法院应当依据民法典第五百三十九条的规定予以支持。

**第四十四条** 债权人依据民法典第五百三十八条、第五百三十九条的规定提起撤销权诉讼的,应当以债务人和债务人的相对人为共同被告,由债务人或者相对人的住所地人民法院管辖,但是依法应当适用专属管辖规定的除外。

两个以上债权人就债务人的同一行为提起撤销权诉讼的,人民法院可以合并审理。

**第四十五条** 在债权人撤销权诉讼中,被撤销行为的标的可分,当事人主张在受影响的债权范围内撤销债务人的行为的,人民法院应予支持;被撤销行为的标的不可分,债权人主张将债务人的行为全部撤销的,人民法院应予支持。

债权人行使撤销权所支付的合理的律师代理费、差旅费等费用,可以认定为民法典第五百四十条规定的"必要费用"。

**第四十六条** 债权人在撤销权诉讼中同时请求债务人的相对人向债务人承担返还财产、折价补偿、履行到期债务等法律后果的,人民法院依法予以支持。

债权人请求受理撤销权诉讼的人民法院一并审理其与债务人之间的债权债务关系，属于该人民法院管辖的，可以合并审理。不属于该人民法院管辖的，应当告知其向有管辖权的人民法院另行起诉。

债权人依据其与债务人的诉讼、撤销权诉讼产生的生效法律文书申请强制执行的，人民法院可以就债务人对相对人享有的权利采取强制执行措施以实现债权人的债权。债权人在撤销权诉讼中，申请对相对人的财产采取保全措施的，人民法院依法予以准许。

## 六、合同的变更和转让

**第四十七条** 债权转让后，债务人向受让人主张其对让与人的抗辩的，人民法院可以追加让与人为第三人。

债务转移后，新债务人主张原债务人对债权人的抗辩的，人民法院可以追加原债务人为第三人。

当事人一方将合同权利义务一并转让后，对方就合同权利义务向受让人主张抗辩或者受让人就合同权利义务向对方主张抗辩的，人民法院可以追加让与人为第三人。

**第四十八条** 债务人在接到债权转让通知前已经向让与人履行，受让人请求债务人履行的，人民法院不予支持；债务人接到债权转让通知后仍然向让与人履行，受让人请求债务人履行的，人民法院应予支持。

让与人未通知债务人，受让人直接起诉债务人请求履行债务，人民法院经审理确认债权转让事实的，应当认定债权转让自起诉状副本送达时对债务人发生效力。债务人主张因未通知而给其增加的费用或者造成的损失从认定的债权数额中扣除的,人民法院依法予以支持。

**第四十九条** 债务人接到债权转让通知后,让与人以债权转让合同不成立、无效、被撤销或者确定不发生效力为由请求债务人向其履行的,人民法院不予支持。但是,该债权转让通知被依法撤销的除外。

受让人基于债务人对债权真实存在的确认受让债权后,债务人又以该债权不存在为由拒绝向受让人履行的,人民法院不予支持。但是,受让人知道或者应当知道该债权不存在的除外。

**第五十条** 让与人将同一债权转让给两个以上受让人,债务人以已经向最先通知的受让人履行为由主张其不再履行债务的,人民法院应予支持。债务人明知接受履行的受让人不是最先通知的受让人,最先通知的受让人请求债务人继续履行债务或者依据债权转让协议请求让与人承担违约责任的,人民法院应予支持;最先通知的受让人请求接受履行的受让人返还其接受的财产的,人民法院不予支持,但是接受履行的受让人明知该债权在其受让前已经转让给其他受让人的除外。

前款所称最先通知的受让人,是指最先到达债务人的转让通知中载明的受让人。当事人之间对通知到达时间有争议的,人民法院应当结合通知的方式等因素综合判断,而不能仅根据债务人认可的通知时间或者通知记载的时间予以认定。当事人采用邮寄、通讯电子系统等方式发出通知的,人民法院应当以邮戳时间或者通讯电子系统记载的时间等作为认定通知到达时间的依据。

**第五十一条** 第三人加入债务并与债务人约定了追偿权,其履行债务后主张向债务人追偿的,人民法院应予支持;没有约定追偿权,第三人依照民法典关于不当得利等的规定,在其已经向债权人履行债务的范围内请求债务人向其履行的,人民法院应予支持,但是第三人知道或者应当知道加入债务会损害债务人利益的除外。

债务人就其对债权人享有的抗辩向加入债务的第三人主张的，人民法院应予支持。

## 七、合同的权利义务终止

**第五十二条** 当事人就解除合同协商一致时未对合同解除后的违约责任、结算和清理等问题作出处理，一方主张合同已经解除的，人民法院应予支持。但是，当事人另有约定的除外。

有下列情形之一的，除当事人一方另有意思表示外，人民法院可以认定合同解除：

（一）当事人一方主张行使法律规定或者合同约定的解除权，经审理认为不符合解除权行使条件但是对方同意解除；

（二）双方当事人均不符合解除权行使的条件但是均主张解除合同。

前两款情形下的违约责任、结算和清理等问题，人民法院应当依据民法典第五百六十六条、第五百六十七条和有关违约责任的规定处理。

**第五十三条** 当事人一方以通知方式解除合同，并以对方未在约定的异议期限或者其他合理期限内提出异议为由主张合同已经解除的，人民法院应当对其是否享有法律规定或者合同约定的解除权进行审查。经审查，享有解除权的，合同自通知到达对方时解除；不享有解除权的，不发生合同解除的效力。

**第五十四条** 当事人一方未通知对方，直接以提起诉讼的方式主张解除合同，撤诉后再次起诉主张解除合同，人民法院经审理支持该主张的，合同自再次起诉的起诉状副本送达对方时解除。但是，当事人一方撤诉后又通知对方解除合同且该通知已经到达对方的除外。

第五十五条  当事人一方依据民法典第五百六十八条的规定主张抵销，人民法院经审理认为抵销权成立的，应当认定通知到达对方时双方互负的主债务、利息、违约金或者损害赔偿金等债务在同等数额内消灭。

第五十六条  行使抵销权的一方负担的数项债务种类相同，但是享有的债权不足以抵销全部债务，当事人因抵销的顺序发生争议的，人民法院可以参照民法典第五百六十条的规定处理。

行使抵销权的一方享有的债权不足以抵销其负担的包括主债务、利息、实现债权的有关费用在内的全部债务，当事人因抵销的顺序发生争议的，人民法院可以参照民法典第五百六十一条的规定处理。

第五十七条  因侵害自然人人身权益，或者故意、重大过失侵害他人财产权益产生的损害赔偿债务，侵权人主张抵销的，人民法院不予支持。

第五十八条  当事人互负债务，一方以其诉讼时效期间已经届满的债权通知对方主张抵销，对方提出诉讼时效抗辩的，人民法院对该抗辩应予支持。一方的债权诉讼时效期间已经届满，对方主张抵销的，人民法院应予支持。

## 八、违约责任

第五十九条  当事人一方依据民法典第五百八十条第二款的规定请求终止合同权利义务关系的，人民法院一般应当以起诉状副本送达对方的时间作为合同权利义务关系终止的时间。根据案件的具体情况，以其他时间作为合同权利义务关系终止的时间更加符合公平原则和诚信原则的,人民法院可以以该时间作为合同权利义务关系终止的时间,但是应当在裁判文书中充分说明理由。

**第六十条** 人民法院依据民法典第五百八十四条的规定确定合同履行后可以获得的利益时,可以在扣除非违约方为订立、履行合同支出的费用等合理成本后,按照非违约方能够获得的生产利润、经营利润或者转售利润等计算。

非违约方依法行使合同解除权并实施了替代交易,主张按照替代交易价格与合同价格的差额确定合同履行后可以获得的利益的,人民法院依法予以支持;替代交易价格明显偏离替代交易发生时当地的市场价格,违约方主张按照市场价格与合同价格的差额确定合同履行后可以获得的利益的,人民法院应予支持。

非违约方依法行使合同解除权但是未实施替代交易,主张按照违约行为发生后合理期间内合同履行地的市场价格与合同价格的差额确定合同履行后可以获得的利益的,人民法院应予支持。

**第六十一条** 在以持续履行的债务为内容的定期合同中,一方不履行支付价款、租金等金钱债务,对方请求解除合同,人民法院经审理认为合同应当依法解除的,可以根据当事人的主张,参考合同主体、交易类型、市场价格变化、剩余履行期限等因素确定非违约方寻找替代交易的合理期限,并按照该期限对应的价款、租金等扣除非违约方应当支付的相应履约成本确定合同履行后可以获得的利益。

非违约方主张按照合同解除后剩余履行期限相应的价款、租金等扣除履约成本确定合同履行后可以获得的利益的,人民法院不予支持。但是,剩余履行期限少于寻找替代交易的合理期限的除外。

**第六十二条** 非违约方在合同履行后可以获得的利益难以根据本解释第六十条、第六十一条的规定予以确定的,人民法院可以综合考虑违约方因违约获得的利益、违约方的过错程度、其他违约情节等因素，遵循公平原则和诚信原则确定。

第六十三条　在认定民法典第五百八十四条规定的"违约一方订立合同时预见到或者应当预见到的因违约可能造成的损失"时，人民法院应当根据当事人订立合同的目的，综合考虑合同主体、合同内容、交易类型、交易习惯、磋商过程等因素，按照与违约方处于相同或者类似情况的民事主体在订立合同时预见到或者应当预见到的损失予以确定。

除合同履行后可以获得的利益外，非违约方主张还有其向第三人承担违约责任应当支出的额外费用等其他因违约所造成的损失，并请求违约方赔偿，经审理认为该损失系违约一方订立合同时预见到或者应当预见到的，人民法院应予支持。

在确定违约损失赔偿额时，违约方主张扣除非违约方未采取适当措施导致的扩大损失、非违约方也有过错造成的相应损失、非违约方因违约获得的额外利益或者减少的必要支出的，人民法院依法予以支持。

第六十四条　当事人一方通过反诉或者抗辩的方式，请求调整违约金的，人民法院依法予以支持。

违约方主张约定的违约金过分高于违约造成的损失，请求予以适当减少的，应当承担举证责任。非违约方主张约定的违约金合理的，也应当提供相应的证据。

当事人仅以合同约定不得对违约金进行调整为由主张不予调整违约金的，人民法院不予支持。

第六十五条　当事人主张约定的违约金过分高于违约造成的损失，请求予以适当减少的，人民法院应当以民法典第五百八十四条规定的损失为基础，兼顾合同主体、交易类型、合同的履行情况、当事人的过错程度、履约背景等因素，遵循公平原则和诚信原则进行衡量,并作出裁判。

约定的违约金超过造成损失的百分之三十的,人民法院一般可以认定为过分高于造成的损失。

恶意违约的当事人一方请求减少违约金的,人民法院一般不予支持。

**第六十六条** 当事人一方请求对方支付违约金,对方以合同不成立、无效、被撤销、确定不发生效力、不构成违约或者非违约方不存在损失等为由抗辩,未主张调整过高的违约金的,人民法院应当就若不支持该抗辩,当事人是否请求调整违约金进行释明。第一审人民法院认为抗辩成立且未予释明,第二审人民法院认为应当判决支付违约金的,可以直接释明,并根据当事人的请求,在当事人就是否应当调整违约金充分举证、质证、辩论后,依法判决适当减少违约金。

被告因客观原因在第一审程序中未到庭参加诉讼,但是在第二审程序中到庭参加诉讼并请求减少违约金的,第二审人民法院可以在当事人就是否应当调整违约金充分举证、质证、辩论后,依法判决适当减少违约金。

**第六十七条** 当事人交付留置金、担保金、保证金、订约金、押金或者订金等,但是没有约定定金性质,一方主张适用民法典第五百八十七条规定的定金罚则的,人民法院不予支持。当事人约定了定金性质,但是未约定定金类型或者约定不明,一方主张为违约定金的,人民法院应予支持。

当事人约定以交付定金作为订立合同的担保,一方拒绝订立合同或者在磋商订立合同时违背诚信原则导致未能订立合同,对方主张适用民法典第五百八十七条规定的定金罚则的,人民法院应予支持。

当事人约定以交付定金作为合同成立或者生效条件,应当交付定金的一方未交付定金,但是合同主要义务已经履行完毕并为对方所接受的，人民法院应当认定合同在对方接受履行时已经成立或者生效。

当事人约定定金性质为解约定金，交付定金的一方主张以丧失定金为代价解除合同的，或者收受定金的一方主张以双倍返还定金为代价解除合同的，人民法院应予支持。

**第六十八条** 双方当事人均具有致使不能实现合同目的的违约行为，其中一方请求适用定金罚则的，人民法院不予支持。当事人一方仅有轻微违约，对方具有致使不能实现合同目的的违约行为，轻微违约方主张适用定金罚则，对方以轻微违约方也构成违约为由抗辩的，人民法院对该抗辩不予支持。

当事人一方已经部分履行合同，对方接受并主张按照未履行部分所占比例适用定金罚则的，人民法院应予支持。对方主张按照合同整体适用定金罚则的，人民法院不予支持，但是部分未履行致使不能实现合同目的的除外。

因不可抗力致使合同不能履行，非违约方主张适用定金罚则的，人民法院不予支持。

## 九、附　则

**第六十九条** 本解释自 2023 年 12 月 5 日起施行。

民法典施行后的法律事实引起的民事案件，本解释施行后尚未终审的，适用本解释；本解释施行前已经终审，当事人申请再审或者按照审判监督程序决定再审的，不适用本解释。